# O GUIA DO SUCESSO E DA FELICIDADE

CONSELHOS DE SABEDORIA DE GRANDES PENSADORES

**JOSEPH MURPHY
NAPOLEON HILL
JAMES ALLEN
WILLIAM W. ATKINSON**
ENTRE OUTROS

# O GUIA DO SUCESSO E DA FELICIDADE

CONSELHOS DE SABEDORIA DE GRANDES PENSADORES

*Tradução*
Sandra Martha Dolinsky

5ª edição

Rio de Janeiro | 2021

CIP-BRASIL. CATALOGAÇÃO NA PUBLICAÇÃO
SINDICATO NACIONAL DOS EDITORES DE LIVROS, RJ

G971    O guia do sucesso e da felicidade: conselhos de sabedoria de grandes pensadores / James Allen ... [et al.];
Tradução Sandra Martha Dolinsky. – 5ª ed. – Rio de Janeiro Best*Seller*, 2021.

Tradução de: Your Guide to Success and Happiness:
Collected Wisdom of the World's Greatest Thinkers
ISBN 978-85-7684-761-8

1. Auto-realização. 2. Técnicas de autoajuda. 3. Felicidade. 4. Espiritualidade. I. Allen, James. II. Título.

15-26007                                    CDD: 158.1
                                            CDU: 159.947

Texto revisado segundo o novo Acordo Ortográfico da Língua Portuguesa.

Título original
Your Guide to Success and Happiness: Collected Wisdom of the World's Greatest Thinkers
Copyright © by JMW Group, Inc. Larchmont
Copyright da tradução © 2015 by Editora Best Seller Ltda.

Publicado mediante acordo com JMW Group, Inc., Larchmont.

Capa: Gabinete de Artes
Editoração eletrônica: Abreu's System

Todos os direitos reservados. Proibida a reprodução,
no todo ou em parte, sem autorização prévia por escrito da editora,
sejam quais forem os meios empregados.

Direitos exclusivos de publicação em língua portuguesa para o Brasil
adquiridos pela
**EDITORA BEST SELLER LTDA.**
Rua Argentina, 171, parte, São Cristóvão
Rio de Janeiro, RJ – 20921-380
que se reserva a propriedade literária desta tradução

Impresso no Brasil

ISBN 978-85-7684-761-8

Seja um leitor preferencial Record.
Cadastre-se e receba informações sobre nossos lançamentos e nossas promoções.

Atendimento e venda direta ao leitor
sac@record.com.br

# SUMÁRIO

Introdução — 7

Trechos de *Foundation Stones to Happiness and Success* — 13
    James Allen

Trechos de *O segredo do sucesso* — 31
    William Walker Atkinson

Trechos de *The Secret of the Ages* — 34
    Robert Collier

Trechos de *What You Can Do With Your Will* — 43
    Russell H. Conwell

Trechos de *The Power of Concentration* — 51
    Theron Q. Dumont

Trechos de *Get Rich in Spite of Yourself* — 63
    Louis M. Grafe

Trechos de *The Magic Ladder to Success*     109
    Napoleon Hill

Trechos de *The Joy of Living* e *The Key to Prosperity*     157
    Orison Swett Marden

Trechos de *O poder do subconsciente*     194
    Joseph Murphy

Trechos de *The Strangest Secret*     204
    Earl Nightingale

Trechos de *The Science of Success*     221
    Julia Seton

Trechos de *How to Grow Success*     230
    Elizabeth Towne

Trechos de *Character-Building Thought Power*     285
    Ralph Waldo Trine

# INTRODUÇÃO

Desde a era colonial os americanos devoram "literatura sobre sucesso", guias práticos para uma vida melhor de autores como Benjamin Franklin, Dale Carnegie e Stephen Covey. Hoje, esses livros são conhecidos como de autoajuda e sua publicação representa a impressionante quantia de 753 milhões de dólares ao ano nos Estados Unidos.

*O guia do sucesso e da felicidade* traz um novo olhar a trechos escolhidos entre o melhor material já escrito sobre motivação e prosperidade. Este livro é recheado de conselhos atemporais que ainda possuem a mesma força de quando foram escritos. Aqui estão os princípios que resistiram ao tempo e que vão ajudar os leitores a terem acesso à força interior que sequer sabiam que tinham. Nunca esses gurus apareceram numa coletânea como esta. Aqui vemos os pensamentos mais interessantes dos escritores mais fascinantes, destacados e dispostos de modo a apoiar e iluminar uns aos outros. São escritores que foram inspirados por mestres da fortuna e das descobertas, como os lendários Andrew Carnegie e Thomas Edison. Por sua vez, esses escritores inspiraram diretamente titãs como Henry Ford.

Talvez você não reconheça facilmente os nomes dos grandes líderes em sucesso cujos textos aparecem aqui — como Napoleon

Hill, Joseph Murphy, James Allen, Ralph Waldo Trine e Orison Marden. No entanto, certamente vai reconhecer os nomes de alguns mestres contemporâneos que foram inspirados por eles, incluindo Wayne Dyer, Louise Hay, Tony Robbins, Dale Carnegie, Norman Vincent Peale e Deepak Chopra. Pioneiros dos movimentos de autoajuda e potencial humano, esses primeiros gênios no tema sucesso representados neste livro deixaram-nos um legado inestimável. Eles provaram que os passos e as estratégias para o sucesso e a felicidade baseiam-se em uma ideia elementar e poderosa: *a chave de tudo é nosso pensamento, e só poderemos mudar nossa experiência de vida quando substituirmos as ideias antigas e limitadas por outras novas e mais abrangentes.*

Não há assuntos mais interessantes do que o *Sucesso* e a *felicidade*. São assuntos que dizem respeito a todos, em qualquer lugar do mundo. São discutidos, talvez, mais que qualquer outro. Se pesquisarmos no Google as palavras "sucesso" e "felicidade", aparecerão mais de 58 milhões de entradas.

*Sucesso* e *felicidade* não se referem exclusivamente a bens materiais, apesar de muitos terem apenas isso como parâmetro. Ter sucesso e felicidade é simplesmente conseguir o que se quer na vida.

Se uma pessoa deseja propriedades e as consegue, em geral fica feliz. Se outra pessoa pinta quadros e não se importa se são vendidos ou não, também é feliz. Se alguém deseja o poder e se torna presidente de uma empresa da *Fortune 500*, é considerado bem-sucedido; assim como a pessoa que quer ser erudita e é respeitada por seus conhecimentos. Se uma pessoa quer ter um negócio de sucesso e consegue, em geral é feliz, assim como também é feliz aquele que é o tipo de professor que deseja ser para os outros.

*Sucesso* e *felicidade* dependem do que a pessoa quer, e como todos nós queremos ser bem-sucedidos e felizes de várias maneiras, o sucesso e a felicidade são coisas muito relativas. Portanto, eles podem ser definidos em termos tangíveis ou intangíveis. Por isso existem muitas pessoas felizes desconhecidas, mas que estão realizando algo. Alguns lixeiros são felizes; alguns milionários, não. Sucesso e felicidade não são, necessariamente, definidos pela fama e pelo dinheiro.

# Introdução

Quando se trata do futuro, não há espaço para a razão em certos temas. Se uma pessoa ficar analisando as perspectivas de seu próprio sucesso e felicidade, por exemplo, vai se afundar cada vez mais no medo de não ser feliz e bem-sucedida. Ninguém pode justificar com a lógica sua expectativa de felicidade. A razão sempre cria obstáculos, nunca limpa o caminho.

A maioria das pessoas subestima as próprias habilidades. Só algumas são abençoadas com a confiança que lhes permite atravessar qualquer tempestade. Estamos muito preocupados com o sucesso e a felicidade dos outros, e, nessa devoção, tendemos a diminuir nossa própria confiança ou continuar sem tê-la.

*Viver a vida que amamos é sucesso.*

*Amar a vida que vivemos é felicidade.*

# Trechos de *Foundation Stones to Happiness and Success*

James Allen

CONTEÚDO

*Princípios corretos*
*Métodos seguros*
*Ações verdadeiras*
*Discurso verdadeiro*
*Tranquilidade*
*Bons resultados*

COMO AS PESSOAS COMEÇAM a construir uma casa? Primeiro, fazem um projeto do edifício proposto, e, então, procedem à construção, segundo a planta, seguindo-a em todos os detalhes, começando pela fundação. Se negligenciassem o início — o princípio, em um projeto matemático —, o trabalho seria em vão, e a construção, se não desmoronasse, seria insegura e sem valor. A mesma lei é válida em qualquer trabalho importante: a forma correta de começar e mais essencial é *definir mentalmente o projeto sobre o qual construir.*

Na natureza não há trabalho desleixado, não há negligência, e ela aniquila a confusão, ou melhor, a confusão é em si mesmo aniquilada. Ordem, determinação e propósito prevalecem eternamente, e em suas operações ignoram os elementos matemáticos que os privam de substancialidade, plenitude, felicidade e sucesso.

## PRINCÍPIOS CORRETOS

É importante saber o que vem primeiro e o que fazer primeiro. Começar algo do meio ou do fim é causar desordem. Atletas que começam rompendo a linha de chegada não ganham o prêmio. Devem começar na linha de partida, em sua marca e, mesmo assim, um bom começo é importante se quiserem ganhar. Estudantes não começam com álgebra e literatura, e sim aprendendo o alfabeto e fazendo contas. Por isso, na vida, nos negócios, aqueles que começam de baixo alcançam um sucesso mais duradouro. E as pessoas religiosas que alcançam os mais altos patamares de conhecimento e sabedoria espiritual são as que se submeteram a um paciente aprendizado nas tarefas mais humildes, e não desprezaram as experiências comuns da humanidade nem ignoraram as lições a serem aprendedidas com elas.

A primeira coisa de uma vida consistente — e, portanto, verdadeiramente feliz e bem-sucedida — são os *princípios corretos*. Sem princípios corretos no início, ocorrerão práticas erradas no meio, e uma vida arruinada e miserável no fim. Toda a infinita variedade de cálculos que tabula o comércio e a ciência do mundo deriva dos dez algarismos; todas as centenas de milhares de livros que constituem a literatura mundial e perpetuam o pensamento e a genialidade, são construídas com base nas letras do alfabeto.

O maior astrônomo do mundo simplesmente não pode ignorar os dez algarismos. O gênio mais profundo não pode dispensar cada caractere individual do alfabeto. Os fundamentos de todas as coisas são poucos e simples, e sem eles não existe nenhum conhecimento e nenhuma realização. Os fundamentos — princípios básicos — da vida, ou a vida real, também são poucos e simples, e aprendê-los e estudar como aplicá-los a todos os aspectos da vida é evitar a confusão e assegurar uma fundação para a construção ordenada de um caráter invencível e sucesso permanente; e ser bem-sucedido na compreensão desses princípios em suas inúmeras ramificações no labirinto da conduta é tornar-se um mestre da vida.

Os princípios fundamentais da vida são os de conduta. Nomeá-los é fácil; como meras palavras, estão na boca de todas as pessoas, mas como fontes fixas de ação, sem admitir concessões, poucos os têm aprendido. Neste breve trecho vou tratar apenas de cinco princípios, que estão entre os mais simples princípios fundamentais da vida, mas que, como são os mais próximos do cotidiano, dizem respeito tanto ao artesão quanto ao empresário, à dona de casa, ao cidadão comum. Nenhum deles pode ser dispensado sem um custo elevado, e quem se aperfeiçoar em sua função se tornará superior a muitos dos problemas e fracassos da vida, e entrará harmoniosamente nesses fluxos e correntes de pensamento que levam ao sucesso duradouro. O primeiro princípio é o dever.

- **Dever**. É uma palavra muito banal, eu sei, mas contém uma joia rara para quem o buscar dedicando-se com vontade. O princípio do dever significa cuidar dos próprios assuntos e não interferir nos assuntos dos outros. Pessoas que ficam o tempo todo instruindo os outros, de graça, a como cuidar da vida são as que pior administram a sua própria. Dever também significa atenção exclusiva a um determinado assunto, concentração inteligente da mente no trabalho a ser feito. Isso inclui tudo ligado a rigor, exatidão e eficiência. Os detalhes dos deveres diferem de uma pessoa para outra, e cada uma deve conhecer seu próprio dever melhor que o do vizinho, e melhor do que o vizinho conhece o dela. Mas, embora os pormenores das obrigações sejam diferentes, o princípio é sempre o mesmo. Quem domina as demandas do dever?
- **Honestidade**. Honestidade é o próximo princípio. Significa não trapacear ou sobrecarregar o outro. Implica a ausência de astúcia, mentira e enganação nas palavras, nos olhares ou nos gestos. Inclui a sinceridade, dizer o que se pensa, e pensar no que se diz. Ele despreza a política da bajulação

- **Economia.** Economia é o terceiro princípio. A conservação dos recursos financeiros próprios é apenas a porta de entrada que leva às salas mais espaçosas da verdadeira economia. Significa, também, a administração da própria vitalidade física e dos recursos mentais. Exige a conservação de energia, evitando os excessos exaustivos e os hábitos hedonistas. A economia dá a seus discípulos força, resistência, vigilância e capacidade de conquista. Concede grande poder a quem a aprenda bem. Quem já sentiu a força suprema da economia?
- **Generosidade.** A generosidade segue a economia, não se opõe a ela. Somente a pessoa econômica pode se permitir ser generosa. Aquele que não economiza, seja dinheiro, vitalidade ou energia mental, desperdiça tanto em seus próprios prazeres desprezíveis que não lhe sobra nada para doar aos outros. A doação de dinheiro é a menor parte da generosidade. Existe a doação de pensamentos, obras, compaixão, oferecer boa vontade, a generosidade para com os adversários. É um princípio que gera uma influência nobre e de longo alcance. Atrai amigos queridos e companheiros leais, e é inimiga da solidão e do desespero. Quem já mediu a extensão da generosidade?
- **Autocontrole.** Apesar de ser o último desses cinco princípios, o autocontrole é o mais importante. Negligenciá-lo é causa de grande miséria, inúmeros fracassos e dezenas de milhares de naufrágios financeiros, físicos e mentais. Mostre-me um empresário que perde a paciência com um cliente por causa de um assunto sem importância e eu lhe mostrarei alguém que, por esse estado de espírito, está fadado ao fracasso. Se todas as pessoas praticassem pelo menos as fases iniciais do autocontrole, a raiva, com seu fogo consumidor e destruidor, seria desconhecida. As lições de paciência, pu-

reza, gentileza, bondade e estabilidade contidas no princípio do autocontrole são aprendidas pelas pessoas pouco a pouco, mas, enquanto não as aprenderem, o caráter e o êxito delas serão incertos e inseguros. Onde está a pessoa que se aperfeiçoou no autocontrole? Onde quer que esteja, ela é um mestre, de fato.

Os cinco princípios são cinco práticas, cinco caminhos para a realização, e cinco fontes de conhecimento. Diz um velho ditado e uma boa regra: "A prática leva à perfeição." E quem assimilar a sabedoria inerente a esses princípios não deve simplesmente tê-los nos lábios, e sim estabelecê-los no coração. Para conhecê-los e receber o que só eles podem oferecer as pessoas devem *aplicá-los*, expressá-los em suas ações.

## MÉTODOS SÓLIDOS

Quando os cinco princípios corretos mencionados forem realmente compreendidos e praticados, vão resultar em *métodos sólidos*. Princípios corretos se manifestam em ação harmoniosa, e o método é para a vida o que a lei é para o universo. Em todo o universo se dá o ajuste equilibrado das partes, sendo essa simetria e harmonia aquilo que revela um cosmo, o diferenciando do caos. Pois bem, na existência humana, o método é a diferença entre uma vida verdadeira e uma falsa; entre uma vida eficaz e cheia de propósito e uma sem sentido e fraca. A vida falsa é um amontoado incoerente de pensamentos, paixões e ações; a verdadeira é um ajuste ordenado de todas as suas partes. Essa é a diferença entre um amontoado de metal e uma máquina eficiente, que funciona com suavidade. Uma máquina em perfeitas condições de funcionamento não é apenas um instrumento útil, mas também algo admirável e atraente; porém, quando suas partes estão todas fora das engrenagens e se recusam a se reajustar, sua utilidade e atratividade desaparecem, e ela vira sucata. Da mesma forma, uma vida com todas as suas partes perfeitamente ajustadas, de modo a alcançar o ponto mais alto de eficiência, não é apenas algo poderoso, mas também excelente e belo. Ao passo que uma vida confusa, inconsistente e discordante é uma deplorável exibição de desperdício de energia.

Se a vida deve ser realmente vivida, o método deve fazer parte dela e regular cada detalhe, do mesmo modo que entra e regula cada detalhe do universo maravilhoso do qual fazemos parte. Uma das diferenças entre um sábio e um tolo é que o sábio presta bastante atenção às pequenas coisas, enquanto o tolo as menospreza ou negligencia completamente. A sabedoria consiste em manter tudo em suas relações corretas, manter todas as coisas, tanto as pequenas quanto as grandes, em seus lugares e tempos adequados. Violar a ordem é gerar confusão e discórdia; e *infelicidade* é apenas outro nome para discórdia.

O bom empresário sabe que o sistema é 75% do sucesso, e que desordem significa fracasso. O sábio sabe que a vida disciplinada e metódica é 75% da felicidade, e que a falta de disciplina significa miséria. O que é um tolo senão aquele que pensa descuidadamente, age precipitadamente e vive sem disciplina? O que é um sábio senão aquele que pensa com cuidado, age com calma e vive de forma consistente?

O verdadeiro método não termina com a disposição ordenada das coisas materiais e das relações externas da vida. Isso é só o começo. O método atua no ajuste da mente — a disciplina das paixões, a escolha das palavras no discurso, a organização lógica dos pensamentos e a seleção de ações corretas.

Para ter uma vida consistente, bem-sucedida e suave na busca por métodos sólidos, devemos começar não negligenciando as pequenas coisas do cotidiano, dando-lhes uma atenção cuidadosa. Assim como a hora de acordar é importante e sua regularidade, significativa, o momento de se recolher para descansar e o número de horas dedicadas ao sono também é. Entre a regularidade e a irregularidade das refeições, e os cuidados e os descuidos com o que se come, está toda a diferença entre a boa e a má digestão (e tudo que isso envolve) e um estado de espírito confortável ou irritadiço, com sua bagagem de boas ou más consequências, pois esses hábitos alimentares estão relacionados com questões tanto fisiológicas quanto psicológicas. Dividir adequadamente as horas para o trabalho e para o lazer, não confundir esses dois momentos, cuidar de todos os detalhes da vida, ter tempo para ficar só, para pensar em silêncio e para agir, para comer e para jejuar — tudo isso deve ter seu lugar legítimo na vida para que a "rotina diária" se desenrole com um grau mínimo de atrito, para se obter o máximo de utilidade, influência e alegria de viver.

Porém, tudo isso é apenas o início desse método abrangente que abarca toda a vida e o ser. Quando essa ordem suave e consistência lógica se estendem para as palavras e ações, para os pensamentos e desejos, então, a sabedoria emerge da insensatez, e da fraqueza vem o poder sublime. Quando uma pessoa ordena que sua mente produza um funcionamento harmonioso entre todas as suas partes, atinge a mais alta sabedoria, a maior eficiência, a maior felicidade.

Mas esse é o fim; e quem quer chegar ao fim deve começar do início. Deve sistematizar e tornar lógicos e suaves os menores detalhes de sua vida, avançar passo a passo, rumo à realização final. Cada passo vai produzir sua própria medida de força e alegria.

Para resumir, o método produz essa suavidade que combina com força e eficiência. A disciplina é o método aplicado à mente. Fornece a calma que combina com o poder e a felicidade. O método é *trabalhar* seguindo regras; disciplina é *viver* seguindo regras. Mas trabalhar e viver não são dimensões separadas; são apenas dois aspectos do caráter, da vida.

Portanto, seja organizado no trabalho, cuidadoso no discurso, lógico no pensamento. Entre isso e o desleixo, a imprecisão e a confusão, está a diferença entre o sucesso e o fracasso, música e desarmonia, felicidade e miséria.

A adoção de métodos sólidos de trabalhar, agir, pensar — em uma palavra, viver — é a base mais certa e segura para a saúde sólida, o sucesso sólido, a paz de espírito sólida. O alicerce de métodos frágeis é instável e gera medo e inquietação, mesmo quando parece funcionar; e quando a hora do fracasso vem, é realmente insuportável.

## AÇÕES VERDADEIRAS

Seguindo os princípios corretos e os métodos sólidos, vêm as ações verdadeiras. Aqueles que se esforçam para compreender os princípios verdadeiros e trabalhar com métodos sólidos logo percebem que os detalhes da conduta não podem ser negligenciados — que, de fato, esses detalhes são fundamentalmente distintivos ou criativos, de acordo com sua natureza, e têm, portanto, profundo significado e importância global. E a percepção e o conhecimento da natureza e do poder das ações propositais gradualmente vão se abrir e crescer dentro deles como uma visão agregada, como uma nova revelação. À medida que adquirirem esse conhecimento, seu progresso será mais rápido, seus caminhos na vida mais seguros, seus dias mais serenos e pacíficos; agirão de forma verdadeira e direta em relação a tudo, não serão influenciados nem perturbados pelas forças externas que atuam ao redor deles e sobre eles. Não significa que vão ficar indiferentes ao bem-estar e à felicidade dos outros; isso é outra coisa. Mas vão ser indiferentes às suas opiniões, à sua ignorância, às suas paixões desgovernadas. Proceder com *ações verdadeiras*, de fato, significa agir corretamente para com os outros, e quem age direito sabe que as ações consoantes com a verdade promovem a felicidade das pessoas ao redor, e vão agir assim, mesmo que surja uma ocasião em que alguém próximo aconselhe ou implore para fazer o contrário.

Ações verdadeiras podem ser facilmente diferenciadas das falsas por todos os que assim desejarem, a fim de que possam evitar o que é errado e adotar a verdade. Assim como no mundo material distinguimos as coisas pela forma, cor, tamanho etc., escolhendo o que necessitamos e deixando de lado o que não é útil para nós, também no mundo das obras espirituais podemos distinguir entre aquelas que são más e as que são boas por sua natureza, seu objetivo e seu efeito, e podemos escolher e adotar as positivas e ignorar as negativas.

Em todas as formas de progresso, *evitar o mal* sempre precede a *aceitação e conhecimento do bem*; como as crianças na escola, que aprendem a fazer suas lições direito porque repetidamente lhes mostramos o que fizeram de errado. Se a pessoa não sabe o que é errado e como evitá-lo, como pode saber o que é certo e a maneira de praticá-lo? Más ou falsas ações são aquelas que decorrem de levar em conta apenas a própria felicidade e ignorar a felicidade dos outros, que acaba em violentos distúrbios da mente e desejos ilícitos, ou naquilo que exige dissimulação a fim de evitar complicações indesejáveis. Ações boas ou verdadeiras são aquelas que decorrem da consideração pelo próximo, que surgem da razão calma e do pensamento harmonioso enquadrado em princípios morais, ou que não trazem à pessoa consequências vergonhosas quando se tornam públicas.

As pessoas que agem direito evitam os atos de prazer e gratificação pessoal que, por sua natureza, geram desconforto, dor ou sofrimento aos outros, não importa quão insignificantes essas ações possam parecer. Elas começam abandonando essas ações; ganham o conhecimento sobre aquilo que é verdadeiro e altruísta depois que sacrificam o que é egoísta e falso. Aprendem a não falar ou agir com raiva, inveja ou ressentimento, e estudam como controlar a mente e restaurar-lhe a calma antes de agir. Mais importante de tudo: essas pessoas evitam — como evitariam ingerir um veneno mortal — atos de trapaça, enganação e duplicidade para obter algum lucro ou vantagem pessoal, que leva, cedo ou tarde, à exposição e à vergonha. Se as pessoas são estimuladas a fazer algo que precisam esconder, que não seria legal e francamente defendido se fosse examinado ou testemunhado, com isso já devem saber que é uma ação errada, e, portanto, deve ser abandonada, sem nem sequer um instante de consideração.

A aplicação desse princípio de honestidade e sinceridade nas ações também guiará as pessoas em um caminho de reflexão em bom proceder, e lhes permitirá evitar fazer coisas que as envolvam em práticas enganosas. Antes de assinar documentos, ou de celebrar acordos verbais ou por escrito, ou de se comprometer com outras pessoas, de alguma maneira, a seu pedido — em especial se forem estranhos —, vão, primeiro, investigar a natureza do trabalho ou do empreendimento, e assim, iluminadas, saberão exatamente o que fazer, e estarão plenamente conscientes da importância de seus atos. Para quem age direito, a *irreflexão* é um crime. Milhares de ações feitas com boa intenção têm consequências desastrosas, porque são atos de imprudência. Como bem se diz: "De boas intenções o inferno está cheio." Pessoas de ações verdadeiras são, acima de tudo, atenciosas, têm consideração: "Sede, pois, prudentes como as serpentes, mas simples como as pombas." (Mateus 10:16)

O termo *irreflexão* abrange um vasto campo no reino das obras. Só alimentando a consideração é que uma pessoa pode vir a compreender a natureza das ações e, assim, adquirir o poder de fazer *sempre o que é certo*. É impossível que uma pessoa seja atenciosa e aja de forma estúpida. A consideração pelo outro abrange a sabedoria.

Não é suficiente que uma ação seja motivada por um bom impulso ou intenção; ela deve surgir após *cuidadosa consideração* para ser uma ação verdadeira; e as pessoas que desejam ser permanentemente felizes em si mesmas e ser uma força para o bem aos outros devem se preocupar apenas com ações verdadeiras. "Eu fiz isso com a melhor das intenções" é uma desculpa pobre daqueles que, sem pensar, se envolveram na transgressão dos outros. Suas experiências amargas devem ensiná-los a agir com mais atenção no futuro.

Verdadeiras ações só podem brotar de uma mente verdadeira, portanto, enquanto alguém está aprendendo a distinguir e escolher entre o falso e o sincero, está corrigindo e aperfeiçoando sua mente, tornando-a mais harmoniosa e feliz, mais eficiente e poderosa. À medida que a pessoa adquire o "olho interior" para distinguir claramente o certo em todos os detalhes da vida, e obtém a fé e o conhecimento para isso, percebe que está construindo as casas de sua vida e de seu caráter sobre rochas que os ventos do fracasso e as tempestades da perseguição nunca poderão minar.

## DISCURSO VERDADEIRO

A verdade só é conhecida pela prática. Sem sinceridade não pode haver conhecimento da verdade; e o *discurso verdadeiro* é o início de toda sinceridade. A verdade, em sua completa beleza natural e simplicidade original, consiste em abandonar e se negar a fazer tudo aquilo que não for verdadeiro, e aceitar e fazer tudo aquilo que for verdade. Discurso verdadeiro é, portanto, um dos princípios elementares de uma vida pautada na verdade. A falsidade e todas as formas de enganação, a calúnia e todas as formas de maledicência devem ser totalmente abandonadas e abolidas antes que a mente possa receber sequer uma centelha de iluminação espiritual. Mentirosos e caluniadores estão perdidos na escuridão; tão profunda é a escuridão que eles não conseguem distinguir entre o bem e o mal, e se convencem de que suas mentiras e maledicência são necessárias e boas, que assim estão protegendo a si mesmos e a outras pessoas.

Deixe que os pretensos estudantes de "coisas maiores" olhem para si mesmos e desconfiem da autoilusão. Se tendem a proferir palavras que enganam, ou a falar mal dos outros — se falam com falta de sinceridade, com inveja ou malícia —, ainda não começaram a estudar as coisas mais elevadas. Podem estar estudando metafísica, milagres, fenômenos psíquicos ou maravilhas astrais; pode ser que estudem a forma de comunhão com os seres invisíveis, de ter viagens astrais durante o sono, ou de produzir fenômenos curiosos; podem até estudar a espiritualidade de maneira teórica, como em um simples livro didático, mas se forem enganadores e caluniadores, a vida superior se esconderá deles. Para as coisas mais elevadas existem *a retidão, a sinceridade, a inocência, a pureza, a bondade, a gentileza, a fidelidade, a humildade, a paciência, a compaixão, a solidariedade, o autossacrifício, a alegria, a boa vontade, o amor*, e quem for estudá-los, conhecê-los e torná-los seus, deve *praticá-los*; não há outro caminho.

A mentira e a maledicência pertencem às mais baixas formas de ignorância espiritual, e não pode haver iluminação espiritual enquanto forem praticadas. São filhas do egoísmo e do ódio.

A calúnia é semelhante à mentira, mas ainda mais sutil, frequentemente associada à indignação, e por ser facilmente confundida com a verdade, engana a muitos, que não contariam uma mentira deliberada. A calúnia tem dois lados: *criá-la ou repeti-la* e *ouvi-la e incentivá-la*.

Os caluniadores seriam impotentes se não tivessem ouvintes. Palavras maldosas exigem ouvidos receptivos ao mal para que possam prosperar. Portanto, quem ouve um caluniador, acredita em suas palavras e se permite ser influenciado contra a pessoa cujo caráter e reputação são difamados, está na mesma posição daquele que acusa ou repete as palavras maldosas. Quem fala mal é um caluniador ativo; quem o ouve, um caluniador passivo. Os dois cooperam na propagação do mal.

A calúnia é um vício comum, obscuro e fatal. Um relato maldoso começa na ignorância e segue seu caminho na escuridão. De modo geral, tem origem em um mal-entendido. Alguém sente que foi maltratado e, cheio de indignação e ressentimento, desabafa com os amigos e as pessoas próximas com uma linguagem veemente, exagerando a gravidade da suposta ofensa por causa da sensação de dano pela qual está possuído. Aquele que está se queixando é ouvido, e recebe solidariedade; os ouvintes, sem escutar a versão do outro acerca do que aconteceu, e sem nenhuma outra prova além das palavras violentas de uma pessoa com raiva, tornam-se frios em relação ao difamado e repetem aos outros o que lhes disseram, e como a repetição é sempre mais ou menos imprecisa, uma história distorcida e completamente falsa logo começa a passar de boca em boca.

É justamente porque a calúnia é um vício tão comum que pode causar o sofrimento e os danos que causa. Um relato maldoso pode fazer seu trabalho fatal porque muitos (não difamadores deliberados, mas inconscientes da natureza do mal em que tão facilmente acreditam) estão prontos para se permitir ser influenciados contra aqueles que, até então, consideravam honrados. No entanto, só funciona com aqueles que ainda não adquiriram completamente a força do discurso verdadeiro, cuja causa é uma mente amante da verdade. Quando aqueles que ainda não se libertaram totalmente da repetição ou da crença na calúnia ouvem alguém falar mal deles próprios, sua mente se inflama de ressentimento, seu sono fica comprometido e sua paz de espírito destruída. Eles acham que a causa de todo o seu sofrimento está no outro e no que essa pessoa disse sobre eles, e ignoram a verdade de que a *raiz e causa de seu sofrimento está em sua própria prontidão para acreditar em uma calúnia sobre o outro*. Pessoas virtuosas, que alcançaram o discurso verdadeiro e cuja mente é selada contra até mesmo a aparência da calúnia, não podem ser feridas e perturbadas por qualquer relato maldoso sobre elas. E apesar de sua reputação poder, momentaneamente, ficar manchada *na mente daqueles que são propensos às sugestões do mal*, sua integridade permanece intacta e seu caráter imaculado. Pois ninguém pode ser manchado pelas maldades do outro, só por sua própria transgressão. E assim, em meio a todas as falsas declarações, mal-entendidos e fofocas, ficam imperturbáveis, sem desejo de vingança. Seu sono não é perturbado e sua mente permanece em paz.

O discurso verdadeiro é o começo de uma vida pura, sábia e bem-ordenada. Se as pessoas puderem alcançar a vida pura, diminuirão o mal e o sofrimento do mundo, abandonarão a mentira e a calúnia em pensamento e em palavra, evitarão até mesmo a aparência dessas coisas, pois não há mentiras e calúnias tão fatais quanto as meias-verdades; e deixarão de participar da calúnia, já que não darão ouvidos a ela. Também teriam compaixão pelo caluniador, sabendo como ele está amarrado ao sofrimento e à inquietação. Quem não mente pode realmente conhecer a felicidade. O caluniador não pode entrar no reino de paz.

A condição espiritual das pessoas fica evidente nas palavras que escolhem usar; por elas são também final e infalivelmente julgadas, pois o divino mestre do mundo cristão declarou: "É por tuas palavras que serás justificado ou condenado."

## TRANQUILIDADE

Ser tranquilo é ter uma mente pacífica. As pessoas não podem dizer que alcançaram a paz se permitem que sua mente se perturbe e se desequilibre com os acontecimentos.

Pessoas com sabedoria são serenas e recebem tudo com a calma de uma mente em repouso e livre de preconceitos. Não são partidárias, deixaram de lado a paixão e estão sempre em paz consigo mesmas e com o mundo. Não tomam partido nem se defendem, mas são compassivas com todos.

Os partidários de qualquer tipo estão tão convencidos de que suas próprias opiniões e seu próprio lado estão certos, e que tudo que está contra eles é errado, que não podem pensar que há algo de bom na opinião e no lado diferente do seu. Vivem em uma febre contínua de ataque e defesa, e não têm conhecimento da paz e tranquilidade de uma mente imparcial.

Pessoas tranquilas observam a si mesmas para verificar e superar até um início de paixão e preconceito em sua mente, e fazendo isso desenvolvem a compaixão pelos outros e chegam a compreender a posição e, em particular, o estado de espírito do outro. E ao entender os outros percebem a insensatez de condená-los e de se opor a eles. Assim, cresce em seu coração uma caridade divina que não pode ser limitada, e que se estende a todas as coisas que vivem, lutam e sofrem.

As pessoas são cegas espiritualmente quando estão sob a influência da paixão e do preconceito. Não veem nada além de coisas boas em seu próprio lado, e apenas o mal no lado oposto. Não conseguem ver nada como realmente é, nem em seu próprio lado; e se não entendem a si mesmas, não conseguem entender o coração dos outros, e acham que é justo condená-los. Assim, cresce em seu coração um ódio obscuro por aqueles que se recusam a ver como elas, e os condenam. Separam-se de seus vizinhos e se confinam em uma estreita câmara de tortura criada por elas próprias.

Doces e pacíficos são os dias de pessoas tranquilas, abundantes no bem e ricas em múltiplas bênçãos. Guiadas pela sabedoria, elas evitam os caminhos que levam ao ódio, à tristeza e à dor, e tomam o que conduz ao amor, à paz e à felicidade. As ocorrências da vida não as perturbam, e elas também não sofrem com essas coisas que a humanidade considera grave, mas que devem acontecer a todos no curso normal da natureza. Não ficam nem exultantes com o sucesso nem abatidas pelo fracasso. Veem os acontecimentos da vida em suas devidas proporções, e não encontram espaço para desejos egoístas ou arrependimentos vãos, para expectativas inúteis e decepções infantis.

E como se adquire essa tranquilidade, esse abençoado estado de espírito e de vida? Somente superando a si mesmo, purificando o próprio coração. Pois essa purificação leva à compreensão imparcial, a compreensão imparcial leva à tranquilidade e a tranquilidade, por sua vez, leva à paz. A pessoa impura é levada, impotente, pelas ondas da paixão; a pessoa pura guia a si própria ao porto. O tolo diz: "Eu tenho uma opinião." O sábio cuida de sua vida.

## BONS RESULTADOS

Parte considerável dos acontecimentos da vida vem a nós sem qualquer escolha *direta* de nossa parte, e, em geral, consideramos que não têm nenhuma relação com nossa vontade ou personalidade, que surgem casualmente; como se ocorressem sem um motivo. Assim, dizemos que pessoas têm "sorte" ou "azar". A conclusão é que elas receberam algo que não mereciam, que não causaram. Pensamentos mais profundos e uma visão mais clara da vida nos convencem, no entanto, de que nada acontece sem uma razão, e que causa e efeito estão sempre relacionados em perfeito ajuste e harmonia. Sendo assim, todos os acontecimentos que nos afetam diretamente estão intimamente ligados com nossa própria vontade e caráter. São, de fato, um efeito diretamente relacionado a uma causa que tem sua sede em nossa consciência. Em outras palavras, acontecimentos involuntários na vida são resultados de nossos próprios pensamentos e ações. Estes, admito, não estão aparentes na superfície, mas qual lei fundamental, até mesmo no universo físico, é tão evidente? Se o pensamento, a investigação e a experiência são necessários para a descoberta dos princípios que relacionam o material de um átomo com outro, são também imperativos para a percepção e a compreensão do modo de agir que relaciona uma condição mental com outra; e esses modos, essas leis, são conhecidos pelas pessoas que fazem a coisa certa, por aqueles que conquistaram uma mente compreensiva por meio da prática de ações verdadeiras.

Nós colhemos o que semeamos. Aquilo que chega a nós, mesmo que não por nossa própria *escolha*, foi *causado* por nós. Alcoólicos não escolhem o *delirium tremens* (abstinência alcoólica) ou a cirrose que os derruba, mas eles os causam por seus próprios atos. Neste caso a lei é clara, mas mesmo onde ela não é tão evidente, não deixa de ser verdadeira. Dentro de nós está arraigada a causa de todos os nossos sofrimentos, a fonte de todas as nossas alegrias. Mude seu mundo interior com pensamentos e os eventos externos deixarão de lhe gerar tristeza; torne seu coração puro e todas as coisas serão puras, todos os acontecimentos, felizes, e na ordem verdadeira.

> Dentro de vós a libertação deve ser buscada,
> Cada homem sua prisão faz.
> Cada um tem como senhorio o mais altivo;
> Não, pois com poderes acima, ao redor, abaixo,
> Tal como com toda carne e tudo que vive,
> Agir traz alegria ou aflição.

Nossa vida é boa ou ruim, escrava ou livre, de acordo com o que causamos em nossos pensamentos, pois desses pensamentos brotam todos os nossos atos, e dessas ações decorrem resultados equitativos. Não podemos agarrar bons resultados com violência, como um ladrão, e reivindicá-los e apreciá-los, mas podemos gerá-los estimulando as causas dentro de nós mesmos.

Algumas pessoas lutam por dinheiro, desejam a felicidade e, de bom grado, possuem sabedoria, mas, ainda assim, não conseguem assegurar essas coisas, enquanto veem que para outros essas bênçãos parecem vir espontaneamente. O que acontece é que essas pessoas têm criado motivos que impedem a realização de seus desejos e esforços.

Cada vida é uma rede perfeitamente tecida de causas e efeitos, de esforços (ou falta de esforço) e resultados, e os bons resultados só podem ser alcançados com bons esforços, boas causas. Aqueles que praticam ações verdadeiras, que buscam métodos sólidos, fundamentados em princípios corretos, não precisam se esforçar e lutar por bons resultados; eles já estão ali, como efeitos de sua boa conduta na vida. Eles vão colher o fruto de suas próprias ações, e a colheita será em alegria e paz.

Essa verdade de semeadura e colheita na esfera moral é simples, mas as pessoas são lentas para entendê-la e aceitá-la. Disse Jesus: "Os filhos das trevas são mais prudentes que os filhos da luz", e quem poderia esperar, no mundo material, colher e comer onde não havia semeado e plantado? Ou quem poderia esperar colher o trigo no campo onde havia semeado ervas daninhas? Quem choraria e reclamaria pelo que não fez? No entanto, é justamente o que as pessoas fazem, no campo espiritual da mente e das obras. Fazem o mal e esperam obter o bem, e quando a colheita amarga vem, em toda a sua plena maturidade, entram em desespero e lamentam a dureza e a injustiça do que lhes coube, geralmente atribuindo-o aos maus atos dos outros, recusando-se até mesmo a admitir a possibilidade de a causa estar escondida em si mesmos, em seus próprios pensamentos e ações. Os filhos da luz — aqueles que estão em busca dos princípios fundamentais de viver bem, com o objetivo de se tornar seres sábios e felizes — devem se treinar para observar a lei de causa e efeito em pensamento, palavra e ação, assim como, de maneira implícita e obediente, os jardineiros respeitam a lei de semear e colher. Eles nem sequer questionam a lei, reconhecem-na e lhe obedecem. Quando a sabedoria que instintivamente praticam em seu jardim for aplicada pelas pessoas no jardim de suas mentes, quando a lei da semeadura de obras for tão plenamente reconhecida que já não poderá ser posta em dúvida ou questionada, definitivamente, acontecerá a semeadura dessas ações que propiciarão a colheita de felicidade e bem-estar para todos. Como os filhos da matéria obedecem às leis da matéria, assim também os filhos do espírito obedecem às leis do espírito, porque a lei da matéria e a lei do espírito são uma; são apenas dois aspectos de uma coisa só; a manifestação de um princípio em sentidos opostos.

Se observarmos princípios ou causas corretas, efeitos errados não poderão se acumular. Se seguirmos métodos sólidos, nenhum fio de má qualidade poderá encontrar caminho na teia de nossa vida, nenhum tijolo danificado entrará no edifício de nosso caráter para torná-lo inseguro; e se praticarmos ações verdadeiras, o que mais poderá acontecer além de bons resultados? Pois dizer que causas positivas podem produzir efeitos negativos é dizer que urtigas podem ser colhidas em um milharal.

Aqueles que conduzem a vida seguindo linhas morais assim brevemente enunciadas alcançarão um estado de discernimento e equilíbrio que os tornará permanentemente felizes e sempre alegres; todos os seus esforços serão empregados a seu tempo; todas as questões de sua vida serão favoráveis, e mesmo que não se tornem milionários — como, aliás, não terão nenhum desejo de ser —, adquirirão o dom da paz, e o verdadeiro sucesso vai servi-los de mestre-comandante.

# Trechos de *O segredo do sucesso*

## William Walker Atkinson

Foi com certa hesitação que escrevemos *O segredo do sucesso*. Não gostaríamos de ser associados a autores hipócritas que acham que é muito mais fácil dizer coisas do que fazê-las — muito mais fácil formular um código de preceitos do que ir à rua e colocá-los em prática. Não somos mestres do sucesso do tipo "faça o que eu digo, mas não faça o que eu faço".

Ao contrário desses mestres, vamos explorar *algo a mais*, que está além da mera recitação de uma lista de boas qualidades que levam ao sucesso. Esse *algo a mais* é uma semente que se encontra dentro daqueles que buscam o sucesso, coisa que, se colocada em ação, será de grande valor para eles — um verdadeiro segredo do sucesso, em vez de um código de regras. E, assim, dedicamos este ensaio a desdobrar nossa ideia do que é esse *algo a mais*, e o que ele vai fazer para aqueles que o despertarem.

Todas as pessoas se esforçam para ser bem-sucedidas. Suas ideias de sucesso podem ser diferentes, mas são unânimes no desejo de realização. *Realização* — palavra que encarna a essência do que chamamos de sucesso. É a ideia de sucesso, meta para a qual nos dirigimos. É disso que estamos falando: realização.

## O guia do sucesso e da felicidade

Muitas pessoas têm tentado mostrar o caminho para o sucesso, e enquanto alguns têm prestado valioso serviço para seus seguidores, ninguém ainda foi capaz de contar toda a história. A razão é óbvia: não existem dois temperamentos idênticos; a natureza se delicia com a variedade. Não existem duas conjunturas exatamente iguais, e, por isso, seria tolice tentar estabelecer regras de aplicação universal que levariam todos ao grande objetivo: o sucesso. Basta olhar ao redor e ver as diferentes necessidades dos indivíduos para perceber que isso é verdade. Cada pessoa bem-sucedida conseguiu o êxito de uma maneira diferente — geralmente seguindo pautas de ação originais. De fato, a individualidade desempenha o papel mais importante no sucesso. Uma forte individualidade permite que as pessoas sigam qualquer conjunto de regras ou cursos de ação determinados. E assim podemos afirmar, como um princípio geral, que todas as pessoas devem trabalhar o próprio sucesso seguindo sua própria individualidade, em vez de seguir qualquer regra ou pautas de conduta.

Aqui está o segredo do sucesso: *nas pautas de sua própria individualidade*. Consequentemente, as pessoas devem possuir *individualidade* antes de poder seguir suas *pautas*. E, tendo individualidade, elas têm em mãos o primeiro pré-requisito para o sucesso. É isso que queremos dizer com o segredo do sucesso: a individualidade.

Cada pessoa apresenta uma individualidade latente, mas só algumas permitem que ela se expresse. A maioria é como ovelhas seguindo complacentes um líder assertivo, o carneiro que conduz o rebanho com um sino tilintante que serve para guiar nossos passos. Acreditamos que, de alguma forma, esses guias possuem a substância do conhecimento, o poder e a capacidade de pensar, e em vez de demonstrar nossos próprios poderes adormecidos e possibilidades latentes, nós seguimos atrás deles.

Às vezes, as pessoas são muito parecidas com ovelhas. Somos animais obedientes e imitadores, e em vez de assumir a responsabilidade de dirigir nossos próprios passos esperamos até que alguém assuma a liderança e, depois, seguimos atrás. Seria de se admirar, então, que os líderes reclamassem para si suas próprias colheitas, e deixassem para o rebanho só a grama rasteira? Eles conquistaram o direito de escolha porque faltavam individualidade e iniciativa em todos os outros membros do bando. Foram escolhidos como líderes por causa de suas qualidades assertivas e diretivas. Se houvessem se afastado de uma forma modesta, moderada, teriam sido deixados de lado pelo rebanho, em favor de outras pessoas que soubessem tocar para a frente.

O desejável é possuir individualidade e iniciativa suficientes para ser seu próprio guia — ser uma lei para si mesmo no que diz respeito aos outros. Os grandes indivíduos — os indivíduos fortes — não veem satisfação naquilo que gratifica somente naturezas e ambições mesquinhas. Os grandes espíritos, de todas as idades, veem mais satisfação na força e na habilidade que sentem se desdobrar dentro de si do que na adoração da multidão ou no servilismo dessas criaturas imitativas que tentaram seguir seus passos.

Essa coisa chamada individualidade é algo real e inerente a cada um de nós, e isso pode ser notado quando nos conduzimos direito. Individualidade é a expressão de nosso *self* — nosso eu. Cada um de nós é um indivíduo — um eu — diferente de todos os outros eus do universo. E podemos ser grandes, fortes e bem-sucedidos na medida em que expressemos e desdobremos os poderes do eu. A expressão individual está no cerne do segredo do sucesso. E é por isso que dizemos: vale a pena aprender esse segredo.

# Trechos de *The Secret of the Ages*

ROBERT COLLIER

> *Um navio segue a leste, e o outro a oeste,*
> *Com os ventos de si mesmo que sopram.*
> *São as velas, e não os vendavais*
> *Que nos dizem que caminho seguem.*
> *"Assim como as ondas do mar são os caminhos do destino,*
> *nós navegamos pela vida.*
> *É a alma que decide sua meta*
> *E não a calma ou a contenda."*
>
> Ella Wheeler Wilcox

QUAL É A ETERNA pergunta que se levanta e olha para você, e para toda pessoa sincera, diretamente nos olhos todas as manhãs? "Como posso melhorar minha condição?" Esta é a verdadeira questão vital que você enfrenta, e vou assombrá-lo todos os dias até que a responda.

Leia este ensaio com atenção, e acredito que você vai encontrar a resposta a essa importante pergunta vital, a qual todas as pessoas têm de responder se esperam sempre ter mais a cada manhã de segunda-feira, depois do dia de pagamento, do que tinham na semana anterior. Para começar, toda riqueza depende de um enten-

Trechos de *The Secret of the Ages*

dimento claro do fato de que a mente — o pensamento — é a única criadora. O grande negócio da vida é pensar. Controle seus pensamentos e você controlará as circunstâncias.

Assim como a primeira lei da conquista é desejar, a fórmula do sucesso é *acreditar*. Acredite que você tem o que deseja, veja-o como um fato existente, e qualquer coisa que puder desejar da forma correta será sua. Acreditar é "a substância daquilo que desejamos, a evidência do que não vemos".

Você já viu pessoas essencialmente menos capazes que você realizarem o que parecia impossível. Já viu outros, depois de anos de luta sem esperança, realizarem seus sonhos mais caros de repente. E sempre quis saber: "Qual é o poder que dá nova vida a suas ambições decadentes, que fornece um novo impulso a seus desejos exaustos, que lhes dá um recomeço no caminho do sucesso?"

Esse poder é a crença, a fé. Alguém, alguma coisa, deu-lhes uma nova crença em si mesmo e uma nova fé em seu poder de vencer, e eles deram um salto à frente e arrancaram o sucesso da derrota que parecia ser certa.

Você se lembra do filme de Harold Lloyd sobre um menino caipira que tinha medo da própria sombra? Todos os garotos no campo o atormentavam, até que um dia sua avó lhe deu um talismã, e ela afirmava que o avô do menino o havia carregado na Guerra Civil, e por isso tinha a propriedade de tornar seu proprietário invencível. Nada poderia machucá-lo, disse ao garoto, enquanto ele usasse o talismã. Nada poderia se erguer contra ele. Ele acreditou nela. E da próxima vez que o valentão da cidade começou a espancá-lo, o menino acabou com ele. E isso foi só o começo. Antes do fim do ano ele havia adquirido a reputação de ser o garoto mais ousado da área.

Então, quando sua avó sentiu que ele estava completamente curado, contou-lhe a verdade — que o "talismã" era apenas um pedaço de sucata que ela pegara no acostamento da estrada. Que ela sabia que tudo de que ele necessitava era de *fé em si mesmo*, acreditar que podia fazer essas coisas.

Histórias como essa são comuns. É uma verdade tão bem-estabelecida que podemos fazer só o que achamos que podemos, que é o tema preferido dos escritores. Lembro-me de ter lido uma história, anos atrás, de um artista — um artista medíocre — que estava visitando o campo de Waterloo e viu um curioso pedaço de metal meio enterrado na terra. Atraiu-o tanto que ele o pegou e o colocou no bolso. Logo depois, ele notou um aumento súbito de confiança, de fé absoluta em si mesmo, não só no trabalho que escolhera, mas em sua capacidade de lidar com qualquer situação possível. Ele pintou um grande quadro só para mostrar que *podia*. Não contente com isso, imaginou um império tendo o México como base — na verdade, liderou uma revolta que não deixou pedra sobre pedra. Até que um dia ele perdeu o talismã. *E imediatamente sua bolha estourou.*

Eu uso esse exemplo só para ilustrar que *é a sua crença em si mesmo* o que importa. É a consciência do poder dominante dentro de você que faz todas as coisas possíveis. *Você pode fazer qualquer coisa que acredita ser capaz.* Esse conhecimento é, literalmente, o presente dos deuses, pois graças a ele você pode resolver todos os problemas humanos. Vai transformá-lo em um otimista incurável. É a porta aberta para se sair bem. *Mantenha-a aberta* — esperando ganhar tudo que é certo. Você tem direito a todas as coisas boas. Portanto, só espere coisas boas. A derrota *não precisa* seguir a vitória. Você não tem de "bater na madeira" toda vez que se congratular porque as coisas estão indo bem para você. Vitória deve seguir vitória — e vai, se "Tende em vós o mesmo sentimento que houve também em Cristo Jesus" (Filipenses 2:5). É a mente que significa saúde, vida, oportunidade sem limites e recompensa. A não limitação depende de você. Portanto, não deixe que ela entre em sua vida. Lembre-se de que a Mente vai fazer tudo que for bom para você. Ela vai mover montanhas por você.

"Trazei todos os dízimos à casa do tesouro, para que haja mantimento em minha casa, e, depois, fazei prova de mim nisto, diz o Senhor dos Exércitos, se eu não vos abrir as janelas do céu, e não derramar sobre vós uma bênção tal até que não haja lugar suficiente para a recolherdes." (Malaquias 3:10)

Traga todos os seus pensamentos, desejos, objetivos e talentos para o depósito — que é a consciência do bem, a lei da oferta infinita — e prove essas bênçãos. Existem todas as razões para saber que você tem direito à provisão adequada, e isso tudo está relacionado ao pensamento. Agora, abra sua mente e tente compreender o *pensamento ilimitado, o suprimento ilimitado*.

Não pense que o suprimento deve vir por um ou dois canais. Você não deve ditar à Mente Universal por qual caminho ela deve enviar suas dádivas. Há milhões de canais que podem levar as coisas até você. Sua parte é transmitir à mente sua necessidade, seu desejo, sua crença ilimitada nos recursos e na vontade da Mente Universal para ajudá-lo. Plante a semente do desejo. Nutra-a com uma visualização clara da fruta. Regue-a com fé sincera. Mas deixe os meios para a Mente Universal.

Abra sua mente. Limpe os canais de pensamento. Mantenha-se em um estado de receptividade. Mantenha a atitude mental de estar constantemente *esperando o bom*. Você tem o direito fundamental a tudo de bom, e sabe disso. "Seja-vos feito segundo a vossa fé." (Mateus 9:29)

O problema com a maioria de nós é que somos mentalmente preguiçosos. É muito mais fácil seguir a multidão que abrir uma trilha por conta própria. Mas os grandes descobridores, os inventores, os grandes gênios em todos os campos têm sido aqueles que ousaram romper com a tradição, que desafiaram precedentes, que acreditavam que não há limites para o que a Mente pode fazer, e que se mantiveram fiéis a essa crença até conquistarem seus objetivos, apesar de todos os escárnios e a ridicularização dos cínicos e dos céticos.

E não só isso, eles nunca estavam satisfeitos com a realização de apenas um sucesso. Sabiam que o primeiro sucesso é como a primeira azeitona fora do pote. Todas as outras saem mais facilmente depois. Eles perceberam que eram parte da inteligência criativa do universo, e que a parte compartilha todas as propriedades do todo. E essa consciência lhes deu a fé para lutar por tudo que fosse certo, o conhecimento de que o único limite para suas capacidades era o limite de seus desejos. Sabendo disso, não poderiam ficar satisfeitos com qualquer sucesso comum. Tiveram que continuar, cada vez mais longe.

Abra os canais entre sua mente e a Mente Universal e não haverá limite para as riquezas que chegarão em abundância. Concentre seus pensamentos naquilo que você está mais interessado e ideias virão fartamente, apresentando diversas maneiras de alcançar o objetivo que você está buscando.

Mas não deixe que um sucesso, não importa quão grande seja, o satisfaça. A lei da criação, você sabe, é a lei do crescimento. Você não pode ficar parado; tem de ir adiante, ou será ultrapassado. Complacência — autossatisfação — é o maior inimigo da realização. Você deve olhar sempre para a frente. Como Alexandre, o Grande, você deve estar constantemente à procura de novos mundos para conquistar. E, então, o poder virá para atender à sua necessidade. Não existe falta de poder se olharmos a Mente como nossa fonte de abastecimento. A única falha da Mente vem da preocupação e do medo, ou da falta de uso.

William James, o famoso psicólogo, ensinou que "Quanto mais a mente faz, mais pode fazer". Ideias liberam energia. Você pode *fazer* mais e melhor do que já fez. Pode *saber* mais do que sabe agora. Você sabe, por experiência própria, que em condições mentais adequadas de alegria ou entusiasmo pode trabalhar três ou quatro vezes mais que o normal, sem exaustão. O cansaço é mais tédio que fadiga física real. Você pode trabalhar quase indefinidamente quando a tarefa é prazerosa.

Você já viu pessoas adoentadas, frágeis, que não poderiam fazer um trabalho leve por uma hora sem ficar exaustas, de repente, arregaçarem as mangas quando responsabilidades pesadas foram jogadas sobre elas, e se tornarem fortes e robustas sob a carga. Crises não só utilizam a reserva de energia que você tem, mas também ajudam a criar nova força.

Pode ser que você tenha sido iludido pela ideia de incompetência. Pode ser que tenham lhe dito tantas vezes que você não pode fazer certas coisas que você passou a acreditar mesmo nisso. Lembre-se que o sucesso ou o fracasso são apenas um estado de espírito. Acredite que você não pode fazer uma coisa, e não poderá. Saiba que pode fazer, e *vai conseguir*. *Você precisa se ver fazendo.*

*Se você pensa que está derrotado, você está;*
*Se pensa que não pode, você não pode;*
*Se gostaria de vencer, mas acha que não consegue,*
*é quase certo que não vai ganhar;*

Trechos de *The Secret of the Ages*

*Se pensa que vai perder, já perdeu,*
*Pois pelo mundo você descobrirá...*
*Que o sucesso começa com um companheiro disposto –*
*Está tudo no estado de espírito.*
*Muitas corridas são perdidas*
*Antes mesmo da largada,*
*E muitos covardes fracassam*
*Antes mesmo de seu trabalho começar.*
*Pense grande e suas obras vão crescer,*
*Pense pequeno e ficará para trás,*
*Pense que pode, e poderá;*
*Está tudo no estado de espírito.*
*Se acha que está ultrapassado, você está;*
*Você tem de pensar alto para subir;*
*Tem de ter certeza de si mesmo antes*
*De poder ganhar um prêmio.*
*Na batalha da vida nem sempre vence*
*O homem mais forte ou mais rápido;*
*Mas, cedo ou tarde, o homem que ganha*
*É o sujeito que acha que pode.*[1]

Há uma grande diferença entre a compreensão adequada da própria capacidade e a determinação para fazer o melhor possível e o egoísmo ofensivo. É absolutamente necessário que cada um de nós acredite em si mesmo para que possamos fazer o máximo. Todos nós temos algo a vender. Podem ser nossos bens, nossas habilidades, nossos serviços. Você tem de acreditar em si mesmo para fazer seu cliente comprar a qualquer preço. Tem de sentir a mesma solicitude pessoal para com um cliente perdido, como um revivalista para com um apóstata, e oferecer serviços especiais para trazê-lo de volta à freguesia. Você tem de se levantar todas as manhãs com determinação se quiser ir para a cama à noite com satisfação.

Há forte sentido no ditado que diz que todo mundo adora um vencedor. A única coisa que você tem para obter o sucesso é a *Men-*

---

[1] Tradução livre do poema *Thinking*, de Walter D. Wintle. [N. da T.]

*te*. Para que sua mente funcione em sua maior capacidade você tem de se carregar com ânimo e otimismo. Ninguém nunca fez um bom trabalho em um estado de espírito negativo. Seu melhor trabalho é sempre feito quando você está se sentindo feliz e otimista.

E uma disposição feliz é o *resultado* — não a *causa* — de pensamentos alegres e animadores. Saúde e prosperidade são os *resultados* de pensamentos otimistas. *Você* faz o padrão. Se a impressão que você deixou no mundo parece fraca, não culpe o destino; culpe seu padrão! Você nunca vai cultivar uma atitude valente e corajosa com pensamentos covardes. Não espere que uma bananeira dê jaca. Você nunca vai fazer seus sonhos se tornarem realidade se os asfixiar com dúvidas e medos. Você tem de colocar os alicerces sob seus castelos de ar, alicerces de *compreensão* e de *crença*. Suas chances de sucesso em qualquer empreendimento sempre podem ser medidas por sua crença em si mesmo.

O lugar onde você está é desanimador? Acha que se estivesse no lugar de outro o sucesso seria mais fácil? Basta ter em mente que seu verdadeiro lugar está dentro de si. Todos os fatores de sucesso ou fracasso estão em seu mundo interior. *Você* faz seu próprio mundo interior, e, portanto, seu mundo exterior. Você pode escolher com que material vai construí-lo. Se não tomou decisões com sabedoria no passado, pode escolher agora, novamente, o material com que deseja reconstruí-lo. A riqueza da vida está dentro de você. Ninguém fracassa se puder começar de novo.

Comece direito e *faça* tudo que sente ter condições de fazer. Não peça a permissão de ninguém. Concentrar seu pensamento em qualquer bom empreendimento tornará a realização dele possível. A crença de que você *pode* fazer é o que dá forças ao poder de seu pensamento. A fortuna o espera. Agarre-a com coragem, segure-a, e ela será sua. Ela lhe pertence por direito. Mas se você se encolher diante dela, se for até ela cheio de dúvidas, timidamente, ela vai passar por você com desprezo. A fortuna é inconstante; ela deve ser dominada, adora ousadia, admira confiança.

Um romano alardeava que bastava ele pôr um pé no chão para que legiões surgissem. E a ousadia dele intimidou seus oponentes. Com sua mente é a mesma coisa. Dê o primeiro passo e ela vai mobilizar todas as suas forças para ajudá-lo. Mas a primeira coisa, essencial, é que você *comece*. Depois que a batalha se iniciar, todo o seu interior e exterior vão chegar para ajudá-lo, se você atacar seriamente e enfrentar cada obstáculo com resolução. Mas *você* tem de começar.

"O Senhor ajuda a quem ajuda a si mesmo" é uma verdade antiga.

Isso é, na verdade, puro bom senso. Sua mente inconsciente tem todo o poder, mas a consciente é a guardiã do portão. *Ela* tem de abrir a porta. *Ela* tem de ativar a mola que libera a energia infinita. Nenhum fracasso é possível na realização de qualquer objetivo correto que você possa ter na vida se você entender o poder que tem e, com perseverança, tentar usá-lo da maneira correta.

Todos aqueles que deixaram sua marca neste mundo tinham uma característica em comum: *acreditavam em si mesmos!* "Mas", você pode dizer, "como eu posso acreditar em mim mesmo se ainda não fiz nada que valesse a pena, se parece que tudo em que encosto o dedo desanda?" Você não pode, claro. Ou seja, você não poderia se tivesse de depender apenas de sua mente consciente. Mas é bom lembrar que alguém muito maior que você disse: "Eu não posso de mim mesmo fazer coisa alguma. Como ouço, assim julgo; e o meu juízo é justo, porque não busco a minha vontade, mas a vontade do Pai, que me enviou." (João 5:30)

Esse mesmo "Pai" está dentro de você. E é por saber que Ele *está* em você, e que por meio Dele você pode fazer tudo o que é certo, que pode adquirir essa tão necessária crença em si mesmo. Certamente, a Mente que idealizou os céus e a Terra, e tudo que contêm, tem toda a sabedoria, todo o poder e toda a abundância. Com a invocação dessa Mente você sabe que não há problema difícil demais para encarar. *Saber* isso é o primeiro passo. *Fé*. Mas Tiago nos diz: "A fé sem obras é morta." Então, vá para a próxima etapa. Escolha aquilo que você mais quer da vida. Não importa o que seja. Não há limites para a Mente, você sabe. Visualize o que deseja. Veja, sinta, acredite nisso. Faça seu projeto mental, e *comece a construir*!

Vamos supor que algumas pessoas vão mesmo rir de sua ideia. Vamos supor que a razão dirá: "Não dá para fazer isso!" As pessoas riram de Galileu. Riram de Henry Ford. A razão alegou por incontáveis eras que a Terra era plana. A razão disse — ou inúmeros engenheiros automotivos argumentaram — que o motor Ford não funcionaria. Mas a Terra é redonda e milhões de carros estão nas ruas.

Vamos começar agora a pôr em prática algumas dessas verdades que você aprendeu. O que você mais quer na vida agora? Pegue um desejo, concentre-se nele e repita-o em sua mente inconsciente.

Psicólogos descobriram que o melhor momento para fazer sugestões para sua mente inconsciente é um pouco antes de adormecer, quando os sentidos estão tranquilos e a atenção, relaxada. Por isso, vamos pegar seu desejo e sugeri-lo a seu inconsciente esta noite. Os dois pré-requisitos são um *desejo* sincero e uma *crença* inteligente, consciente. Alguém disse que a educação é 75% motivação; e motivação é a sugestão de que a coisa pode ser feita.

Você sabe que pode ter o que quiser; se desejar muito e conseguir acreditar seriamente. Portanto, esta noite, pouco antes de cair no sono, concentre seu pensamento naquilo que você mais deseja na vida. *Acredite* que já conquistou. *Veja-se* possuindo-o. *Sinta-se* usando-o.

Faça isso todas as noites, até que *realmente* acredite que tem o que quer. Quando chegar a esse ponto, você *vai conseguir*!

# Trechos de *What You Can Do With Your Will*

Russell H. Conwell

O sucesso não tem segredo. Sua voz está sempre ecoando no mercado e clamando no deserto, e o fardo de seu grito é uma palavra: *vontade*. Qualquer pessoa que ouve e atende a esse grito é totalmente equipada para subir até as alturas da vida.

A mensagem que eu gostaria de deixar aos homens e às mulheres é a que tenho tentado humildemente passar nos palcos de palestras e no púlpito há mais de cinquenta anos. É exatamente a mensagem que tem sido afirmada e reafirmada em milhares de vidas cujo progresso eu tive o privilégio de presenciar. E a mensagem é esta: seu futuro está à sua frente, como um bloco de mármore bruto. Você pode transformá-lo no que quiser. Nem a hereditariedade, nem o ambiente, nem quaisquer obstáculos impostos pela sociedade podem impedi-lo de marchar direto para o sucesso, desde que seja guiado por uma determinação firme e direcionada e tenha saúde e inteligência razoáveis.

Determinação é a bateria que comanda todas as estradas da vida. É a armadura contra a qual os mísseis da adversidade se chocam inofensivamente. Se há algo que eu tentei fazer ao longo desses anos, foi incutir na mente das pessoas o fato de que, quando elas põem *vontade* nas rédeas e dizem *"vamos"*, elas vão em direção às alturas.

A instituição da qual a Temple University, da Filadélfia, cresceu foi fundada anos atrás com a intenção de oferecer oportunidades de ensino superior para quem estivesse disposto a se esforçar. Já vi noventa mil alunos entrarem por suas portas. Muitos deles vieram para a Filadélfia sem dinheiro, mas firmemente determinada a conseguir estudar. Nunca conheci um deles que voltasse para casa derrotado. A determinação tem as propriedades de um ácido poderoso; todas as limitações se derretem diante dela.

Por outro lado, a falta de força de vontade é a arma mais rápida do arsenal do fracasso. A hipótese mais desesperadora no mundo é a que diz que o sucesso é uma porta com a qual a pessoa vai topar em algum momento se ficar rondando. Algumas pessoas parecem esperar urubus para alimentá-los, esperar que o fornecimento de petróleo seja inesgotável, que o peixe pule no barco na hora do almoço. Acreditam que a vida é uma série de milagres. Ficam vagabundeando e confiam em sua estrela da sorte, e, corajosamente, declaram que o mundo lhes deve a vida.

Na verdade, o mundo não deve às pessoas nada que elas não sejam dignas. Nesta vida, as pessoas têm aquilo que merecem, e devem retribuir o que lhes for dado. Não existe sucesso inativo.

Minha mente está recordando as histórias de milhares de pessoas que conheci e de que ouvi falar, que enfrentaram todo tipo de desvantagens e venceram apenas pela vontade e pela perseverança, trabalhando com todo o poder que Deus lhes deu. Já se passaram quase trinta anos desde que um jovem rapaz inglês entrou em minha sala. Ele queria frequentar as aulas noturnas de nossa universidade para aprender a falar em público.

— Por que você não vai estudar direito? — perguntei a ele.

— Eu sou muito pobre! Não tenho chance! — respondeu ele, balançando a cabeça tristemente.

Voltei-me para ele bruscamente:

— Claro que você não tem chance — exclamei —, se não tomar a decisão de fazer isso!

Trechos de *What You Can Do With Your Will*

Na noite seguinte ele bateu em minha porta novamente. Ele estava radiante, e havia uma luz de determinação em seus olhos.

— Decidi me tornar advogado — disse ele.

E eu sabia, pelo tom de sua voz, que estava falando sério.

Muitas vezes, depois de ter se tornado prefeito da Filadélfia, ele deve ter olhado para trás e lembrado dessa decisão que foi o divisor de águas em sua vida.

Estou pensando em um jovem da área rural de Connecticut que foi dado como caso perdido por seus professores por ser distraído demais para aprender. Ele abandonou a escola e trabalhou na fazenda de seu pai até os 21 anos. Então, algo despertou seu interesse para a origem e desenvolvimento do reino animal. Ele começou a ler sobre zoologia, e a fim de ampliar sua capacidade de compreensão voltou à escola, que havia deixado anos antes, para retomar os estudos. Alguém lhe disse: "Você pode chegar ao topo se tiver *força de vontade*!"

Ele se agarrou à esperança e a cultivou, até que ela finalmente o possuiu por completo. Entrou na faculdade aos 28 anos e abriu seu caminho com a ajuda que fomos capazes de lhe oferecer. Hoje ele é um respeitado professor de zoologia em uma faculdade de Ohio.

Eu poderia citar uma infinidade de exemplos como esses. De todas as pessoas que tentei ajudar durante a faculdade, não consigo pensar em uma única que tenha fracassado por qualquer outra razão que não problemas de saúde. Mas é claro que eu nunca ajudei alguém que primeiro não ajudasse a si mesmo. Assim que as pessoas determinam o alvo, estão em posição estratégica para ver e aproveitar tudo que vai contribuir para esse fim.

Sempre que as pessoas me dizem que se "pudessem" seriam advogados ou engenheiros, ou qualquer coisa, sempre respondo: "Você pode ser o que quiser, desde que seja algo que o mundo vai necessitar daqui a dez anos."

Isto me faz lembrar uma ideia que a ambição da juventude precisa reconhecer. Você deve investir a si mesmo ou seu dinheiro em uma *demanda conhecida*. Deve escolher uma ocupação que se encaixe em seu próprio talento especial e em alguma necessidade real das pessoas. Escolha o mais cedo possível qual será seu trabalho na vida. Assim, poderá sempre se preparar com a leitura e a observação visando um propósito. Há muitas coisas que as pessoas medianas aprendem na escola que poderiam ter aprendido perfeitamente fora dela.

Quase todos devem ser capazes de ficar ricos nesta terra de opulentas oportunidades. Existem algumas pessoas que pensam que para ser piedosas têm de ser muito pobres e muito sujas. Estão erradas. Não é o dinheiro e sim o *amor* ao dinheiro a causa de todo o mal. O dinheiro em si é uma força dinâmica para ajudar a humanidade.

Em minhas palestras, mostro que realmente acredito que todos estamos caminhando sobre hectares de diamantes e minas de ouro. Algumas pessoas pensam que sua fortuna se encontra em algum país distante. É muito mais provável que esteja em seu próprio quintal, ou à porta delas, escondida de seus olhos cegos. A maioria dos nossos milionários descobriu sua fortuna olhando em volta.

Recentemente, investiguei a vida de 4.043 milionários americanos. Quase todos, menos vinte deles, começaram a vida em relativa pobreza, e quase todos, menos quarenta, contribuíram muito para suas comunidades e dividiram a fortuna de forma justa com seus funcionários. Porém, infelizmente, nenhum filho de rico acima dos 17 anos morre rico.

Mas se uma pessoa pegou leve durante um determinado período de anos perdidos, pode, então, desenvolver o caráter — a força motriz — que o leve ao sucesso? Ora, a força de vontade pode não só ser desenvolvida como, muitas vezes, é um pedaço de madeira seca que precisa apenas de um fósforo. Muitos anos atrás alguns estudantes da Temple University realizaram uma reunião em um edifício em frente ao Bellevue-Stratford Hotel. Quando estavam saindo do edifício, notaram um imigrante vendendo amendoins do outro lado da rua. Enquanto compravam amendoins, começaram a conversar com o homem, e disseram-lhe que qualquer um poderia estudar se estivesse disposto a se esforçar. O pobre homem sorvia ansiosamente toda informação que pudesse obter. Matriculou-se na

Temple University e conseguiu o dinheiro para custear seus estudos. Hoje ele é um eminente médico que trabalha em Washington.

Muitas vezes penso em um auxiliar de escritório que decidiu que as ambições que se remexiam em sua alma podiam ser realizadas se ele conseguisse estudar. Frequentou nossas aulas noturnas e se formou. Agora ele é um diretor milionário de uma das maiores corretoras do país.

"Onde há uma vontade, há um caminho!", disse Pauline Kael. Mas é preciso usar um pouco de bom senso para escolher o caminho. Um general pode determinar uma vitória, mas se enviar suas tropas a um campo aberto diretamente para o fogo de artilharia do inimigo, ele convocará o desastre e a derrota. O melhor general estabelece seus planos cuidadosamente e faz avançar suas tropas da melhor maneira, para conservá-la em força e número. Assim, uma pessoa deve planejar sua campanha de vida.

Ninguém tem o direito, seja para si próprio ou para outros, de trabalhar em uma fábrica, ou em uma loja, ou em qualquer outro lugar, a menos que seja por escolha — ter dinheiro ou não —, por necessidade da vida.

"Porque, como ele pensa consigo mesmo, assim é", diz o escritor de Provérbios; mas, na verdade, as pessoas são como se ajustam para ser, afinal. Um grande problema com muitas pessoas é que elas são feitas de todo tipo de maquinaria não ajustada, fora do lugar — sem esteira nas rodas, sem fogo nas caldeiras, e, portanto, sem vapor para movimentar o mecanismo.

Algumas pessoas nunca se dão o trabalho de se avaliar para descobrir o que têm capacidade de fazer, e depois perguntam por que continuam por baixo. Lembro-me de uma jovem que me disse que não acreditava que poderia ter alguma utilidade particular no mundo. Mencionei um monte de coisas que ela, provavelmente, seria capaz de fazer.

— Se você se conhecesse — disse eu —, iria se dedicar à escrita. Você deve ser escritora.

Ela balançou a cabeça, negando, e sorriu, pensando que eu estava zombando dela. Mais tarde a força das circunstâncias a levou a escrever. E quando me procurou e me disse que estava ganhando milhares de dólares por ano com criação literária, e que estava prestes a ganhar mais, eu me lembrei de quando ela era uma menina pobre, ganhando quase nada por não cuidar de sua autoestima.

Existe uma tendência lamentável entre muitas pessoas a esperar por uma oportunidade particularmente favorável para se lançar à batalha da vida. Alguns ficam esperando a oportunidade, sendo que ela vem aparecendo há anos.

É muito raro ver uma grande invenção lançada no mercado sem um grande número de pessoas alegando terem pensado naquela ideia primeiro; e, na maioria dos casos, provando isso. Mas enquanto estavam sentadas sonhando, ou tentando trazer a coisa com extrema perfeição, um homem com iniciativa se levantou e agiu. Existem inúmeros exemplos disso.

A ideia mais maravilhosa não tem valor algum até que seja posta em prática. O governo premia o primeiro a obter uma patente ou a colocar sua invenção em uso. E o mundo faz o mesmo. Assim, quem sonha sempre fica atrás de quem realiza.

A verdadeira força de vontade também exige concentração. Seja qual for nossa tarefa, temos de voltar toda a mente para ela, e mantê-la ali até que esteja concluída. Isso faz com que uma pessoa brilhe em praticamente qualquer lugar.

Muitos ficam satisfeitos se fazem uma coisa "suficientemente bem". Essa é uma complacência fatal. "Suficientemente bem" tem amaldiçoado almas, arruinado empresas e destruído nações. Se a perfeição em uma tarefa é possível de ser alcançada, nada menos que a perfeição é "suficientemente bom".

No entanto, devemos ter em mente que existe o exagero. Devemos traçar uma linha entre o estudo que garante a sabedoria e o estudo que esgota a mente; entre o exercício físico que é saudável e o que é prejudicial; entre a consciência pura e divina e a que é exagerada e um desperdício; entre a economia cuidadosa e a economia mesquinha; entre a indústria que faz bom uso dos nossos recursos e a que os usa excessivamente, levando à destruição.

Trechos de *What You Can Do With Your Will*

A mente mais bem-ordenada é aquela que pode compreender os problemas das pessoas e levá-los a uma conclusão lógica; aquela que vê rapidamente o que significa qualquer coisa, seja uma exposição de mercadorias, uma justaposição de eventos ou as sugestões da literatura.

Além da capacidade de identificar problemas, cada pessoa é projetada para um trabalho definido na vida, equipada para uma determinada atividade. Se você é um excelente cozinheiro, não deveria ter um lava-rápido, e é seu dever se preparar para, na primeira oportunidade, entrar na área na qual se encaixa.

George W. Childs, dono do *Philadelphia Ledger*, já engraxou sapatos e vendeu jornais em frente ao edifício do *Ledger*. Ele me contou que costumava olhar para o edifício e dizer várias vezes para si mesmo que um dia seria dono do estabelecimento onde funcionava o grande jornal. Quando falava de sua ambição, seus colegas riam dele. Mas Childs tinha uma determinação indomável, e acabou adquirindo o jornal.

Outra coisa muito necessária para o sucesso é o uso adequado do tempo de inatividade. Como você usa seu tempo fora das refeições, do trabalho, dos negócios? Suponho que se as pessoas comuns usassem com sabedoria esses intervalos em que ficam pensando na morte da bezerra logo acumulariam conhecimento suficiente para fazer muito na vida.

Antes de abandonar o assunto do poder da vontade há algo que eu gostaria de dizer: a verdadeira vontade deve ter uma boa relação com a felicidade dos outros. Não fique tão envolvido em sua própria missão a ponto de esquecer de ser gentil com os outros, pois não terá cumprido todos os deveres se não tiver cumprido o dever de ser gentil. Inimigos e ignorância são as duas coisas mais caras na vida de uma pessoa. Eu nunca faço inimigos desnecessários; são muito caros.

Todo mundo tem dentro de si as ferramentas necessárias para esculpir seu sucesso. Entregue-se a uma missão definida na vida, e que seja uma missão que beneficie o mundo, bem como a si mesmo. Lembre-se de que nada pode resistir à varredura de uma vontade férrea, a menos que surja outra, igualmente determinada. Mantenha-se limpo, lute muito, escolha suas aberturas conscienciosamente e mantenha os olhos sempre fixos nas alturas a que está indo. Se houver qualquer outra fórmula para o sucesso, eu não sei qual é.

# Trechos de *The Power of Concentration*

Theron Q. Dumont

CONTEÚDO

*A concentração encontra o caminho*
*A concentração pode realizar seus desejos*
*Os ideais se desenvolvem com concentração*

## A CONCENTRAÇÃO ENCONTRA O CAMINHO

Todo mundo tem duas naturezas. Uma quer nos fazer avançar, a outra quer nos puxar para trás. Aquela que cultivamos e em que nos concentramos decide aonde vamos. Ambas estão tentando assumir o controle. A vontade decide a questão sozinha. Por meio de um esforço supremo da vontade uma pessoa pode mudar toda a sua carreira e quase fazer milagres. Você pode ser essa pessoa. Pode ser se *desejar* ser, para que a *vontade* possa achar um caminho, ou criar um.

Eu poderia facilmente encher um livro inteiro de casos de pessoas que se arrastavam pela vida e, de repente, despertaram, e como se acordassem de um sonho, desenvolveram suas possibilidades latentes, tornando-se totalmente realizadas a partir desse momento.

Só você pode decidir quando seu momento decisivo chegará. É uma questão de escolha permitir que nosso eu divino ou nosso interior bruto nos controle. Nenhum de nós deve fazer qualquer coisa que não queira. Somos, portanto, os diretores de nossa vida, se quisermos ser. Somos como massinha, que pode ser moldada por nossa força de vontade.

Sem a influência de nossa vontade, nosso comportamento é determinado, em grande parte, por hábitos adquiridos. Ouvimos as pessoas dizerem: "Ele consegue isso ou aquilo naturalmente; tal pai, tal filho." O que significa que a pessoa está apenas fazendo o que os pais fizeram. Muitas vezes esse é o caso, mas não há nenhuma razão para isso. As pessoas só poderão quebrar um hábito quando dominarem o "eu quero". Elas podem ter sido preguiçosas a vida toda até esse minuto, mas a partir desse momento começam a se entregar a alguma coisa. Até pessoas mais velhas já mudaram repentinamente e realizaram maravilhas. "Eu perdi minha oportunidade", dizem uns. Isso pode ser verdade, mas por pura força de vontade é possível encontrar uma maneira de criar uma nova chance. O ditado que diz que a oportunidade só bate uma vez na vida em nossa porta não é nem um pouco verdadeiro. O fato é que a oportunidade nunca nos procura; nós é que devemos buscá-la. Atualmente, o cérebro de uma pessoa é comparado ao de outra. O que normalmente é uma oportunidade para uma pessoa, é perda para outra. Muitas vezes, é a rapidez do pensamento que determina o resultado. Alguém pensa "vou fazer", mas, enquanto procrastina, o outro vai em frente e faz. Ambos têm a mesma oportunidade, mas um vai se queixar da chance perdida. Isso deveria ensinar uma lição a essas pessoas, e ensina, se estiverem buscando o caminho que conduz ao sucesso.

Muitas pessoas leem bons livros, mas dizem que não tiram muito proveito deles. Não percebem que tudo que qualquer livro ou qualquer curso pode fazer é despertá-las para suas possibilidades, estimulá-las a usar a própria força de vontade. Você pode ensinar as pessoas desde agora até o dia do Juízo Final, mas elas só vão saber o que aprenderem sozinhas.

Uma das práticas mais benéficas que conheço é ver o lado bom de tudo e de todos, pois há sempre um aspecto positivo nas coisas. Nós

## Trechos de *The Power of Concentration*

encorajamos as pessoas vendo suas boas qualidades e também ajudamos a nós mesmos ao vê-las. Ganhamos a felicitação dos outros, às vezes, um bem muito valioso. Pode ser que em algum momento precisemos de estímulo. Recebemos de volta o que oferecemos, então, cultive o hábito de incentivar os outros e vai descobrir que esse é um remédio maravilhoso, tanto para o incentivado quanto para você mesmo, porque receberá em troca pensamentos encorajadores e edificantes.

A vida nos fornece a oportunidade de melhorar. Mas como fazemos isso depende de como satisfazemos nossas próprias expectativas. No início de cada mês devemos sentar e analisar o progresso que fizemos. Se não atendemos às expectativas, precisamos descobrir a razão e trabalhar para estarmos à altura das exigências na próxima vez. Toda vez que ficamos para trás no que planejávamos fazer, perdemos uma coisa: um tempo precioso na Terra. Podemos justificar o atraso, mas a maioria das desculpas são pobres substitutos para a ação. Quase todas as coisas são possíveis. Pode ser difícil, mas, quanto mais difícil a tarefa, maior a recompensa. As situações difíceis são o que realmente nos fazem desenvolver, e o desenvolvimento é a recompensa final. Qualquer coisa que requeira apenas um pequeno esforço utiliza muito pouco de nossas faculdades e produz uma colheita pobre de realização. Portanto, não fuja das tarefas difíceis, pois realizar uma delas, muitas vezes, nos trará mais benefícios que um monte de vitórias menores.

Eu sei que todo mundo está disposto a pagar o preço do sucesso. O preço não é em dinheiro, mas em esforço. A primeira qualidade essencial para o sucesso é o desejo de realizar algo — de ser alguma coisa. O próximo passo é *aprender* como fazer. O seguinte é fazer. Consequentemente, a pessoa mais capaz de realizar qualquer coisa é aquela que tem uma mente ampla, que adquiriu conhecimentos. Dessa maneira, para ser bem-sucedido, você deve ter o pensamento livre, adquirir todo o conhecimento possível e ser bem versado não só em um ramo do seu negócio, mas em cada parte dele. Uma pessoa assim alcança o sucesso.

O segredo do sucesso é sempre tentar se aprimorar, não importa onde está ou qual é sua posição. Aprenda tudo o que puder. Não pense em quão pouco pode fazer, mas em quanto pode realizar. Você vai ganhar a reputação de empreendedor e estará sempre sendo requisitado, porque será conhecido como trabalhador. Sempre há espaço para um trabalhador; empresas progressistas nunca deixam um trabalhador sair do cargo se puderem evitar.

Aqueles que chegam ao topo são as pessoas de fibra, com propósito, que trabalham duro; e nunca os tímidos, indecisos e lerdos. Pessoas inexperientes raramente são colocadas em posição de responsabilidade e poder. Os indivíduos selecionados são aqueles que fizeram algo, alcançaram resultados em alguma área ou assumiram a liderança em seu departamento. São colocados lá por causa de sua reputação de pôr energia em seus esforços, e porque já demonstraram que têm vontade e determinação.

Aqueles que são escolhidos no momento crucial, em geral, não são gênios. Não possuem nenhum talento a mais que os outros. Apenas aprenderam que os resultados só podem ser produzidos com incansável esforço concentrado. Sabem que os milagres no mundo dos negócios simplesmente não acontecem por acaso. A única maneira de fazê-los acontecer é aferrando-se a uma proposta e realizá-la. Esse é o único segredo de alguns conseguirem e outros, não. As pessoas bem-sucedidas se acostumam a ver as coisas realizadas e têm sempre certeza do sucesso. Pessoas que fracassam se acostumam a ver o fracasso. Elas o esperam, e o atraem.

Com o tipo certo de treinamento todo mundo poderia ser bem-sucedido. É realmente uma pena que tantos homens e mulheres, ricos em habilidades e talentos, acabem no lixo, por assim dizer. Um dia, espero ver um milionário filantropo que abra uma escola para a requalificação dos fracassados. Não poderia haver melhor forma de ele investir dinheiro. O filantropo poderia ter agências que procurassem pessoas que perderam o controle de si mesmas; pessoas que, por se sentirem mal, enfraqueceram a determinação, ou que, por causa de algum sofrimento ou infelicidade, desanimaram. No início, tudo que essas pessoas necessitam é de um pouco de ajuda para se reerguerem, mas, em geral, ficam derrubadas. O resultado é que seus poderes latentes nunca se desenvolvem, e tanto elas quanto o mundo perdem. Espero que, no futuro próximo, alguém considere a oportunidade de usar alguns dos seus milhões para despertar pessoas que começaram a hesitar. Tudo que se precisa é mostrar a fonte onipotente dentro de cada um, pronta para ajudá-los, provendo-lhe determinação. Sua mente só tem de mudar o foco, sair do desespero para a esperança, para que se recuperem.

Quando as pessoas perdem a garra hoje, precisam se redimir por conta própria. Recebem pouco incentivo ou aconselhamento de natureza inspiradora. Atualmente, temos de lutar sozinhos contra nossas tendências ao enfraquecimento. Não espere que alguém ajude. Concentre-se, tome resoluções firmes e decida combater suas fraquezas e vícios. Ninguém pode fazer isso por você. Os outros podem incentivá-lo, mas só isso.

Não consigo pensar em nada que interfira no caminho de quem está para se tornar bem-sucedido. Não há nenhuma deficiência, nem mesmo problemas de saúde, que não possam ser superados. Para vencer um obstáculo tudo que é necessário é usar mais determinação, garra e vontade.

A pessoa com garra e vontade pode ser pobre hoje e rica em poucos anos. A força de vontade é um bem melhor do que dinheiro. Sua vontade pode carregá-lo sobre abismos de fracasso, se você lhe der chance.

Aqueles que chegaram às posições mais altas geralmente tiveram que conquistar suas vitórias contra grandes probabilidades. Pense nas dificuldades que muitos dos nossos inventores enfrentaram antes de se tornarem bem-sucedidos; em geral, foram malcompreendidos por parentes e amigos. Muitas vezes, não tinham as necessidades básicas da vida atendidas, mas, por pura determinação e coragem resoluta, conseguiram insistir até que aperfeiçoaram suas invenções, que depois ajudaram muito a melhorar a condição de outros.

Todo mundo quer fazer alguma coisa, mas são poucos os que farão o esforço e os sacrifícios necessários para consegui-lo. Há apenas uma maneira de realizar qualquer coisa: ir em frente e fazê-la. As pessoas podem executar praticamente qualquer coisa hoje caso se dediquem de coração e não deixem que nada interfira em seu progresso. Obstáculos são rapidamente superados por aqueles que começaram a realizar os desejos de seu coração. Quanto maior for o desejo, menor parecerá o obstáculo. Quanto menor for o desejo, maior o obstáculo parecerá. Sempre veja a vantagem que você ganha por superar as barreiras, e isso lhe dará a coragem necessária para vencê-las.

Não espere que seja sempre fácil. Provavelmente, alguns momentos de sua jornada serão difíceis. Não deixe que as adversidades o tirem do caminho. Persista na jornada. Seu jeito de resistir às tempestades mostra de que material você é feito. Nunca se sente e reclame dos trajetos difíceis, mas pense em como eram agradáveis os trechos bons. Veja com prazer as áreas mais planas, que estão à sua frente. Não deixe que um revés o detenha. Pense nisso como mero incidente que tem de ser superado para alcançar seu objetivo.

## A CONCENTRAÇÃO PODE REALIZAR SEUS DESEJOS

*É uma lei espiritual: o desejo de fazer implica a capacidade de fazer.*

Se você é incapaz de satisfazer seus desejos mais profundos, é hora de aprender como usar os poderes dados por Deus. Em breve estará ciente de que tem poderes latentes, capazes de lhe gerar conhecimento de valor inestimável e sucesso ilimitado.

A humanidade deveria ter a abundância de tudo, e não apenas o substancial para viver, como muitos têm. Todos os desejos naturais podem ser realizados. Seria errado para o infinito criar desejos que não podem ser concretizados. Nossa alma está em nosso poder de pensar, e por isso é a essência de todas as coisas criadas. Cada um de nossos instintos leva ao pensamento, e em cada pensamento existe uma grande possibilidade, porque o verdadeiro desenvolvimento do pensamento, quando aliado aos poderes da vontade e do plano universal que a transcende, é a causa de todo o verdadeiro progresso do mundo.

No silêncio nós nos tornamos conscientes de *algo* que transcende o pensamento e que usa o pensamento como meio de expressão. Muitos têm vislumbres desse *algo*, mas poucos já atingiram o estado no qual a mente é estável o suficiente para entender essas profundezas.

## Trechos de *The Power of Concentration*

O pensamento silencioso e concentrado é mais poderoso que palavras ditas, porque a fala distrai o poder de foco da mente ao desviar a atenção para o externo.

As pessoas devem aprender, mais que nunca, a depender de si mesmas. Devem buscar mais no infinito interior. Só dessa fonte poderão obter o poder para resolver as dificuldades práticas. Ninguém deve desistir, pois há sempre o recurso do infinito. A única causa do fracasso é que as pessoas não têm ciência de seus verdadeiros poderes, capazes de guiá-las.

O infinito interno é estranho para aqueles que passam pela vida sem desenvolver seus poderes espirituais. O infinito só ajuda a quem se ajuda. Não existe essa coisa de providência especial. A pessoa só receberá ajuda do infinito na medida de sua crença, esperança e oração pela ajuda dessa grande fonte.

Concentre-se no que quer, e consiga. O fraco é controlado por condições; as fortes condições de controle. Você pode ser conquistador ou conquistado. Pela lei da concentração você pode realizar o desejo de seu coração. Essa lei é tão poderosa que faz o que parecia impossível tornar-se possível.

Lembre-se que o primeiro passo para a concentração é formar uma imagem mental do que você deseja realizar. Essa imagem se torna uma semente de pensamento que atrai pensamentos de natureza semelhante. Quando esse pensamento-semente for plantado na imaginação, ou na região criativa da mente, você construirá pensamentos associados, que continuarão a crescer; desde que seu desejo seja forte o suficiente para impor a concentração.

Adquira o hábito de pensar cinco minutos por dia em alguma coisa que deseja realizar. Mantenha todos os outros pensamentos fora de sua consciência. Tenha certeza de que será bem-sucedido. Decida que todos os obstáculos do caminho são superáveis e você pode ultrapassar qualquer circunstância.

Faça isso utilizando as todo-poderosas leis naturais do mundo do pensamento.

Uma grande ajuda para desenvolver a concentração é escrever seus pensamentos sobre o que se encontra mais próximo de seu coração e continuar, pouco a pouco, acrescentando ideias até que tenha esgotado o assunto.

Você vai descobrir que a cada dia que concentrar seus esforços nesse pensamento no centro do fluxo de consciência, novos planos, ideias e métodos surgirão em sua mente. É assim que você usa a lei da atração, que vai ajudá-lo a realizar seu propósito.

Imagine anunciantes pensando em uma campanha publicitária. Eles formaram seus próprios conceitos, mas querem saber o que os outros pensam. Buscam ideias e logo encontram uma abundância de livros, planos e projetos sobre o assunto, que quando começaram não sabiam que existiam.

Isso é uma verdade em todas as atividades. Podemos atrair o que vai nos ajudar. Muitas vezes, parece que estamos recebendo ajuda de uma maneira milagrosa. Pode vir lentamente, mas, quando as forças invisíveis silenciosas são colocadas em operação, trazem resultados — desde que façamos nossa parte. Elas estão sempre presentes e prontas para ajudar aqueles que as querem usar. Ao formar uma forte imagem mental de seu desejo, você planta o pensamento-semente, que começa a trabalhar em favor de seu interesse, e, com o tempo esse desejo — se estiver em harmonia com sua natureza superior — vai se materializar.

Pode parecer desnecessário adverti-lo a se concentrar apenas na realização que vai ser boa para você sem prejudicar o outro, mas muitos esquecem os outros e seus direitos na corrida para alcançar o sucesso. Todas as coisas boas são possíveis de ter, mas só se você observar a lei que exige que respeite os companheiros de viagem que compartilham a estrada da vida. Então, primeiro, considere o que você deseja e se seria bom tê-lo. Diga: "Eu quero fazer isso. Vou trabalhar para consegui-lo. O caminho estará aberto para mim."

Se você compreender totalmente o pensamento de sucesso e o mantiver na mente todos os dias, gradualmente, formará um padrão, que com o tempo vai se materializar. Por todos os meios, livre-se das forças destrutivas da dúvida e do medo.

Por fim, você vai criar as condições para o sucesso e receber ajuda de muitas maneiras inesperadas. E, então, a vida vai lhe parecer muito diferente, pois você vai ter encontrado a felicidade, graças ao despertar do poder dentro de si para se tornar senhor das circunstâncias, em vez de seu escravo.

Para os não iniciados, algumas das coisas estabelecidas neste ensaio podem parecer estranhas, até mesmo absurdas, mas, em vez de condená-las, dê-lhes uma chance. Você vai descobrir que funcionam.

Inventores têm de trabalhar suas ideias mentalmente antes de materializá-las. Arquitetos primeiro visualizam a casa que vão planejar e projetar. Cada objeto, cada empreendimento deve primeiro ser criado mentalmente.

Conheço um homem que começou um negócio com cinquenta dólares e sem um centavo de crédito. Em dez anos ele construiu uma empresa grande e rentável. Ele atribui seu sucesso a duas coisas: crença de que teria sucesso e muito trabalho. Houve momentos em que ele achava que não poderia enfrentar a tempestade. Estava sendo pressionado por seus credores, que o consideravam falido. Se conseguissem 50 centavos do que ele lhes devia, teriam sorte. Mas, mantendo a cabeça erguida, ele conseguiu mais tempo. Quando era absolutamente necessário que levantasse certa quantia, em determinado momento, sempre conseguia. Quando tinha contas altas para pagar, conseguia criar em sua mente que certas pessoas que lhe deviam pagariam em determinada data, e sempre pagavam.

Às vezes, ele só recebia o cheque no último dia do prazo. Sei que ele pagava sua dívida em um dia com a perspectiva de receber de um cliente no dia seguinte. Ele não tinha nenhuma razão para esperar receber, a não ser sua crença no poder de afetar a mente dos outros pela concentração do pensamento. Mas raramente se decepcionou.

Basta aplicar o esforço concentrado necessário e você será maravilhosamente ajudado por fontes desconhecidas. Lembre-se das palavras místicas de Jesus: "Por isso vos digo que todas as coisas que pedirdes, orando, crede receber, e tê-las-eis." (Marcos 11:24)

## OS IDEAIS SE DESENVOLVEM COM CONCENTRAÇÃO

*Por meio de nossa reles agitação e conflitos brilha o desejo ideal, e o anseio molda em argila o que a vida esculpe no mármore real.*

James Russell Lowell, 1819

Muitas vezes ouvimos as pessoas falando como idealistas. O fato é que todos nós somos um pouco idealistas, e nosso sucesso final depende dos ideais que imaginamos. É preciso ter a imagem mental para produzir a coisa material. Tudo é criado primeiro na mente. Quando você controla seus pensamentos, torna-se um criador. Recebe ideias divinas e as molda às suas necessidades individuais. Todas as coisas deste mundo são para você só o que você acha que são. Sua felicidade e seu sucesso dependem de seus ideais.

Você é responsável, consciente ou inconscientemente, por todas as situações que vive. O passo que você dá determina o que vem depois. Ao se concentrar em cada passo, você pode evitar os passos dados em vão e trilhar um caminho direto para seu objetivo, em vez de uma rotatória.

Foque em seus ideais e eles se tornarão realidades materiais. Concentrando-se você realiza seus ideais na vida física. Seu futuro depende dos ideais que estão se formando agora. Suas ideias passadas estão determinando seu presente. Portanto, se quiser um futuro brilhante, tem de começar a se preparar para ele hoje.

Ah, se as pessoas pudessem perceber que só podem ferir a si mesmas... que quando pensam que estão ferindo os outros, estão ferindo a si mesmas! Que mundo diferente seria este!

Quando as pessoas dizem que somos instáveis como o clima, querem dizer que nossos ideais mudam. Toda vez que você muda um ideal, pensa de forma diferente. Transforma-se em um navio com um leme defeituoso. É importante manter o ideal até que ele se torne realidade.

Você se levanta de manhã determinado a que nada o faça perder a calma. Esse é seu ideal como pessoa de verdadeira força e equilíbrio. Mas durante o dia acontece alguma coisa que o deixa

## Trechos de *The Power of Concentration*

chateado, e você perde a paciência. Momentaneamente, esquece o ideal. Se você tivesse pensado só por um segundo o que significa ser uma pessoa bem-equilibrada, não se irritaria. Quando esquece o ideal, você perde o equilíbrio. Cada vez que permitimos que nossos ideais sejam desfeitos, enfraquecemos nossa força de vontade. Manter suas ideias desenvolve força de vontade. Não se esqueça disso.

Por que tantas pessoas fracassam? Porque não se agarram ao ideal o suficiente para que se torne um hábito mental. Devemos deixar todas as outras coisas de lado e nos concentrar nele para que se torne realidade.

*Eu sou o que digo a mim mesmo para ser.*

Os ideais nos são dados pelo espírito invisível. As leis da matéria e do espírito não são as mesmas. A primeira pode ser violada, mas a segunda não. Seu futuro está assegurado enquanto seus ideais forem mantidos.

Não existe a intenção de que soframos. Criamos o sofrimento para nós por desobedecer às leis da natureza. Nós as conhecemos, portanto, não podemos alegar ignorância. Por que quebramos as leis? Porque não damos atenção aos ideais que nos foram dados pelo Espírito Infinito.

A vida não é mais que um desdobramento contínuo, e podemos ser felizes a cada passo do caminho — ou infelizes, como quisermos. Tudo depende do que fazemos com esses sussurros silenciosos que vêm não sabemos de onde. Não podemos ouvi-los com nossa orelha de mero mortal, mas em nosso silêncio eles vêm como se fossem sonhos; não apenas para você ou para mim, mas para todos. Desta forma, os pensamentos grandiosos são nossos, para usar ou abusar. Então, procure nobres pensamentos não em livros estimados, e sim dentro de você mesmo, e sua visão brilhante se realizará.

Você deve dedicar algumas horas ao pensamento concentrado, persistente e consistente. Deve estudar a si mesmo e suas fraquezas. Não se pula uma cerca apenas pelo desejo de estar do outro lado. É preciso subir nela.

Se você estiver parado ou indo para trás, algo não está certo. E é você quem tem de descobrir o que está errado. As pessoas não saem da rotina de vida cansativa, monótona e maçante só desejando sair. Precisam agir.

Não pense que você é negligenciado, incompreendido e desvalorizado. Esses são pensamentos de fracasso. Entenda que aqueles que têm o que você inveja o conseguiram se esforçando. Não tenha pena de si mesmo, não se critique. Perceba que a única coisa no mundo com que você precisa contar é consigo mesmo.

# Trechos de *Get Rich in Spite of Yourself*

Louis M. Grafe

CONTEÚDO

*Princípios fundamentais*
*Três geradores de sucesso*
*O quarto gerador de sucesso*
*Um hábito rentável a adquirir*
*O quinto gerador de sucesso*
*Um hábito não rentável a evitar*
*O místico segredo do sucesso*
*O sexto gerador de sucesso*
*O plano de sua carreira*

PRINCÍPIOS FUNDAMENTAIS

Existe uma lei do sucesso? Sim, existe. Podemos aprender qual é? Sim, podemos. Por que nem todo mundo sabe disso? Porque ela está "escondida dos olhos ou da compreensão; é secreta, oculta e, portanto, misteriosa, supranormal ou sobrenatural". Por que as pessoas bem-sucedidas não nos contam qual é essa lei? Porque essas pessoas não sabem qual ela é; por um tempo, elas simplesmente a seguiram, inconscientemente.

Não há nada de necromancia ou de magia nisso. Eu encontrei a lei na Bíblia, o maior de todos os livros místicos, e o mais autêntico. Chamo-a de lei mística do sucesso porque você não vai entendê-la só lendo as palavras. As palavras devem ser vistas sob certa luz antes que se entenda seu real significado.

Para alcançar a perspectiva adequada e captar o significado da lei é preciso ter uma concepção pertinente de dinheiro. Como este ensaio foi feito tanto para leigos quanto para letrados, e deve, portanto, ser breve e direto, não vou ostentar minha erudição dando as muitas definições de dinheiro, mas me limitar a uma definição que acho mais útil para a compreensão da lei oculta do sucesso. É o seguinte: *dinheiro é serviço futuro.*

Em outras palavras, se você tem dinheiro, poderá trocá-lo mais tarde por um bem ou um serviço de algum tipo. O mercado vai lhe dar comida em troca dele, a perfumaria vai lhe dar artigos de higiene pessoal, seu senhorio lhe dará o uso de sua propriedade, que é o serviço acumulado do negócio da construção mais o serviço permanente da comunidade. *Em suma, toda a vida da comunidade civilizada é baseada em uma troca de serviço por serviço.*

Por exemplo, se você precisa de um casaco novo, primeiro deve prestar serviço ao seu empregador (e, incidentalmente, aos clientes dele), para que ele lhe dê dinheiro, que é serviço futuro. A seguir, um comerciante o serve, fornecendo-lhe o casaco novo, e o dinheiro vai para ele. E então o mercado serve o comerciante, e o dinheiro é trocado de novo.

Isso continua sem parar; o dinheiro passa por centenas de mãos, cada vez por um serviço de algum tipo. Quem recebeu o dinheiro, prestou um serviço, mas ainda não recebeu um serviço em troca do dinheiro. Quem tem o dinheiro, tem um serviço futuro para si.

Essa é a conveniência do dinheiro: ao usá-lo, você pode trocar o serviço *de uma pessoa* pelo serviço *de outra*. Você não tem de ficar sem um casaco novo só porque o comerciante não precisa de seu serviço. Só por você ter servido a *alguém*, outros estarão prontos para atendê-lo. O serviço lhe será negado se você não servir a *ninguém*.

Trechos de *Get Rich in Spite of Yourself*

Claro, se quiser, você pode dar o serviço sem receber nada em troca; nem serviço, nem dinheiro. Mas, no longo prazo, verá que é impossível viver sem o serviço dos outros. Você acabará sendo forçado a receber serviço em troca de serviço, ou receber dinheiro em troca, o que dá no mesmo.

Acredito que todos os meus leitores já estão prontos para a primeira regra da fórmula mística para o sucesso. Eu vi isso várias vezes na Bíblia, durante muitos anos, antes de perceber seu verdadeiro significado. Como diz a Bíblia, a primeira regra é: "[...] mas todo aquele que quiser entre vós fazer-se grande, seja vosso serviçal; E qualquer que entre vós quiser ser o primeiro, seja vosso servo" (Mateus 20:26-27). Por fim, ocorreu-me que isso não significava que eu devia largar o trabalho que eu sabia fazer bem e me tornar um empregado doméstico; nem que eu devia me tornar um pregador. Eu seria o pior pregador ou empregado doméstico do mundo. Eu poderia fazer um bem muito maior ao mundo em minha própria profissão. O que a mensagem significa é o seguinte:

## REGRA DE SUCESSO NÚMERO 1

Quem quiser ser grande entre nós, que sirva às necessidades do povo; e quem quiser ser o primeiro entre nós, que preste serviço no trabalho que fizer melhor.

Bem, essa não é toda a fórmula mística do sucesso. É só a primeira regra. Mesmo assim, não vamos aceitá-la cegamente. A pessoa se torna realmente grande por atender às necessidades do povo? Certamente Washington, Lincoln e muitos outros se tornaram grandes dessa maneira. Com certeza, Henry Ford, ao desenvolver um automóvel e um sistema de produção em série que poderia oferecê-lo às pessoas a um preço baixo, tornou-se grande por "servir às necessidades do povo". O mesmo vale para outros grandes industriais, comerciantes e fabricantes bem-sucedidos. Quanto mais as pessoas servem, maiores são. Washington e Lincoln serviram não só aos seus contemporâneos, mas servem a muitas gerações desde então.

E os "chefes", aqueles que não são grandes, mas são muito bem-sucedidos? Será que eles se tornam grandes por "servir na área em que são mais qualificados?". O serviço deles, muitas vezes, não é para o povo, admito, mas eles prestam serviço a um grupo ou classe limitada. Isso se aplica a empresários bem-sucedidos, a médicos, advogados e outros profissionais, executivos, gerentes, artistas, escritores, educadores, provedores de conforto ou de entretenimento. Se atingem algum grau de sucesso, é prestando serviço no campo em que são mais qualificados. Eles podem não se tornar grandes, mas sobem a um nível acima da média, tornando-se "chefes" entre nós.

O empregado doméstico serve apenas a algumas pessoas, o empresário bem-sucedido a muitas. Este último, portanto, presta um serviço maior e ganha uma recompensa maior. Mas empregados domésticos também estão prestando serviço na área em que são mais qualificados, então, por que também não são chefes? Por que muitos que tentam servir às necessidades do povo não se tornam nem grandes nem bem-sucedidos? Por que outros se tornam chefes por algum tempo e depois caem no esquecimento? A Regra Número 1 não responde a essas perguntas. Evidentemente, são necessárias mais regras, e falaremos de outras mais adiante neste ensaio. Por enquanto, você aprendeu o seguinte: embora a Regra Número 1 não garanta o sucesso, ela é *uma* das que devem ser seguidas se você quiser alcançar o reconhecimento merecido.

Você deve ter notado a palavra "merecido". Existe sucesso sem merecimento? Infelizmente, existe. É o tipo de sucesso alcançado não por meio do serviço, mas da *perda de outras pessoas*, por meio do *des*serviço. Essa é a grande desgraça dos Estados Unidos hoje, a causa de quase todos os nossos problemas: o fato de que as pessoas podem alcançar afluência (sucesso é a palavra errada) dessa maneira. Para ilustrar, em jogos de azar o ganho de *uma* pessoa é sempre a perda de outra. Não é troca de dinheiro por serviço. E isso é válido para o jogo na mesa de bilhar ou no mercado de ações.

As grandes fortunas de Wall Street, feitas por especulação, são constituídas pelas perdas de centenas ou milhares de pequenos investidores; mas, claro, os lobos, às vezes, tiram fortunas um dos outros também. Fazer fortunas dessa maneira não seria possível, é claro, se os pequenos operadores não estivessem tentando a mesma coisa: fazer fortuna sem merecimento por meio do *des*serviço em vez do serviço.

Como nove em cada dez pessoas perdem ao tentar fazer dinheiro assim, não vou incentivá-lo a se arriscar dessa maneira. Muitas outras formas de negócio, seja em Wall Street ou em outro lugar, são rentáveis só graças a perdas de outras pessoas. Mesmo se eu pudesse, não ajudaria ninguém a enganar a lei da vida desse jeito.

Podemos, agora, avançar para a próxima regra da lei mística de sucesso. Na Bíblia, encontrei dois mandamentos que dizem conter toda a lei e todos os profetas. O primeiro foge do âmbito deste ensaio, mas o segundo é "ama ao próximo como a ti mesmo". Muito bem, a maioria das pessoas entende isso no sentido de que devemos ter bons sentimentos para com nosso próximo, uma espécie de brilho interior que é bastante agradável, a emoção de quando vemos uma criança feliz. Eu cometi o mesmo erro por um longo tempo. Como tal sentimento pode se comparar ao amor de uma simples mãe pelo filho? O primeiro é vã fantasia em comparação com a devoção de uma vida inteira do segundo. O amor ao próximo é um passatempo presunçoso e lisonjeiro para momentos de lazer, enquanto o outro não se detém diante de nenhum sacrifício, seja em relação ao trabalho, à saúde ou mesmo da vida. O primeiro serve a si mesmo apenas; o segundo, serve ao amado sem restrições e sem medida. Na verdade, essa agradável sensação é mera ilusão, faz de conta, a não ser que se expresse por meio de serviços — só então será amor. Acaso o bom samaritano simplesmente sorriu gentilmente para o estrangeiro em perigo, compadeceu-se e seguiu seu caminho? Não, ele parou para servi-lo. *Amor sem serviço não é amor; serviço é sua única medida.* Pensamentos como esses me levaram ao que eu acredito ser o verdadeiro significado deste mandamento. É o seguinte:

REGRA DE SUCESSO NÚMERO 2

*Sirva* ao próximo como a si mesmo.

Até posso ouvir alguns dos meus leitores dizendo: "Como é? Isso é caridade; as pessoas não podem ficar ricas desse jeito." Mas podem, e ficam. Não quero me prender tanto a referências a Henry Ford, mas gosto de usar exemplos que sejam familiares até para o leitor mais leigo. Ele serviu ao próximo como serviria a si mesmo? Posso imaginá-lo dizendo a si mesmo quando começou: "Se eu fosse um homem de posses modestas, que tipo de carro gostaria de ter? Que preço eu poderia pagar? Quanto tempo eu teria que usar o carro? Quanto eu poderia bancar em manutenção?" Então, ele passou a servir ao próximo como serviria a si mesmo se estivesse na mesma posição. Só uma pessoa para quem o serviço é uma paixão forneceria peças para carros com 12 ou 14 anos de uso, como Ford sempre fez. Posso imaginar Ford dizendo a si mesmo: "Se eu fosse um homem pobre, obrigado a comprar um carro usado de oito anos, em que condição ia querer que estivesse? Quanto tempo eu continuaria precisando de peças para ele? Quantos litros de gasolina eu poderia me dar o luxo de comprar?" Como Ford procurou servir a essa pessoa também, seus carros tinham, na maioria das vezes, o maior valor no mercado de usados. Eu imagino que isso foi uma recompensa totalmente inesperada pelo serviço que ele prestou, aumentando automaticamente a demanda por carros novos. *Essas recompensas inesperadas pelo serviço, dadas livre e fervorosamente, são as que fazem pessoas merecidamente ricas.*

Compare os comerciantes de grande sucesso, de qualquer cidade, com os concorrentes que quebram, ou que se arrastam sem lucro nem crescimento, ano após ano. Os bem-sucedidos têm alto ideal de serviço; estoque bastante variado e escolhido com inteligência; funcionários bem-treinados; refinamentos para fazer o cliente se sentir bem-vindo e apreciado; políticas que lisonjeiam e satisfazem até os clientes mais insensatos e os melhores e mais recentes produtos. Esses são os serviços que os comerciantes desejam para si mesmos, e é o que dão a seus clientes. Eles se importam mais com qualidade e requinte do que com o preço; preferem eles mesmos pagar um preço justo do que correr o risco de se decepcionarem mais tarde; e, portanto, servem os outros dessa forma.

Já os que fracassam fazem exatamente o oposto. Têm um estoque menos variado, inclusive com mercadoria inferior, para enganar seus clientes quanto à atualidade ou à qualidade; seus funcioná-

Trechos de *Get Rich in Spite of Yourself*

rios são treinados em práticas enganosas; suas políticas são egoístas e fuleiras, com clientes insatisfeitos; seus preços podem ser justos, ou até mais baixos em alguns itens, mas compensam isso com preços exorbitantes em outros cuja qualidade inferior não é óbvia. Se eles desconhecessem os truques de seus negócios, como seus clientes desconhecem, não gostariam de ser servidos dessa forma. Por não servirem aos outros como a si mesmos, seus estabelecimentos permanecem capengas ano após ano, ou quebram definitivamente. Eles não são bem-sucedidos como comerciantes, mas podem ganhar dinheiro de outras formas, negociando com a perda de outras pessoas no caminho censurável que já discutimos, ou podem pedir falência, salvar a própria pele à custa de seus credores. Mas quem faz dinheiro prestando *des*serviço não é, na verdade, bem-sucedido, não importa quão gorda seja sua conta bancária.

Não se deve pensar, no entanto, que o comerciante de alta qualidade que apresentei é o único tipo que segue a Regra Número 2. Outros comerciantes podem alcançar sucesso igual ou até maior abandonando muitos dos refinamentos de serviço que apontei, esforçando-se para servir o mais humilde, cortando ao máximo suas despesas gerais e vendendo somente mercadoria de baixo custo, com a menor margem de lucro possível. Esses são serviços igualmente honestos, do tipo que eles próprios gostariam de usufruir se estivesse no lugar de seus clientes. Eles também se tornaram bem-sucedidos seguindo a Regra Número 2, apesar de seus estabelecimentos terem uma aparência muito diferente da do comerciante mais refinado que segue a mesma regra, e de terem uma clientela totalmente diferente. A Regra Número 2 pode ser redigida da seguinte forma, se essa formulação a tornar mais clara para você: escolha a clientela que deseja servir e sirva-a como você mesmo gostaria de ser servido se fizesse parte dela.

Alguém pode dizer que a maioria de nós gostaria de ser servida de graça, sem nenhum lucro para o comerciante. Mas qualquer um que tentasse isso iria à falência em seis meses, e seria *incapaz de prestar qualquer serviço*. Nenhum de nós poderia se dar muito bem se dependesse do serviço de comerciantes inexistentes. A vida civilizada exige *troca*, quer de serviço por serviço ou de serviço por dinheiro, que é o serviço futuro. Nenhum homem ou mulher *em sã consciência* pode esperar um serviço de qualquer outra forma, a não ser em casos de caridade, que deve, no fim das contas, ser pago pelos lucros *de alguém*. Se o lucro deixasse de existir, seria o fim da caridade.

Você não tem de ser um comerciante ou fabricante para seguir as duas regras dadas. Pode segui-las em qualquer trabalho que faça. Funcionários do comerciante servem aos clientes, assim como ele. Os funcionários também servem a seus empregadores. Servem a seus cônjuges e filhos, sendo provedores. Quando compram, estão servindo àqueles que dependem desse dinheiro para viver, ou seja, todos os comerciantes e seus empregados. Seus cônjuges os servem inspirando-os para maiores esforços, dividindo a vida com eles.

Grande parte desse tipo de serviço é inevitável. É o mínimo que Deus vai tolerar. Pode não proporcionar um sucesso completo, mas permite que um atenda às necessidades do outro.

Mas se o serviço por si só não vai trazer o sucesso, o que mais é necessário? Por um lado, a eficiência é necessária — eficiência no serviço. Essa pode parecer uma palavra banal; na verdade, todas as palavras relativas à mística, aos princípios sagrados da vida, são banais, porque são *inevitáveis*. Você enfrenta esses princípios o tempo todo; consequentemente, também enfrenta, o tempo todo, as palavras que os representam. O que é a parábola dos dez talentos senão uma lição de eficiência? A lição óbvia é que o mandamento de Deus não é só que sirvamos, mas que sejamos eficientes no serviço, que façamos o máximo com os talentos que temos. A parábola dos dez talentos termina com esta afirmação: "Dar-se-á ao que tem, e terá em abundância. Mas ao que não tem, tirar-se-á, mesmo aquilo que julga ter." (Mateus 25:29)

Permita-me tornar isso mais claro, parafraseando-o:

## REGRA DE SUCESSO NÚMERO 3

A quem for eficiente será dado, e terá em abundância; mas de quem não for eficiente serão tirados todos os talentos e todo o dinheiro que tiver.

Trechos de *Get Rich in Spite of Yourself*

Essa regra exige pouca discussão. A maioria dos meus leitores vai concordar com isso de cara. Ineficiência, geralmente, leva à carência e pobreza, pelo menos no longo prazo. Você conhece uma pessoa bem-sucedida que não foi eficiente em seu trabalho ou em sua empresa? (Estou falando aqui de sucessos genuínos, e não de quem ganha dinheiro com *des*serviço.)

Essa pode parecer uma regra difícil para aqueles que são naturalmente ineficientes (ou assim pensam). Mas, por mais estranho que possa parecer, a Bíblia nos diz como podemos nos tornar eficientes com alegria e entusiasmo.

Muitas pessoas têm a ideia equivocada de que a eficiência é simplesmente uma questão de conhecimento ou experiência. Durante muito tempo têm acreditado que o conhecimento é poder. O inexperiente e o iletrado, portanto, acham que a eficiência está longe de seu alcance. Mas existem muitos homens e mulheres altamente treinados, altamente qualificados, que não são tão eficientes. O mundo, de fato, está cheio de indivíduos instruídos malsucedidos. Não, a eficiência não é uma questão só de conhecimento, mas também de *sentimento e espírito*. Veja estas citações da Bíblia: "Não relaxeis o vosso zelo. Sede fervorosos de espírito. Servi ao senhor." (Romanos 12:11) "Vigiai! Sede firmes na fé! Sede homens! Sede fortes!" (1 Coríntios 16:13) "Tudo o que fizerdes, fazei-o de bom coração, como para o Senhor, e não para os homens." (Colossenses 3:23)

Nessas passagens está o místico segredo da eficiência. Devemos não só servir, mas ser *apaixonadamente dedicados* a prestar o melhor serviço. Tudo que realizarmos deve ser feito *de coração*, como se estivéssemos servindo a *Deus*. Temos de ser *fervorosos* e *entusiasmados*, devemos estar atentos e alertas para *melhorar* a nós mesmos e o nosso serviço. E tudo isso deve ser feito não por uma hora ou um dia, uma semana ou um mês, e sim *ano após ano*. De que outra forma poderíamos ser "firmes na fé?".

Posso imaginar meus leitores, agora, jogando as mãos para o céu e exclamando: "Mas eu não sou assim. Eu nunca poderia aplicar um esforço tão prodigioso. Não consigo manter fervor ou entusiasmo durante o dia todo, ano após ano." Para dizer a verdade, ninguém consegue, *a não ser que seus sentimentos sejam despertados por um som agudo e contínuo*.

71

Mesmo que esteja convencido de que o sucesso não pode ser alcançado de nenhuma outra forma, você não vai fazer o esforço descrito; nem ninguém (ninguém *nunca* fez isso), *a não ser que haja um sentimento intenso e sustentado que guie a pessoa*, um sentimento que nunca permita que ela descanse, a menos que esteja sempre pronta. Nenhuma razão intelectual, nem uma grande quantidade dessas razões, nem o mero esforço de sua vontade vão permitir que você persista em tal esforço. *Mas se seus sentimentos forem suficientemente estimulados, o esforço se torna fácil e a alegria a forma natural de levar a vida.*

Veja a história de qualquer negócio merecidamente bem-sucedido e você vai descobrir que, em seus primórdios, as pessoas que o construíram se dedicaram dia e noite só a ele. Seu sucesso ocorreu não apenas no cérebro, mas no sentimento, no grande desejo, em um intenso amor por seu trabalho, às vezes até na ganância avassaladora por dinheiro ou desejo de poder. Esses *sentimentos*, sejam bons ou ruins, tornam possível o grande esforço. O sucesso não é possível sem fervor de espírito. Caso contrário, mesmo *sabendo* o que deve ser feito, *não fazemos*.

Quando nossos sentimentos são estimulados (não os superficiais, mas os mais profundos, que nos influenciam dia e noite), temos o que popularmente é chamado de *ímpeto*. Instintivamente, admiramos pessoas que possuem essa qualidade; instintivamente, sentimos que devíamos ser como elas, pelo menos em alguns aspectos. Reconhecemos que para essas pessoas o sucesso, geralmente, vem como algo natural. Mas, para falar a verdade, essas concepções mais populares estão erradas. Essas pessoas não *têm* ímpeto. Suas incansáveis energia e atenção não são uma questão de vontade. *Elas são impelidas*, muitas vezes, a despeito da vontade, por emoções que lhes *impõem* uma dedicação constante. Isso nos leva à:

## REGRA DE SUCESSO NÚMERO 4

Uma pessoa não pode *impelir* a si mesma para o sucesso; precisa ser *impelida* por uma emoção ou estado de espírito dominante, constante e duradouro.

Trechos de *Get Rich in Spite of Yourself*

Sem essa emoção dominante, a melhor das resoluções, o mais inteligente dos planos, a mais entusiástica inspiração nunca serão realizados. Em geral, o preço do sucesso é muito alto, exceto sob a influência de uma emoção dominante. Muitos sacrifícios por um período longo demais são necessários. Simplesmente não vamos fazer isso sem que sejamos impelidos por uma emoção excepcionalmente forte e duradoura.

As emoções são o resultado de nossos instintos. É por isso que têm tanto poder. Os instintos por trás delas são nossa herança biológica — as forças propulsoras da natureza. Resultaram na autopreservação do indivíduo e na continuidade da humanidade. É tolice ir contra elas ou subjugá-las. Essa tentativa, muitas vezes, leva à futilidade ou ao colapso nervoso. O melhor a fazer é aproveitá-las, dirigi-las por canais desejáveis.

Nossa vida emocional não é apenas altamente complexa, mas, também, altamente contraditória. Várias emoções nos puxam em diferentes direções. Existe medo e coragem, ganância e compaixão, amor e ódio, beligerância e desespero, amor ao lar e desejo de viajar, ambição e preguiça, alegria e tristeza, autopiedade e autoafirmação, admiração e desprezo, generosidade e egoísmo, desejos de todos os tipos e outras emoções, numerosas demais para mencionar. Existem sentimentos, preconceitos, inclinações, preferências — todos nomes para diferentes graus de emoção.

Não é de se admirar, então, que poucas pessoas tenham ímpeto! Não admira que sejam inconstantes, vacilantes e careçam de determinação. Enquanto permitirmos que essas emoções nos puxem em várias direções, a eficiência será absolutamente impossível. Pergunte a qualquer psicólogo e ele dirá que a maioria dos fracassos e males da humanidade se deve a emoções conflitantes. Esses conflitos sempre resultam em ineficiência. E preocupação e ansiedade são os acompanhamentos inevitáveis.

Estamos preocupados aqui apenas com o modo como as emoções conflitantes afetam sua eficiência. Podemos resumir nossas conclusões assim:

1. Uma pessoa ineficiente não apresenta nenhuma emoção dominante; as várias emoções estão em eterno e grave conflito.

É uma pessoa cujos propósitos estão sujeitos a constantes mudanças.
2. Uma pessoa eficiente é dominada por uma única emoção, tão poderosa que ofusca as outras, ou as transforma em servidores ou colaboradoras. É uma pessoa cujas emoções trabalham em harmonia para impeli-la sempre em uma direção.

## TRÊS GERADORES DE SUCESSO

Você viu alguns princípios fundamentais que geralmente são a base daqueles que *mereceram* o sucesso. Mas há uma diferença entre conhecê-los e aplicá-los. O simples conhecimento de que uma emoção dominante pode impeli-lo ao sucesso não lhe dá o poder automaticamente. Onde e como você pode alcançá-lo?

Resumidamente, a resposta é:

1. Escolha a emoção dominante que tem mais chance de levá-lo ao sucesso.
2. Cultive essa emoção constantemente.

Na minha opinião, existe uma emoção que é a melhor para ser escolhida. Se eu lhe disser agora qual é essa emoção, você pode não concordar comigo. Mas se eu citar as outras emoções primeiro, identificando seus perigos e dificuldades, em breve você verá por si mesmo que a emoção que tenho em mente é a única escolha lógica. Então, vamos começar com aquelas que, às vezes, levam ao sucesso, mas que eu *não* recomendo. A primeira delas é:

## GANÂNCIA OU DESEJO DE PODER

Não há dúvida de que ganância ou desejo de poder é a força motriz de muitas pessoas aparentemente bem-sucedidas. Normalmente, como foi o caso de Napoleão, Hitler e Mussolini, elas se excedem e acabam fracassando. A história desses homens mostra, no entanto, que uma emoção poderosa, mesmo que seja *questionável*, muitas vezes leva à eficiência e ao sucesso temporário.

Mas em todos nós há o que os cínicos chamam de instinto de rebanho, o que os psicólogos chamam de instinto social, e que os teólogos chamam de consciência. Ele inspira sentimentos como compaixão, generosidade, lealdade, patriotismo, amor, caridade, tolerância e reconhecimento. Está profundamente enraizado, porque a natureza sabe que sem ele os homens e as mulheres não podem conviver e sobreviver. Esses sentimentos se chocam com a ganância ou o desejo de poder; o conflito leva à hesitação, preocupação, indecisão, medo, procrastinação, preguiça, ou à fuga para atividades não produtivas. Poucas são as pessoas tão deficientes nos instintos sociais que conseguem satisfatoriamente fazer da ganância ou do desejo de poder a motivação dominante. De fato, Hitler e Mussolini foram considerados insanos (e talvez Napoleão também). Você acha que poderia manter *seu* equilíbrio mental se, deliberadamente, cultivasse a ganância ou a sede de poder? A aversão que você sente diante dessa ideia mostra que o resultado seria conflito emocional e ineficiência. Só pessoas já desequilibradas podem alimentar o sucesso com essa força motriz.

## MEDO DA POBREZA

O medo da pobreza é a segunda emoção não recomendada, mas, sem dúvida, é a força motriz de muitos homens moderadamente bem-sucedidos. Ele leva uma pessoa a aprender um ofício ou profissão e a trabalhar com um afinco satisfatório.

Mas o medo intenso não pode ser sustentado em uma mente normal. Ele pode inspirar uma breve explosão de esforço, mas não mais que isso. Se, em casos anormais, o medo for sustentado, tornando-se uma emoção dominante, terá um efeito paralisante, se não desastroso. Até um leve medo da pobreza vai causar preocupação, adiamento de decisões, falta de vontade de se arriscar, relutância em fazer mudanças e insatisfação com o caminho conservador sempre seguido. As falhas do passado, somadas às chances perdidas e aos prováveis erros do presente e do futuro, preocupam a mente até que a vítima se torna praticamente incapaz de uma ação decisiva e corajosa, ou de um propósito sustentado. A natureza criou o medo como uma emoção para ser utilizada em raras situações de emergência, quando o perigo extremo provoca uma súbita explosão necessária para correr ou lutar. É uma emoção muito útil quando você é perseguido por um touro ou precisa desviar rapidamente de um automóvel em alta velocidade; mas ninguém nunca alcançou um sucesso considerável com medo da pobreza.

Outro nome para o medo da pobreza é o *desejo de segurança*. É o mesmo velho medo em uma versão mais branda, e nenhuma emoção *branda* pode se tornar sua base de poder. Só uma emoção forte pode impeli-lo ao sucesso: o erro da maioria das pessoas é ter essa emoção doentia, o desejo de segurança, como principal motivo para trabalhar. Elas têm a sorte de as emoções conflitantes ganharem ascendência a maior parte do tempo, impedindo, assim, que o medo da pobreza se torne uma obsessão, com todos os males decorrentes.

Muitos acham que merecem crédito porque suas ambições são pequenas, porque seu desejo principal é evitar a pobreza e obter a segurança. E ainda têm um orgulho piedoso de sua pequena ambição, e agem como se tivessem uma virtude superior. Bobagem! Essas pessoas são inconscientemente egoístas. A segurança é seu único propósito na vida? Que tal servir à humanidade, não de uma forma limitada ou indiferente, mas "fervorosos no espírito, como ao Senhor"? Que tal fazer o máximo de esforço, que é o *dever* delas perante Deus e o homem?

O medo do fracasso é parecido com o desejo de segurança. Tem valor só em emergências. Vários pequenos empresários seguem por anos com a ajuda dessa motivação. Surge uma emergência, o medo dá o ar de sua graça, trabalham com afinco, pensam muito, até que a situação de emergência passa. A seguir, voltam ao seu trabalho indiferente e sem inspiração, mais preocupados com detalhes insignificantes que com a realização de outro sucesso substancial. Eles têm sorte de que o medo não pode ser sustentado. São infelizes, pois não têm mais motivação para inspirar seu trabalho. Qualquer tipo de medo é ineficaz em pequenas doses e perigoso para a sanidade em grandes doses.

## ORGULHO

A terceira emoção dentre as não recomendadas como motivação principal para o sucesso é o orgulho. Ele também costuma ser a motivação dominante de muitas pessoas que alcançaram um sucesso moderado e temporário. A inveja, o espírito de rivalidade, o desejo de "manter as aparências", sem dúvida, inspiram um trabalho prodigioso em algumas pessoas e as leva a um sucesso que podem não conseguir de outra forma.

O orgulho não precisa ser abolido. Como uma motivação complementar ou subordinada, tem sua utilidade. Muitas vezes, inspira atletas em seus treinos, vendedores a superar os concorrentes, estudantes a obter notas melhores, empresários a bater os rivais com novas ideias e métodos. Sob a forma de orgulho profissional, costuma inspirar cientistas no trabalho incansável em seus laboratórios, advogados a ganhar seus casos até para clientes *pro bono* ou que não os valorizam, médicos a mostrar suas maiores habilidades em atendimentos gratuitos, funcionários a fazer um serviço de boa qualidade apesar do baixo salário e das más condições de trabalho.

Mas o uso de orgulho como motivador principal é perigoso. Para explosões curtas de esforço, como em uma competição atlética, um processo legal, um "ímpeto" de qualquer espécie, é estimulante. Mas no longo prazo o orgulho, assim como o desejo de segurança, é uma moeda cuja face oposta é o medo da vergonha ou humilhação. Se for cultivado, o orgulho vai degenerar nesse medo, com seus acompanhantes: preocupações, ansiedade e emoções conflitantes. Também vai se transformar em vaidade, caso em que imaginar ou exagerar humilhações vai manter a vítima em uma confusão mental contínua. Esse conflito e essa confusão levam à instabilidade e à ineficiência.

Certamente, portanto, o orgulho não é a emoção certa a cultivar como dominante para inspirar o progresso ao longo da vida em direção ao sucesso.

## O QUARTO GERADOR DE SUCESSO

Passamos, agora, das emoções dominantes, que *não* recomendo, a uma motivação, que indico. Duvido, porém, que muitos dos meus leitores possam se energizar com ela de forma contínua, sem o apoio de outros geradores de sucesso ainda melhores. Embora a motivação seja mais eficaz e inspire algumas das pessoas mais famosas, é difícil cultivá-la até o grau necessário sem dons ou talentos especiais. O nome dessa motivação é *amor ao trabalho*.

Com isso não quero dizer amor ao trabalho penoso, ou ao detalhe insignificante, ou à mera atividade física ou mental. Refiro-me ao amor que encontra sua expressão na criação, construção ou produção. Refiro-me ao amor de expressar suas mais altas capacidades por meio de seu trabalho. Em muitas áreas é chamado de "impulso artístico". Os psicólogos chamam isso de "desejo de autoexpressão", e afirmam que nenhum de nós é completamente carente dele.

Essa é a motivação que incita grandes artistas, grandes cientistas e gênios em todas as áreas à dedicação incansável e incessante. Essas pessoas são tão inflamadas pela determinação que o trabalho delas se torna uma alegria, um êxtase. Elas mesmas e os outros não importam, se a grande obra for encaminhada. Essa quase obsessão pelo próprio trabalho, pelo próprio negócio ou fábrica, muitas vezes energiza empresários bem-sucedidos. O grande prazer que sentem no que fazem torna-os inconscientemente inflexíveis com os outros e consigo mesmos. Eles são *impelidos* ao sucesso pela alegria da criação.

Como você pode ver, há perigo em tamanha força propulsora. Pessoas ativadas por ela em um grau elevado tendem a ser desequilibradas. Suas famílias sofrem com sua irreflexão, sua comunidade sofre com seu egoísmo; eles não admitem oposição, portanto, vão correr grandes riscos, tanto com a lei quanto com suas fortunas. Como resultado, às vezes, acabam falindo, caindo nas malhas da lei, ou em tragédia doméstica causada por negligência com suas famílias.

## Trechos de *Get Rich in Spite of Yourself*

Portanto, embora eu recomende o amor ao trabalho como motivação colaborativa, não o recomendo como emoção dominante para impeli-lo ao sucesso. Na verdade, o sucesso *nunca* pode ser atingido sem esse amor, mas ele pode e deve ser subordinado a uma fonte menos perigosa de energia. A maioria de nós, no entanto, não se sente inclinada a sentir um amor tão avassalador pelo trabalho, então, podemos cultivar essa fonte valiosa de energia sem medo.

O amor ao trabalho, quando balanceado por emoções superiores, é uma das maiores fontes de felicidade e de sucesso. Que alegria expressarmo-nos total e completamente por meio de nosso trabalho! Pintores e escultores não são os únicos artistas. Os comerciantes são artistas em negócios, os vendedores, em vendas, gestores, na administração de sua equipe, mecânicos, com suas ferramentas, oradores, na influência que exercem sobre seu público, auditores, na preparação de seus gráficos e planilhas de dados, detetives, em rastrear o fugitivo traiçoeiro. Cientistas também são artistas em descobrir e aplicar os segredos da natureza. Todos eles sentem prazer no exercício de suas competências, expressando-se em seu trabalho não só pelo dinheiro que merecem, mas por puro amor à arte também.

Na fábrica, no enorme escritório, na lavanderia, onde muitos são peças de uma engrenagem, a satisfação do instinto artístico é difícil. No entanto, aqueles que sobem para posições mais avançadas conseguem encontrar alguma maneira de se expressar por meio do trabalho. Uns, assistidos ou conduzidos por sentimentos de orgulho e rivalidade, aperfeiçoam a velocidade até se tornarem mais produtivos que os outros. Outros, muitas vezes impulsionados por forte curiosidade, estão sempre observando o que os outros departamentos estão fazendo, realizando cursos, analisando os métodos de concorrentes, aperfeiçoando seu conhecimento de todos os aspectos do negócio, até que o reconhecimento de seus superiores torna-se inevitável.

Ainda outros, nessas engrenagens da máquina, não estão tão interessados pela informação quanto pelos seres humanos. Livros e métodos não despertam a curiosidade deles, mas a natureza humana, sim. Eles nunca se cansam de atrair as pessoas, de ouvir suas opiniões, de estudá-las. Gradualmente, adquirem um conhecimento intuitivo da natureza humana que lhes permite influenciar as pessoas para ganhar a confiança delas, para despertar nelas um esforço maior. O exercício dessa habilidade lhes dá incessante prazer, pois este é o seu meio de autoexpressão. Eles são movidos, assim como quaisquer outros artistas, pela constante melhoria e uso de sua habilidade. São destaque entre os seus colegas, tornam-se líderes do sindicato dos trabalhadores, gestores ou superintendentes da fábrica. Podem ser transferidos para o departamento de vendas, tornar-se gerentes de vendas ou vice-presidentes. Ou podem ser capazes de influenciar outros na concessão de capital para abrir novas empresas, das quais eles próprios serão presidentes.

Essa é a história de milhares de pessoas que subiram de posições humildes até a presidência ou direção de grandes corporações. Pessoas desse tipo, normalmente, alcançam o sucesso, pois nelas duas emoções fortes operam em harmonia: amor ao trabalho e amor às pessoas (amor pelo serviço e amor pelos outros). São exemplos vivos das recompensas que aguardam os que seguem os conselhos da Bíblia de "ser um servo" e "amar ao próximo". O amor ao próximo pode ser inconsciente para eles. Podem pensar que estão interessados no outro só por motivos egoístas, mas não podem se impelir ao estudo e interesse constante pelo próximo se inconscientemente não amarem os seres humanos. Eles podem negar qualquer presente material aos outros, mas *sempre se doam*. E os outros, muitas vezes, preferem ter o doador que o presente. "O presente sem o doador é vazio."

Pessoas assim são artistas da natureza humana, especialistas em acalmar temperamentos, inspirar maior dedicação e ganhar confiança. São construtores de harmonia entre os seus compatriotas, geradores de unidade de propósito em seu grupo, criadores de uma atmosfera em que todos ficam à vontade. Sua arte é sutil, de fato.

Mas nós começamos a falar sobre uma motivação que reservei para outro capítulo: o amor pelas pessoas. Essa é uma emoção ainda melhor para conduzir ao sucesso que o amor ao trabalho; mas, por enquanto, vamos nos ater ao último assunto. Muito já foi dito, talvez,

## Trechos de *Get Rich in Spite of Yourself*

para convencê-lo de que alguma fase do instinto de autoexpressão vem operando em seu próprio caso, talvez não no que diz respeito à sua vocação, mas, certamente, com relação a algum hobby — seja jogo de cartas ou golfe, fotografia ou coleção de selos, jardinagem ou leitura sobre seu assunto favorito. O passatempo que ocupa suas horas de folga pode ser chato para muitas pessoas. Não parece ser um trabalho para você, tendo em vista seu comportamento emocional. Uma simples mudança em seu comportamento emocional em relação ao trabalho pode ser tudo o que você precisa para impulsioná-lo ao sucesso, e, assim, seu trabalho será uma diversão.

Alguns dos meus leitores podem estar inclinados a pensar que têm o amor adequado por seu trabalho, simplesmente porque gostam de passar longas horas nele. Mas com amor ao trabalho não quero dizer amor apenas à ocupação, e sim um amor pela expressão do sublime que há dentro de você por meio de seu trabalho. Quando há grandes problemas para resolver, um verdadeiro amor ao trabalho não permite que a pessoa fuja ou faça corpo mole recorrendo a tarefas rotineiras e sem importância.

Muitas pessoas usam o trabalho como mero mecanismo de fuga — fuga da frustração, do pensamento pesado, de encarar os fatos, de problemas domésticos ou outros. Elas podem trabalhar 14 horas por dia, e se orgulham disso, mas são preguiçosas. Amam só o trabalho mais fácil, e evitam os problemas difíceis. Não têm amor nenhum pelas mais exigentes atividades mentais. Muitos pequenos empresários e fazendeiros pertencem a essa categoria, dedicando-se totalmente ao trabalho braçal, mas se recusando a se preocupar com o cérebro e se manter a par dos novos métodos e desenvolvimentos, a fazer mudanças etc. Eles não amam o trabalho o suficiente para estar mentalmente alerta às oportunidades de aprimorá-lo.

Por outro lado, os fazendeiros ou empresários mais bem-sucedidos podem trabalhar apenas três ou quatro horas por dia, mas durante esse tempo enfrentam só os problemas mais difíceis. E quando não estão trabalhando, a mente deles está frequentemente voltada para esses problemas. Assim, podem obter inspiração a qualquer hora do dia ou da noite. Essas pessoas, como muitos executivos de sucesso, ficam impacientes com detalhes e com a rotina. No entanto, como têm verdadeiro amor pelo *trabalho duro*, são muito mais bem-sucedidas com suas poucas horas de trabalho do que outras pessoas, que trabalham em uma carga horária maior.

O trabalho não é mero mecanismo de fuga para essas pessoas, é uma vazão para suas mais altas faculdades — seus instintos criativos. Portanto, não julgue seu amor ao trabalho pelas horas que você dedica a ele. Longas horas podem apenas revelar um desprazer na dedicação plena da mente ao trabalho.

## UM HÁBITO RENTÁVEL A ADQUIRIR

O tipo adequado de amor ao trabalho é absolutamente essencial para o sucesso. Há outro aspecto essencial que considero ainda mais importante, mas, mesmo assim, o amor ao trabalho deve ser somado a ele. O outro será discutido mais adiante; vai mostrar de que maneira, se você não consegue amar o trabalho pelo trabalho, pode aprender a amá-lo por outro motivo. Mas, primeiro, preciso discutir um hábito que *não* é essencial, mas que muitas vezes é *útil na construção do amor ao trabalho* no grau necessário para o sucesso moderado. É o hábito da *economia*.

*Não* recomendo a economia para o seu próprio bem, mas sim como *meio* de aumentar seu amor ao trabalho. O crescimento constante de seu saldo bancário é uma indicação *perceptível* de progresso. Isso se chama instinto aquisitivo, e é o mais poderoso.

Você começa, inconscientemente, a planejar formas e meios para aprimorar seu trabalho, para poder ganhar e economizar mais. Assim, seu amor ao trabalho recebe um apoio eficaz.

Sem o apoio emocional, economizar é impossível. Nenhuma quantidade da chamada força de vontade vai torná-lo econômico sem a motivação de algum tipo de apoio. Para certas pessoas, o medo — preparar-se para épocas de vacas magras — é suficiente. Mas o que acaba com toda a inspiração é passar a vida com o medo constante dos dias de vacas magras! Isso é um perigo para sua saúde psicológica e espiritual, para sua iniciativa, ousadia e liberdade!

Trechos de *Get Rich in Spite of Yourself*

É muito melhor não ser nada econômico. As pessoas estão instintivamente certas ao rejeitar esse pretexto para economizar.

Em vez desse ou de qualquer outro motivo negativo, encontre uma forma positiva para incentivar sua determinação de ser econômico. Há sempre um desejo de se expressar por meio do esbanjamento e da extravagância. A menos que você encontre um desejo mais forte para poder motivá-lo, você nunca será econômico. Eu não tenho fé na força de vontade; é o *desejo* que governa as pessoas. Para se opor à sua vontade de gastar dinheiro você pode tentar cultivar o desejo de ter seu próprio negócio, ou a casa dos seus sonhos, ou um carro novo, ou uma biblioteca de livros técnicos, um laboratório ou uma oficina. Qualquer desejo que o faça economizar, como o de viajar, ou de se mudar para outra cidade ou estado, ou de pagar os estudos de seus filhos.

Conheço um jovem que está economizando dinheiro fielmente para ficar em um hotel elegante na Flórida e viver uma vida de luxo por duas semanas — um caso em que o esbanjamento é um desejo motivador, em vez de conflituoso. Eu o incentivo porque, enquanto isso, ele está adquirindo hábitos de poupança e seu amor pelo trabalho está ganhando grande impulso. Ele trabalha muito, porque, quanto mais puder ganhar, mais rapidamente chegará o dia em que seu sonho se tornará realidade.

Inventores, artistas, escritores e pessoas excepcionalmente talentosas em qualquer área, muitas vezes, não precisam ser econômicos para inspirar seu amor ao trabalho. Eles não conseguem ficar longe do trabalho que atribuíram a si mesmos. Os gênios geralmente não são econômicos, mas, ainda assim, são bem-sucedidos. Porém, outras pessoas costumam achar que a economia é útil para inspirar-lhes o amor ao trabalho.

Economia e diligência estão associadas na mente das pessoas; é um reconhecimento universal do fato de que a economia *inspira* diligência. Já ouviu falar de um fazendeiro bem-sucedido que não fosse econômico? Os fazendeiros acham mais fácil desenvolver a parcimônia que a maioria de nós, porque as *recompensas* são muito perceptíveis no trabalho deles: um celeiro maior, um novo silo ou mais porcos, gado etc. Os fazendeiros têm sempre grande necessidade, que pode ser resolvida com breve período de economia. As recompensas tangíveis de sua economia são muito mais satisfatórias para seu orgulho do que o pouco saldo adicional em sua conta bancária tem para o trabalhador urbano. Além disso, o aumento de seus rebanhos ou equipamentos gera mais eficiência, fazendo seu orgulho e amor pelo que faz crescer ainda mais. Não admira que pessoas de áreas rurais costumem ser bem-sucedidas. Elas, geralmente, têm hábitos bem desenvolvidos de economia e, por causa disso, um amor maior pelo trabalho.

Mas, lembre-se que a economia é simplesmente um *meio* pelo qual você aumenta seu amor ao trabalho. Se isso se tornar uma emoção dominante, em vez de um apoio, o instinto aquisitivo levará à avareza, à cobiça, até mesmo ao crime. Da mesma forma que leva ao mau julgamento quando, em vez de confiar em seus serviços para aumentar sua poupança, você impacientemente se volta para a especulação, o jogo e esquemas de enriquecimento rápido. Mesmo que você seja uma das poucas pessoas que obtêm um sucesso passageiro desse modo, vai fracassar, porque um instinto aquisitivo superestimulado nunca sabe quando parar. Jogadores compulsivos nunca se tornam bons trabalhadores, e sempre morrem pobres, se viverem até lá.

## O QUINTO GERADOR DE SUCESSO

Mais uma vez, vamos lembrar por que estamos discutindo emoções dominantes. Vamos repetir as observações que trouxeram o assunto à tona. A primeira foi a Regra de Sucesso Número 4: Ninguém pode *se impelir* para o sucesso; precisa *ser impelido* por uma emoção ou estado de espírito dominante, constante e duradouro.

Em conexão com essa regra, também aprendemos que uma pessoa eficiente é dominada por uma única emoção, tão poderosa que ofusca as outras, ou as transforma em servidoras ou colaboradoras. Em suma, é uma pessoa cujas emoções trabalham em harmonia para conduzi-la sempre em uma direção.

## Trechos de *Get Rich in Spite of Yourself*

Basta pensar nas palavras mais utilizadas para caracterizar pessoas eficientes e bem-sucedidas: cheias de energia, fortes, poderosas, vigorosas, animadas, ferozes, entusiasmadas, zelosas, atentas, determinadas, fiéis e firmes! Essas palavras não descrevem qualidades intelectuais, e sim espirituais. Mostram os sentimentos de uma pessoa, em vez de seus pensamentos. São qualidades do caráter; e o caráter é determinado pela atitude dominante e permanente de uma pessoa, sua maneira habitual de *sentir*, e não sua maneira de pensar. Em suma, os sentimentos das pessoas bem-sucedidas determinam seus pensamentos. Não que estes não divaguem, às vezes, mas são sempre levados de volta ao mesmo ponto de partida, e vão na direção ditada por sua atitude dominante. Se essa atitude dominante for o esbanjamento, a gratificação de todos os seus caprichos e fantasias, você nunca será bem-sucedido.

Aprendemos, também, que certas emoções podem — e às vezes conseguem — conduzir as pessoas ao sucesso. São:

- Ganância ou desejo de poder.
- O medo da pobreza.
- Orgulho.
- Amor ao trabalho.

Em relação aos três primeiros, você tem sorte se não for dominado por eles. Cultivá-los seria perigoso. Só o quarto é recomendado como uma emoção *motriz*. Se você tem isso naturalmente, muito bem. Muitos gênios ou pessoas extremamente talentosas o têm. Mas é contra a natureza humana comum o amor ao trabalho pelo trabalho. O mais provável é que você ame seu trabalho por causa de outra coisa. Essa outra coisa será, então, sua emoção dominante. O que pode ser? Embora existam muitas outras emoções que *acabam* levando as pessoas ao sucesso, só duas são tão frequentemente eficazes a ponto de merecer menção aqui. São elas:

- Amor às pessoas.
- Amor a Deus (zelo religioso).

Neste ponto, imagino muitos dos meus leitores ficando céticos. O que tem a ver religião com sucesso? Quem já se tornou bem-sucedido por amar as pessoas? Minha resposta é que a palavra "amor" tem um significado mais amplo do que aquele que a maioria das pessoas lhe dá. Se esses céticos lerem este ensaio até o fim, acredito que a maioria vai concordar que o amor às pessoas, entendido à luz de seu significado mais amplo, muitas vezes leva, sim, ao sucesso.

Afirmo que comerciantes de sucesso, em geral, servem melhor às pessoas porque as amam mais. Vendedores de sucesso geralmente gostam tanto de gente que precisam estar sempre com elas. Todo mundo sabe que, na maioria das áreas, ter boas habilidades sociais, muitas vezes, é importante elemento para o sucesso de uma pessoa.

E as pessoas não podem ter boas habilidades sociais se não amarem as outras, pelo menos até certo ponto. Gostar de pessoas, desejar juntar-se a elas, é amor e nada mais. Pode ser só um pouco; mas basta acrescentar um desejo de servi-las para intensificar esse amor.

A forma mais comum de amor é o *gregarismo* — o desejo de estar com as pessoas. Misturar-se com os outros é uma necessidade fundamental da natureza humana. Quando esse instinto é frustrado, a vítima, às vezes, se torna extremamente introvertida; complexos de inferioridade e outros problemas psíquicos se desenvolvem; e muitas vezes são seguidos de problemas físicos. Raramente esses introvertidos atingem o sucesso, apesar de que, ocasionalmente, em determinadas áreas especiais, conseguem, sim.

Eu não acuso os introvertidos de não amarem os outros. Geralmente eles amam as pessoas, são capazes de fazer heróicos sacrifícios pela humanidade, e às vezes o fazem. Mas é um amor inibido, contido, e eles não conseguem colher os frutos desse sentimento.

Os instintos, incluindo o gregário, exigem a vazão adequada, e punem quando essa vazão lhes é negada. O gregarismo é o mesmo instinto que mantém as ovelhas juntas em rebanhos, pássaros em bandos, lobos em alcateias. A humanidade não está psicologicamente preparada para uma vida isolada. No entanto, a maioria dos leitores deste texto deve ser introvertida em maior ou menor grau. A maioria deve ser de estudiosos da mente, buscando nos livros uma maneira de resolver o descontentamento, o conflito emocional que sente em si, para encontrar uma cura para a ineficiência e o fracasso que acarretam, por todos os meios, *menos* o certo: o desenvolvimento de competências que deem vazão adequada a seu instinto gregário.

Por outro lado, para *alguns* leitores deste ensaio — não muitos, porque é raro que eles sejam estudiosos e leiam um livro como este —, o instinto gregário é uma desvantagem, interferindo com seu amor ao trabalho. Esses são os extrovertidos extremos, que no gregarismo buscam *fugir* de conflitos emocionais decorrentes de seu trabalho ou de outras fontes. Essas pessoas, se forem vendedores, passam o tempo fazendo contatos em lobbies ou bares de hotel, em vez de se dedicarem a convidar, pensar ou servir seus clientes atuais e potenciais. Apesar de amar as pessoas, seu amor é de baixo grau, e não inclui nenhum grande desejo de *servi-las*.

## UM HÁBITO NÃO RENTÁVEL A EVITAR

Não terminei ainda a discussão sobre o quinto gerador de sucesso: o amor às pessoas. Mas é um pouco difícil cultivar essa emoção no grau adequado, a menos que, primeiro, se aprenda o simples gregarismo, o desejo de socializar com as pessoas. Por essa razão, para o benefício dos leitores que não têm boas habilidades sociais, devemos adiar os aspectos mais avançados deste tema até que analisemos o que se pode fazer com o hábito inútil da introversão excessiva. Certamente ela é uma desvantagem, porque não pode nos levar muito longe; não somos capazes de prestar nosso melhor serviço se não pudermos influenciar e conquistar o afeto dos outros.

Independente da área em que atuamos, não poderemos ir muito longe se não desenvolvermos a capacidade de lidar com os outros. Não importa quanta habilidade temos, não poderemos vender a nós mesmos nem ter a oportunidade de usar nossas habilidades com frequência e de forma eficaz. De zelador a presidente de banco, a pessoa que consegue vender o próprio peixe geralmente ganha o emprego. Aqueles que são bons em socializar podem até fracassar, mas pelo menos conseguem oportunidades.

Porém, temos uma vantagem para começar. Temos o hábito de estudar, e em geral somos melhores leitores que os extrovertidos. Além disso, não precisamos temer os perigos associados aos exageros do instinto gregário. Mas temos de desenvolver habilidades sociais para persuadir os outros a nos dar a oportunidade de mostrar nossas habilidades.

Amar ao próximo é um mandamento da Bíblia, e isso não pode ser feito como se deve sem interagirmos com as pessoas por nossa própria vontade, sem aprendermos a conhecê-las intimamente. Mas esta não é uma questão de religião, e sim de eficiência, de equilíbrio mental, de uma personalidade completa e bem-sucedida. É uma necessidade de sua natureza; esse amor deve encontrar expressão no contato diário e eficaz, na ação cotidiana, não no pensamento desejoso do introvertido. Para ser eficaz em quase todos os caminhos da vida você deve ter a inspiração da comunhão frequente e adequada com cada pessoa, ou sofrerá, e seu trabalho também.

## REGRA DE SUCESSO NÚMERO 5

As pessoas vão desconfiar do que você lhes oferecer se não sentirem que é como elas, que está familiarizado com a vida e os problemas diários que elas enfrentam, inclusive com suas fraquezas, seus pontos fracos.

Essa desconfiança é a causa do fracasso de várias pessoas muito intelectualizadas. Alguns indivíduos não acham que os intelectuais fazem parte do mesmo grupo que eles. Sempre desconfiam que os intelectuais não conhecem e, portanto, não gostam de seres humanos comuns. As pessoas têm sempre certeza de que os socialmente habilidosos que gostam delas vão lhes prestar um serviço melhor que os introvertidos. É muito difícil para os introvertidos terem seus serviços aceitos em qualquer lugar, não importa quanto sejam superiores.

Trechos de *Get Rich in Spite of Yourself*

Então, em nossa busca de sucesso, não seremos fariseus introvertidos, agradecendo a Deus por não sermos como os outros. Vamos nos misturar com os publicanos e pecadores, os samaritanos de nossos dias. Vamos às ruas e estradas, aos casamentos e festas, a todos os círculos sociais. E vamos começar reconhecendo que também nós, seres socialmente desajeitados, estamos doentes; que precisamos do amor dessas pessoas tanto quanto elas precisam do nosso — na verdade até mais. Que elas, inconscientemente, talvez nos prestem um serviço maior do que o que podemos lhes dar em troca.

A primeira coisa que vai nos surpreender é que não somos particularmente bem-vindos. Nós não amamos essas pessoas o suficiente para aprender a entreter, compreender e despertar o interesse delas. Elas provavelmente nos acham um tédio. Nós mal conhecemos a língua que elas falam, somos incompetentes em suas atividades, não sabemos o que está acontecendo. Por causa de nossa ignorância acerca de muitos detalhes de suas vidas, não entendemos suas piadas. É muito difícil para elas entreter pessoas aparentemente estúpidas como nós, assim como é complicado para nós diverti-las ou interessá-las. Porque essas pessoas são socialmente mais qualificadas que nós, sua polidez excede a nossa; elas mascaram seu constrangimento, fazem seu melhor para nos deixar à vontade, seja deixando-nos em paz, seja fazendo um esforço demasiado óbvio. Por fim, o desconforto delas as faz evitar nossa companhia.

Depois de algumas rejeições, os introvertidos geralmente voltam com alívio a seus velhos hábitos. Aceitam que não dá para mudar a situação. Simplesmente estão muito pouco interessados em outras pessoas para fazer o esforço necessário. O que podemos fazer para evitar isso, para nos tornarmos bem-vindos entre as pessoas comuns, para que possamos aprender com elas e, depois, servi-las?

Sem dúvida, em primeiro lugar, vamos ter de fazer muitas coisas de que não gostamos. E não devemos fazê-las, a menos que sejamos impelidos por algum sentimento. Talvez você possa despertar seu orgulho. Vai se deixar vencer por esse problema? Talvez você possa despertar sua raiva — raiva de si mesmo e das próprias incapacidades. Ou talvez tenha de invocar o sexto gerador de sucesso, que revelarei mais adiante. Sabemos que não podemos depender apenas da força de vontade, a menos que haja outra emoção forte e duradoura por trás dela para nos levar a fazer coisas que não queremos fazer. Escolha entre as emoções dominantes citadas neste ensaio, ou encontre outra; em algum lugar você tem de encontrar uma *força motriz*. Depois de selecionar a que preferir, *use-a* para colocar o programa a seguir em prática.

Para começar, vamos a qualquer lugar onde possamos ter oportunidade de conversar e fazer amizades — igreja, workshops ou reuniões. Na igreja, vamos participar de todas as atividades possíveis. Talvez entremos em um partido político, talvez em grupos que promovam outro tipo de atividade. Muitas organizações estão ansiosas por membros. Depois de nos inscrevermos, vamos nos sentir como um penetra na festa, mas devemos continuar, não importa quanto tempo leve, até que a estranheza desapareça. Não poderemos escolher amigos enquanto não desenvolvermos algumas habilidades sociais. Devemos ser gratos a qualquer grupo que nos dê a oportunidade de treinar.

Mas em qualquer grupo social, a participação, assim como a presença, é necessária. Talvez você não consiga contar uma piada. O que o impede de aprender? Quando ouvir ou ler uma boa piada, conte-a a seu reflexo no espelho, pratique a piada à noite, antes de ir dormir, medite sobre ela até que consiga sentir prazer de contá-la. Faça o mesmo com os casos interessantes ou engraçados que já aconteceram em sua vida. Os bons contadores de histórias estão sempre repassando seus casos quando estão sozinhos, esse é o segredo do sucesso deles. Você pode fazer conscientemente o que eles fazem de forma inconsciente. Talvez suas primeiras tentativas sejam um fracasso, mas com a prática você vai desenvolver essa habilidade.

A maioria das pessoas não se torna socialmente apta sem sacrificar certo tempo e esforço. Então, dedique um pouco de seu tempo para aprender algum esporte, seja bilhar ou boliche, jogo de cartas ou tênis, golfe ou pesca. Esporte é um assunto que rende conversa. Dedique algum tempo também para aprender a dançar. Saiba mais sobre assuntos que seu grupo acha interessantes, pelo menos o suficiente para tornar sua conversa cativante. Se realmente quer amigos, você vai fazer o esforço. Se realmente tem amor *suficiente* pelas pessoas comuns, você vai fazer um sacrifício *considerável* para se tornar agradável e amistoso.

"Mas, e minha leitura? E meu estudo?", você pode perguntar. Isso será de pouca ajuda se você não desenvolver uma personalidade que torne o serviço que você oferece aceitável. A maioria dos introvertidos tem de dedicar pelo menos um ano para sua educação social, e mesmo depois desse ano precisa continuar treinando. Caso contrário, as pessoas comuns vão olhar com desconfiança e não vão aceitar suas ofertas de serviço.

Permita-me avisar, no entanto: não procure interação social exclusivamente com outros introvertidos, ou com o que você considera grupos superiores. Senão, estará em uma classe à parte, ainda inepta na relação com os seres humanos comuns, incapaz de ter uma conversa aceitável com eles, incapaz de prestar o serviço que as pessoas geralmente exigem antes de aceitar os outros — o serviço de *deixá-las à vontade, confortáveis e felizes*. Depois que fizer isso, elas estarão bastante interessadas em qualquer serviço que possa oferecer. Enquanto não aprender a amar e a se relacionar com as pessoas comuns, não receberá a graça social muitas vezes necessária para o sucesso. Procure curtir, aprender e servir "a um desses meus irmãos mais pequeninos." (Mateus 25:40)

Em vez de ver o simples gregarismo com desprezo, como muitos fazem, eu acredito que ele é absolutamente essencial para o desenvolvimento de um amor maior. Como pode um homem ter a pretensão de amar se não gosta de se socializar com os outros? O amor genuíno quer se envolver, tocar, comungar com seu objeto. Se você ama, deve gostar de seu próximo *como ele é*, com todas as suas falhas e fraquezas — isso não impede que você deseje e trabalhe pelo desenvolvimento dele.

## O MÍSTICO SEGREDO DO SUCESSO

Dizem que o medo alimenta a si mesmo e cresce de forma anormal. O amor também alimenta a si mesmo e cresce. Começando com o gregarismo simples, o crescimento de uma forma mais elevada de amor torna-se natural e fácil. Mas, ao contrário do medo, o amor não pode crescer de forma anormal. O amor é o estado normal do ser, o estado que coloca você em harmonia com todas as leis de Deus e da natureza, que dá asas aos seus pensamentos, inspiração ao seu trabalho e sucesso aos seus empreendimentos. Após praticar o gregarismo até gostar dos outros como eles são, qual será seu próximo impulso? O primeiro impulso de todo amor é fazer quem se ama feliz. É natural, portanto, que, à medida que seu amor aumentar, seu desejo de fazer as pessoas felizes siga no mesmo ritmo de crescimento, até que você sinta prazer em fazer qualquer sacrifício necessário para esse fim. Atender-lhes dia e noite, tornar-se apto e preparado para o serviço, dedicar o melhor que há dentro de você em sua missão vai se tornar sua maneira natural de viver. Não será penoso, e sim uma alegria. Você será infeliz se *não* estiver servindo ao próximo da melhor forma possível, fazendo o máximo para deixá-lo alegre. Será, portanto, *impulsionado* para o sucesso.

O parágrafo anterior contém *o místico segredo do sucesso* que prometi no início deste ensaio. Vamos chamá-lo de:

## REGRA DO SUCESSO NÚMERO 6

Cultive o amor pelas pessoas até que seu maior desejo seja fazê-las felizes. Quando esse desejo se tornar uma *paixão duradoura por servi-las*, você será *conduzido* a fazer o que for necessário para o sucesso.

Em suma, somente quem se dedica *apaixonadamente* a prestar mais e melhor serviço, cada vez para uma quantidade maior de pessoas, pode esperar o sucesso. E essa dedicação pode ser mais bem-inspirada pelo amor pelas pessoas a quem o serviço é prestado.

Aqui está a emoção dominante que estávamos procurando, que não representa perigo para seu bem-estar mental, que está em harmonia com todas as leis de Deus e da humanidade, a única que pode subordinar emoções conflitantes que, de outra forma, levariam à ineficiência, e aquela que vai fornecer a força motriz necessária para que você se dedique constantemente e tenha inspiração para se empenhar.

## Trechos de *Get Rich in Spite of Yourself*

Como foi feito com as outras regras, vamos avaliar esta e ver se ela é confirmada pelas histórias de pessoas bem-sucedidas. Vejamos, por exemplo, o caso típico de dois cantores. Ambos têm talento para interpretar canções populares, ambos têm vozes igualmente boas para isso — embora, do ponto de vista de um crítico musical, não o sejam. Com seus talentos medíocres, normalmente não se esperaria que fizessem sucesso.

Um deles nunca chega a lugar nenhum. Ele canta, principalmente, para si mesmo. Deseja o sucesso, mas não ama seu público. Seu primeiro pensamento é mostrar como ele é um bom cantor. O público sente sua soberba e lhe oferece uma recepção fria. Seu fracasso é completo e definitivo. O outro cantor ama o seu público. Seu pensamento mais importante é *fazê-lo feliz*. Ele canta as músicas que *eles* gostam, do jeito que *eles* gostam. Em seu desejo de aumentar a felicidade de seu público, ele está sempre estudando-o a fundo. Percebe imediatamente se seu estilo agrada ou desagrada. Está constantemente tentando saber, com base em conhecimentos individuais e de diferentes audiências, como o público mais gosta que ele cante suas músicas. Ele sempre está com as pessoas; em primeiro lugar, porque as ama, em segundo, para aprender do que gostam ou não, em termos de música.

Ele pode ficar anos passando fome enquanto está aprendendo *do que* seu amado público gosta, mas nada o desencoraja. Depois de muito tempo de tentativa e erro, sentindo um amor tão grande que não o deixa desistir, o público começa a reconhecer seu sentimento. As pessoas começam a ouvi-lo com respeito, depois, com entusiasmo, e, em seguida, com êxtase. O público pensa: aqui está um homem como nós; ele nos conhece e é um de nós; ele sabe tão bem quanto nós do que gostamos ou não. Ele gosta de nós, então, gostamos dele também. Há um sentimento caloroso em suas canções que não existe nas de outros cantores, pelo menos no que diz respeito a seu tipo de público. De repente, o cantor fica famoso, e se torna um grande sucesso.

E o cantor bem-sucedido não tinha nada além de fracassos no começo — tinha bem menos, de fato, do que muitos que *nunca* alcançaram o sucesso —, exceto um amor sustentado e nunca negado por seu público, portanto, uma emoção dominante que finalmente o *impeliu* a fazer os sacrifícios necessários para tornar-se bem-sucedido. Aqui você começa a perceber o segredo por trás do sucesso de muitos cantores populares. O amor por sua plateia é, muitas vezes, inconsciente. A maioria dos cantores populares de sucesso dá o crédito à sua voz, em vez de ao seu amor, mesmo quando sua voz é inadequada, do ponto de vista crítico. E nós podemos perdoá-los por essa vaidade, desde que nos amem. Ninguém que não goste de pessoas, ou que seja indiferente a elas, poderia fazer o esforço e o sacrifício necessários para ser bem-sucedido nessa profissão.

Nesse exemplo, poderíamos substituir os dois cantores por dois atores, dois escritores de peças de teatro ou de romances, dois empreiteiros, dois proprietários de restaurante ou de posto de gasolina, dois comerciantes, dois fabricantes, dois vendedores, dois pregadores, dois advogados, dois médicos, ou seja, dois qualquer coisa. Os bem-sucedidos são, geralmente, aqueles que amam seu público ou sua clientela e são apaixonadamente dedicados, portanto, a prestar um serviço melhor ou a fazer a clientela feliz.

Não devemos pensar que o amor pelas pessoas pode ser cultivado só por meio de atividades sociais. Ele pode ser reforçado nos seus contatos profissionais do dia a dia. Os comerciantes socializam com os clientes nas lojas, os executivos com seus empregados etc. Por meio de associação constante eles aprendem a amar sua clientela, a gostar de fazer as pessoas felizes pelo serviço deles e, se pretendem ser bem-sucedidos, *dedicam-se apaixonadamente a encontrar formas e meios pelos quais um número cada vez maior de pessoas possa ser igualmente satisfeito.*

Alguns homens e mulheres conseguem cultivar esse amor pelas pessoas até por meio de correspondência. Um fabricante de catálogos bem-sucedido uma vez me explicou seus métodos:

> Não é o que eu digo em meus anúncios que conta. Os concorrentes podem usar os mesmos argumentos que eu. Acontece que simplesmente sou uma pessoa comum, nem melhor ou pior que meus clientes, com os mesmos defeitos que eles têm.

Trechos de *Get Rich in Spite of Yourself*

Eu gosto dos meus clientes atuais e dos clientes potenciais porque eles são exatamente como eu. Já li milhares de cartas dessas pessoas no decorrer da vida, e escrevi milhares de respostas, e eles respondem às minhas respostas, até que eu acabo os conhecendo quase tão bem quanto a mim mesmo. Em meus catálogos de vendas, as pessoas podem sentir, *nas entrelinhas*, que eu as conheço, que as entendo, gosto delas; e que sou o mesmo tipo de pessoa que elas. Elas respondem gostando de mim, confiando em mim, preferindo trabalhar comigo. Em catálogos de vendas, o que produz resultados é algo intangível — como estilo, tom e personalidade, não apenas lábia para vendas.

Tenho notado esse mesmo algo intangível em fabricantes de catálogos repetidamente bem-sucedidos. Nunca são soberbos ou se comportam como pessoas superiores; são humanos; de alguma forma, em algum lugar, têm correspondência com milhares de pessoas comuns, aprendem com elas, eles as entendem, e gostam delas. E tudo isso pode ser lido nas entrelinhas de seus catálogos.

Em quase todos os ramos de atividade é possível demonstrar que os bem-sucedidos são, geralmente, aqueles que entendem sua clientela, que gostam dela, e que se dedicam única e exclusivamente a fazer um número cada vez maior de pessoas felizes por meio do serviço que prestam. É claro que eles gostam de ganhar dinheiro, mas quase todos admitem que "gostam do jogo mais que do dinheiro". E a maioria deles, quando se aposenta, fica infeliz e confusa, porque já não serve às pessoas que ama.

Mas não vamos condenar o artista genuíno, que é motivado pelo amor ao trabalho pelo trabalho, em vez de amor pelas pessoas. O orador acadêmico, o músico clássico, o dançarino estético, os pintores e escultores, arquitetos e poetas que aderem a ideais artísticos e desprezam qualquer esforço para agradar ao povo, são bastante admirados. Eles escolheram deliberadamente o caminho mais difícil; uma maneira que raramente é autossustentável e depende dos caprichos, subsídios e patrocínio da caridade dos ricos. E se têm genialidade ou talento excepcional, é o caminho certo para eles — a arte pela arte, ou ciência pelo bem da ciência, ou o estudo pelo estudo. Para eles, o amor ao trabalho, por si só, é suficiente como emoção dominante para inspirar os sacrifícios prodigiosos de tempo e esforço necessários para o sucesso. Mas essas pessoas são poucas e distantes entre si. E todos sabem que grandes artistas, muitas vezes, são temperamentais, se não realmente cruéis, apesar de sua indiferença para com o dinheiro. No entanto, essas pessoas são muito necessárias para carregar a tocha dos ideais artísticos e acadêmicos. Se essa é sua tarefa, e você tem amor suficiente pelo trabalho, cumpra-a por todos os meios. Você pode vender sua produção formando parceria com alguém que ame as pessoas e, assim, alcançar o sucesso; mas normalmente isso significa martírio.

A maioria de nós, no entanto, deve ficar contente por pegar um pouco de conhecimento, um pouco de habilidade ou talento, e usá-lo combinado ao melhor de nossa capacidade, com o objetivo de levar um pouco de felicidade para as pessoas. Servindo a muitos com nosso pequeno talento temos utilidade no mundo tanto quanto aqueles que servem a poucos com um grande talento. Nosso caminho é, de longe, o mais rentável; portanto, não há motivo para lamentar nossa falta de grande talento, a não ser que não sigamos a Regra do Sucesso Número 6.

Mas não podemos seguir a Regra do Sucesso Número 6 antes de também nos tornarmos artistas — artistas da natureza humana, peritos em agradar ao público, mestres em servi-lo como ele gosta de ser servido. Também, a seguir, adquirimos o amor ao trabalho pelo trabalho como forte emoção motivadora, embora o amor às pessoas ainda seja dominante. Quando essa combinação se apodera de nós, nada pode nos impedir de alcançar o sucesso no longo prazo. Somos *impulsionados* a isso por sentimentos que não nos deixam descansar até que nosso objetivo seja alcançado.

Não quero dar a entender que todas as pessoas bem-sucedidas são anjos, motivadas pelo amor e nada mais. Muitas vezes, esse é um pequeno amor por muitos, sem um grande amor por ninguém. Embora a principal motivação do sucesso possa ser o amor ao trabalho, o baixo grau de amor por muitos é um elemento essencial, de primeira grandeza, como motivação de apoio. Os bem-sucedidos, apesar de todos os seus defeitos, *gostam de pessoas*; senão, nunca poderiam dar a seus colegas seres humanos a atenção e o estudo necessário para alcançar o sucesso.

Eu vi um vendedor muito competente dedicar uma hora para fazer uma velhinha feliz contando-lhe histórias engraçadas. Não havia motivo para isso, só que ele gostava de fazer senhoras idosas, e todos os outros, felizes. Como gostava das pessoas, sempre fazia isso. No entanto, ele era uma farsa. Sem escrúpulos, usava o mesmo charme para lhes vender algo de pouco valor a um preço exorbitante. No entanto, se não gostasse mesmo das pessoas, nunca teria sido capaz de adquirir suas habilidades na arte de vender. Porque seu amor nunca aumentou a ponto de desejar apaixonadamente servir os outros, era suficiente apenas para fazer dele um vendedor moderadamente bem-sucedido, não mais que isso.

O amor deve ser maior, deve corresponder a uma devoção apaixonada que oferece mais e melhor serviço, conforme descrito na Regra Número 6, antes de se esperar um grande sucesso. O amor pelas pessoas deve ser tão grande que o amor por servi-las virá como consequência natural. As pessoas devem ser tão leais a seu ideal de servir quanto os artistas a seus ideais artísticos, e dedicadas a esse ideal tão apaixonadamente quanto eles.

Quase todos os grandes sucessos envolvem sacrifício e um imenso esforço, possível só para aqueles dominados por emoções fortes e duradouras — normalmente, um amor pelas pessoas que as atrai para si, e uma devoção forte para servi-las que nunca permite descanso. A maioria das pessoas bem-sucedidas está muito mais interessada em construir uma empresa cada vez maior e assim *servir mais pessoas*; mais que em só ganhar dinheiro. Elas quase nem percebem que têm um ideal. Mas quando dizem, como costumam, que "gostam mais do jogo que do dinheiro", estão revelando um amor pelas pessoas e um desejo de servi-las; o amor mais admirável, porque é inconsciente. A maioria delas serve muito mais pessoas, faz muito mais bem ao mundo que os que se dizem conscientes reformadores e idealistas. Pecadores que declaram ser, todos estão, inconscientemente, obedecendo a esse mandamento da Bíblia: "servindo de boa vontade como ao Senhor, e não como aos homens." (Efésios 6:7)

E geralmente o fazem como a Bíblia recomenda: até "a um destes meus pequeninos irmãos". Eles são os motores principais dessa troca de serviço por serviço que faz a vida civilizada possível. Sua atividade diária alimenta os famintos, dá de beber a quem tem sede, abrigo ao estrangeiro, roupas ao nu, ânimo ao doente, distração ou relaxamento ao preocupado, transporte aos cansados, inspiração aos confusos, ou faz as pessoas felizes por meio de uma infinidade de outros serviços. Eles são os maiores artistas de todos — os artistas no serviço.

## O SEXTO GERADOR DE SUCESSO

No texto anterior discuti todas as emoções dominantes mais propensas a oferecer o impulso necessário rumo ao sucesso, mas ainda falta uma. Algumas são censuráveis, algumas, perigosas, outras, impraticáveis para nove em cada dez pessoas. Mas há uma emoção dominante, não censurável, não perigosa e prática para todo homem e mulher que se inclina à religião. É o zelo religioso, ou o amor a Deus. Se você não é religioso, sua maior confiança está no amor pelas pessoas, mas, se *é*, o amor a Deus pode ser ainda mais eficaz, se aprender a pôr zelo religioso em seu trabalho diário.

Sabemos que ficar dividido entre diferentes lealdades pode dilacerar uma pessoa, pode desencadear um conflito emocional que torna a produtividade impossível. Mas assim como lealdades divididas podem destruir uma pessoa, uma lealdade indivisível pode lhe dar força e poder, como o de Deus. Temos Joana d'Arc, Lincoln, Garibaldi, Florence Nightingale, Moisés, o apóstolo Paulo. O caminho para uma vida completamente inspirada e bem-sucedida é abrir mão de todo o individualismo para entregar-se totalmente a uma grande lealdade. Essa rendição coloca a maior força do universo por trás de seus esforços. Torna-se impossível sentir preguiça. Os conflitos emocionais, interferindo em sua produtividade, dissolvem-se. A indecisão e a ambivalência são deixadas de lado. Você se torna uma *pessoa com uma missão*. Todas as emoções se alinham para apoiar a grande emoção. Segue a harmonia completa, a força de uma personalidade integrada. Seu progresso é tão impossível de deter como a um grande rio.

Se formos religiosos, o mais simples de todos os caminhos para nós é nos perdermos assim. Muitas vezes, é o caminho mais curto para o sucesso. Inspira o maior esforço, resulta em maiores obras e proporciona a felicidade mais completa. Já não temos que nos impelir a fazer as coisas necessárias. Podemos ser tentados por outras coisas, mas não conseguimos parar, não conseguimos desviar nosso caminho. Somos irresistivelmente movidos para a frente na corrente principal da vida, alcançando distinção e sucesso porque estes são necessários para o grande plano do Criador, porque nós mesmos nos tornamos fatores importantes no plano, parte essencial da força motriz.

A Bíblia deixa claro, assim como as passagens dadas neste ensaio, que somente servindo aos outros, como o bom samaritano, podemos chegar ao reino. Seu serviço para "estes meus pequeninos irmãos" é um serviço a Deus. Se você é adepto a uma religião, sua tarefa diária, seu trabalho, por meio do qual você serve aos outros direta ou indiretamente, deve fazer parte de sua religião, deve ter fervor religioso, deve se tornar a *missão suprema de sua vida*. Se seu trabalho é um serviço, é fácil. Se é um *des*serviço, arrume outro emprego ou outra empresa para trabalhar, e, então, busque o reino usando o serviço como veículo.

Você não precisa se preocupar com dinheiro. Isso também estará entre as "coisas [que] vos serão acrescentadas". E você vai aceitar esse dinheiro não porque é ganancioso, mas porque ele permite que você *continue* seu serviço, pois lhe permite prestar *mais* serviço a *mais e mais* pessoas com o passar dos anos, porque você pretende usá-lo como um fiel administrador no estabelecimento e manutenção do reino.

## REGRA DO SUCESSO NÚMERO 7

Só para pessoas religiosas: fazer seu melhor, prestar serviço aos outros é um dever para com seu *Deus*. Para todos os outros: fazer a mesma coisa é um dever para com seu *amor-próprio*.

Você não pode alcançar o sucesso se não for *zeloso* em sua busca. O que é preferível para sua felicidade e sanidade: ser zeloso em sua ganância, sua vaidade, seu desejo de poder, seu medo da pobreza ou outras emoções que, às vezes, impelem as pessoas ao sucesso; ou ser zeloso em seu amor e em seu consequente serviço a Deus e aos outros?

"Buscai em primeiro lugar o Reino de Deus." (Mateus 6:33) É um bom conselho para aqueles que buscam o sucesso. Mas você não deve interpretar o conselho como uma exigência para buscar muito longe, para deixar de lado sua vida diária e se perder na contemplação mística ou andar por aí fazendo sermões e pregando. Esse conselho exige que você simplesmente sirva o próximo, que o ame, que faça seu melhor, que aperfeiçoe suas habilidades para servir as pessoas e servir sempre *mais*, em qualquer comércio, profissão ou vocação que possa atender a seus talentos.

## O PLANO DE SUA CARREIRA

A fórmula mística para o sucesso está diante de você agora — talvez obscura, como essas questões geralmente são; mal-expressa, talvez, porque eu sou um homem de negócios, não um escritor profissional. Para ser bem-sucedido, simplesmente viva de acordo com os princípios enunciados no texto anterior, formule um programa baseado neles e, depois, *siga-o*. Escreva o programa e leia-o todos os dias, para refrescar sua memória e inspirar seu trabalho. A parte mais difícil é persistir, como acontece com todos os programas; mas eu passei algumas orientações que devem deixar tudo mais fácil do que foi até agora, e a principal delas é o cultivo de uma paixão permanente por servir os outros ao máximo.

O leitor médio pode traçar seu próprio plano melhor que eu. Mas alguns leitores ainda não estão completamente convencidos, e não se darão o trabalho de fazer um programa a menos que alguém faça isso por eles. A maioria dos leitores, sem dúvida, não vai concordar com meu programa, mas, revisando-o, vão fazer exatamente o que tenho em mente para eles: montar seu próprio plano, mais bem-adaptado aos seus talentos e à sua situação, ou, pelo menos, mais adequado a seu próprio perfil psicológico, e, por isso, com mais chance de ser seguido.

O passo a passo a seguir, portanto, é apenas uma sugestão para estimular sua mente. Pegue lápis e papel e, conforme for lendo, modifique cada passo para atender a si mesmo e a seus talentos particulares. Quando terminar, pode tentar mudar a ordem das etapas. O produto final será seu próprio plano, com base no qual você pode construir com muito mais entusiasmo do que faria usando o meu.

**Passo 1.** Se você não estiver servindo ao público ou a uma parte dele de alguma forma, comece de uma vez. Praticamente todo mundo que ganha dinheiro, seja em um trabalho, nos negócios, com uma profissão ou de quase qualquer outra maneira, já está servindo — o que mostra a necessidade fundamental desta etapa. Então, o Passo 1 é especialmente para os desempregados ou jovens estudantes. Eles podem ser úteis nesse meio-tempo? Sim, de várias maneiras:

- Escolhendo o ramo de atividade em que poderão servir melhor (existem inúmeras oportunidades, e, sem dúvida, muitas atividades que você ainda não conhece).
- Preparando-se para o serviço eficiente nesse ramo.
- Aprendendo a conhecer as pessoas ao praticar o espírito gregário, com o objetivo de saber qual é a melhor maneira de fazer as pessoas felizes.
- Praticando pacientemente a arte de fazer as pessoas felizes sempre que surgir a oportunidade em conversas, esportes, em sala de aula, em casa, na faculdade, na fraternidade ou em outro lugar (fazer as pessoas felizes é o principal objetivo de todo serviço).

- Servindo constantemente em comitês, como líder de um grupo, ou apenas sendo um bom trabalhador em seu clube, escola, igreja ou outra organização.
- Juntando-se a outras organizações, ou envolvendo-se com pessoas de *fora de seu grupo particular*, onde possa aprender a conhecer, amar e servir aos outros, homens e mulheres em geral, a quem um dia poderá ajudar de uma forma mais ampla graças à sua maior compreensão e amor por eles.
- Tornando-se conhecido e interagindo com as pessoas que espera um dia servir em sua carreira. Quanto melhor os conhecer, melhor vai poder servi-los.
- Ajudando o próximo de todas as formas possíveis. (Caso nenhuma maneira apareça, crie uma.)

Como vimos, as pessoas não vão aceitar o serviço que você poderá oferecer mais tarde se não sentirem que você as conhece, se não compreenderem que você é uma delas. Portanto, as sugestões anteriores não são puro altruísmo, e sim uma necessidade, se, depois, você quiser ver seu serviço sendo aceito por elas.

**Passo 2**. Se você tem um emprego, negócio, fazenda, comércio ou profissão e não se dedica totalmente a isso, intensifique seu serviço melhorando-o ou mudando-o, acelerando-o, expandindo-o para atingir mais pessoas, ou estudando e treinando para fazer isso no futuro. Nesse meio-tempo, dedique um considerável esforço para fazer seus sócios, clientes, superiores ou subordinados mais contentes e felizes — qualquer um pode oferecer um serviço a mais, e tudo pode melhorar.

Este passo é necessariamente vago porque existem muitos tipos de trabalho e serviços disponíveis para nossos leitores. Escreva seu próprio Passo 2 com detalhes, modificando-o para adequá-lo à sua vida. Alguns funcionários enfrentam um problema difícil ao descobrir que seus esforços extras levaram a mais trabalho, mas não a mais responsabilidade e compensação. Esses indivíduos devem, portanto, concentrar-se em estudo e prática para conquistar uma posição mais elevada, ou outro cargo no qual seus serviços não sejam limitados, ou, ainda melhor, seguir os passos na direção de montar o próprio negócio. Eles certamente não poderão ter sucesso substancial se não encontrarem alguma maneira de oferecer maior quantidade e melhores serviços a mais gente. Um problema semelhante é enfrentado por jovens profissionais, como advogados ou dentistas que querem servir mais pessoas, mas que têm de esperar que elas os procurem. De certa forma, eles não têm um emprego de tempo integral, e podem continuar a aplicar as sugestões do Passo 1. Além disso, podem ganhar habilidades e melhor conhecimento das pessoas prestando seus serviços profissionais de graça para os desfavorecidos e servindo grupos ou organizações sem fins lucrativos, e assim, com ética, promover seu trabalho e inspirar o respeito, a confiança e o carinho de um número maior de pessoas por meio das quais futuros clientes ou pacientes poderão aparecer. Apenas pertencer a essas organizações não é suficiente; o serviço é o que traz o sucesso.

**Passo 3.** Cultive uma emoção dominante forte, duradoura e aceitável que o *conduza* sempre para a frente, ano após ano, no caminho que escolheu, que nunca vai deixar você descansar até que seu objetivo seja alcançado, independente do trabalho envolvido, dos sacrifícios, decepções e desânimo.

Sem esse poder motivador os Passos 1 e 2, e todos os outros, serão como as resoluções de Ano-novo: começam com entusiasmo, mas logo são esquecidas ou negligenciadas. Só esse poder motivador pode lhe dar o máximo de eficiência, evitar a constante ambivalência que gera a incapacidade, inspirá-lo a fazer seu próprio programa e a segui-lo, a pensar dia e noite até que surjam as ideias, os meios e os planos necessários, o esforço e a aplicação exigida, que nenhum texto nem nada mais no mundo pode lhe fornecer. Com uma emoção dessas motivando-o, você vai encontrar seu próprio caminho para o sucesso, não vai descansar até chegar lá; e não vai precisar nem de minha ajuda ou de qualquer outra pessoa. Com uma emoção dessas impelindo-o, você vai descobrir sozinho o que fazer, e vai fazê-lo. Com uma emoção dessas impelindo-o, salvo problemas de saúde e outras incapacidades imprevistas, *você vai ficar rico, apesar de si mesmo.*

Apesar de a inveja, a vingança e muitas outras emoções por vezes servirem como força motriz para um sucesso mais ou menos limitado, os únicos geradores de sucesso que vale a pena considerar, na maioria dos casos, são os seis de que falei neste ensaio: 1. Ganância ou desejo de poder; 2. Medo da pobreza; 3. Orgulho; 4. Amor ao trabalho; 5. Amor pelas pessoas e 6. Amor a Deus. Os três primeiros *não* são recomendados. Tenha cuidado para não escolher um deles sem considerar seriamente minhas advertências. Eu recomendo o quarto, mas ele tem seus perigos. O quinto e o sexto são altamente recomendados, e não oferecem risco algum. Escolha qualquer um dos últimos três como seu gerador de sucesso e depois cultive-o.

A maioria dos leitores, por causa de sua relutância em aceitar a praticidade do idealismo, provavelmente, vai começar com o número 4, o Amor ao trabalho. Quando sentirem dificuldade para manter a emoção, vão tentar o número 5, o Amor pelas pessoas. É mais fácil amar seu trabalho se você ama as pessoas que seu trabalho atende. Mas para as que levam sua religião a sério, ou que podem aprender a fazê-lo, o número 6, o Amor a Deus, é a melhor escolha. As pessoas estão longe de ser perfeitas, e é difícil continuar amando-as sem a inspiração duradoura da religião. Os religiosos vão achar fácil amar as pessoas, por causa de seu Deus, e amar o trabalho no serviço aos outros, pelo bem de todos. Assim, as três emoções mais elevadas e mais poderosas se *unem* para impulsioná-los ao sucesso, e todas as outras emoções colaboram ou se tornam subordinadas à combinação verdadeiramente sublime. A ineficiência não os atormenta mais, porque já não são levados a esse caminho, e seus objetivos já não são modificados por estados de espírito e emoções conflitantes e alternados. Não quero dizer que você deve se tornar religioso para alcançar o sucesso; mas digo que, se for devoto, será um tolo se não aplicar sua religião a seu trabalho diário, por não *usar* o poder emocional que ela pode gerar. Na verdade, não vejo como você pode ser religioso de verdade sem amar as pessoas e sem desejar servi-las, sempre de uma forma mais elevada e melhor. É a única maneira de pôr seu amor a Deus em ação.

Mas os que não são religiosos, em muitos casos, vão achar que a combinação dupla de amor pelas pessoas e amor ao trabalho é tão eficaz quanto a combinação tripla que acabamos de discutir. Assim, também podem se tornar completamente eficientes; também podem ter fervor, espírito, fogo, ferramentas, determinação inabalável, coragem e fé sempre os motivando a seguir na direção do sucesso.

Podemos objetar que muitos idealistas não são bem-sucedidos. Isso simplesmente porque eles não *aplicam* a força motriz de seus ideais no trabalho. Veem o sucesso como algo à parte; de alguma forma, aprenderam que ganhar dinheiro, até por meio do serviço, é censurável ou pecaminoso, que o emprego ou negócio deles não tem mérito porque recebem dinheiro pelo trabalho que prestam. O conflito de emoções despertado por essas falsas ideias provoca ineficiência, agravada pela própria força de seus ideais. Mas se eles transformarem o trabalho diário em um *instrumento*, uma forma de *cumprir* seus ideais, serão abençoados com uma eficiência nunca antes experimentada.

Quando a Bíblia fala da dificuldade do rico de ir para o céu, provavelmente está falando dos ricos daquele tempo, cuja maioria enriqueceu em detrimento de outras pessoas, por meio da conquista, do abuso e do *des*serviço. Havia poucos mestres no serviço na época, com exceção de profetas e líderes espirituais. Mas na sociedade moderna temos, *sim*, mestres do serviço, pessoas que fizeram sua riqueza só colaborando para a segurança, conforto e felicidade dos outros. Hoje, essas pessoas ricas são nossos *melhores servidores*. E deles é a recompensa prometida na parábola dos dez talentos: "Pois ao que tem, se lhe dará; e ao que não tem, se lhe tirará até o que tem." (Marcos 4:25)

**Passo 4**. Encontre um meio de renovar seu zelo sempre que ele esmorecer. Alguns vão encontrar esse meio em livros e palestras inspiradoras, outros, em literatura religiosa ou em sermões. Alguns vão encontrá-lo na música, outros, em contato com as pessoas que servem. Alguns vão encontrá-lo em livros ou revistas técnicas. E outros serão inspirados pelo exemplo de outras pessoas na atividade a que se dedicam, ou de outros campos. Existem inúmeras biografias que podem ser úteis nesse sentido. *Seus* meios dependem de seu perfil psicológico, e devem ser encontrados por você mesmo.

**Passo 5.** Se seu zelo esmorecer mesmo assim, reflita seriamente se realmente está na vocação certa. Se não estiver, encontre outra, pela qual você possa servir com mais entusiasmo e energia. Se necessárias, as mudanças valem qualquer sacrifício. Mas tente todos os outros passos antes de desistir das habilidades que já adquiriu. Fique atento, porque a grama do vizinho sempre parece ser mais verde que a nossa. Porém, se você definitivamente não gosta de seu trabalho, praticamente qualquer mudança será para melhor. O amor ao trabalho é um princípio essencial para um grande sucesso. Observe seus passatempos, suas vocações, para encontrar sugestões quanto à área de trabalho que deve escolher.

**Passo 6.** Quando você finalmente chegar a uma posição de autoridade, em seu próprio negócio ou no de outra pessoa, empregue aqueles que possam lhe ensinar alguma coisa, aqueles que aprenderam em outros lugares, ou promova os que estiveram em estado de alerta para aprender ou adquirir habilidades além do que você lhes ensinou. Assim, novas ideias e experiências poderão ser somadas às suas. Contratar pessoas com experiências diversas é o caminho mais curto para o sucesso. Mas assegure-se de que a pessoa é experiente e vem sendo bem-sucedida no trabalho exato para o qual você a contratou, ou em trabalhos relacionados. Algumas das pessoas mais bem-sucedidas que eu conheço não têm muita habilidade. Algumas tiveram pouco estudo; mas sabem como selecionar e se relacionar com outras, que tenham experiência para fazer grande parte do trabalho para elas.

Como publicitário, muitas vezes fico surpreso com a falta de sabedoria de empresários ao contratar agências ou gerentes de publicidade. Eles escolhem um generalista, quando poderiam facilmente contratar um especialista nessa área. Podemos também contratar o médico de família para tratar os dentes; ele pode *aprender* a tratar dentes, mas por que pagar seus estudos? O generalista pode perder muita verba de seu cliente até ser capaz de evitar os erros que o especialista vai evitar desde o início. Empregue especialistas, sempre que possível. Isso pode significar a diferença entre sucesso e fracasso; e, pelo menos, vai economizar muito dinheiro.

Trechos de *Get Rich in Spite of Yourself*

Depois de contratar o especialista, você pode *também* contratar o generalista, como fonte de novas ideias. O especialista pode avaliá-las e eliminar as que já foram desconsideradas nessa área específica. O generalista, muitas vezes, não sabe que sua brilhante ideia já foi testada em algum momento do passado e considerada insatisfatória. No entanto, muitas vezes, ele pode trazer uma ideia de outro campo, que nunca foi experimentada na nova área e que vale a pena tentar aplicar. Para separar o joio do trigo, o julgamento do especialista é necessário. Só porque as ideias são novas não significa que são boas. Muitas vezes o público não está pronto para novas ideias, não importa quão excelentes elas sejam.

Os mesmos princípios são verdadeiros se for contratar um advogado, um contador, um artista, ou qualquer outro tipo de ajuda profissional ou executiva. Contrate ou promova pessoas que possam lhe ensinar algo, e *deixe-se ensinar*. Não pense que você sabe tudo sobre seu próprio negócio. Pessoas que aprenderam com você e que sabem apenas o que você mesmo sabe, muitas vezes, têm um valor inestimável. Porém, você também pode precisar de pessoas que talvez não tenham muito conhecimento, mas sabem algo diferente. Não deixe que seu ego ponha restrições ao serviço que você presta ao público. Ninguém nunca sabe tanto, mesmo sobre seu próprio negócio, que não tenha mais nada para aprender.

Tudo isso não significa que você deve tirar seus executivos da empresa. Deve haver pessoas certas em seu local de trabalho que possam lhe ensinar algo, que, por observarem com cuidado, por trabalharem até tarde, estudarem e analisarem seus concorrentes, lerem literatura especializada, observarem outras áreas da empresa, pela experiência adquirida em trabalhos anteriores, por sua própria formação, adquiriram novas ideias e experiências que podem ser somadas às suas. Elas sabem não só o que você lhes ensinou, mas algo diferente, que pode aumentar a eficiência de seu serviço, a satisfação de seus clientes e funcionários ou a amplitude de seu mercado. Esses funcionários são raros hoje em dia. Por todos os meios, promova-os aos cargos executivos para os quais se qualificaram. *Crie* os cargos, se necessário. Isso terá um efeito inspirador sobre o restante da equipe, bem como sobre os indivíduos promovidos.

Antes, porém, *avalie-se*. Você dá a seus funcionários a oportunidade de lhe ensinar alguma coisa? E se contratar alguém de fora, vai deixar que lhe ensine? Se não, seus concorrentes, em breve, estarão à sua frente. *Estando dispostas a aprender*, muitas pessoas simples, despretensiosas, cresceram e se tornaram mestres do serviço.

**Passo 7**. Volte ao Passo 3 e continue voltando, a vida toda. "E tudo quanto fizerdes, fazei-o de todo o coração, como ao Senhor, e não aos homens."

# Trechos de *The Magic Ladder to Success*

## Napoleon Hill

### CONTEÚDO

*Introdução*
*A importância de um objetivo definido*
*Autoconfiança*
*O hábito de economizar*
*Iniciativa e liderança*
*Imaginação*
*Entusiasmo*
*Autocontrole*
*O hábito de fazer mais do que se ganha para fazer*
*A personalidade do sucesso*
*Pensamento atento*
*Concentração*
*Cooperação*
*Lucrando com o fracasso*
*Tolerância*
*Usando a regra de ouro para conseguir cooperação*
*As causas do fracasso*
*O mistério do poder do pensamento*

## INTRODUÇÃO

A filosofia das leis do sucesso é um ímã mental para ideias brilhantes.

O real valor destes ensaios não está em suas páginas e sim na reação do leitor ao lê-las. O principal objetivo da filosofia das leis do sucesso é estimular as faculdades imaginativas do cérebro para que prontamente criem ideias novas e úteis para qualquer emergência na vida. E qualquer um que possa criar grandes ideias — como os leitores deste livro tendem a fazer —, acumulará grande poder.

Enquanto lê, sublinhe ou destaque todas as afirmações que lhe trouxerem novas ideias. Esse método servirá para fixar essas ideias em sua mente de modo permanente. Leia estas páginas muitas vezes, e a cada leitura mantenha o hábito de marcar as linhas que inspirarem novas ideias.

Após seguir esse procedimento, um dos grandes mistérios da mente humana se revelará a você. A experiência prova que isso vai colocá-lo diante de uma fonte de conhecimento que só pode ser revelada para aqueles que a descobrirem sozinhos.

Você acaba de receber uma dica sobre a natureza do segredo da filosofia das leis do sucesso.

Se alguém pode ter o que quer sem violar os direitos dos outros, ele possui poder. O único poder real. E todo sucesso é alcançado por meio da aplicação do poder. O ponto de partida, no entanto, pode ser descrito como um desejo ardente de alcançar um objetivo definido e específico.

## A IMPORTÂNCIA DE UM OBJETIVO DEFINIDO

Para ser bem-sucedido em qualquer tipo de empreendimento você precisa ter um objetivo definido pelo qual deseja trabalhar. Precisa ter planos definidos para alcançar esse objetivo. Nada que valha a pena se consegue sem um plano de procedimentos definido, que seja seguido sistematicamente, dia após dia.

O objetivo principal definido se situa no início das leis do sucesso porque, sem ele, as outras leis seriam inúteis. Pois, como pode-

Trechos de *The Magic Ladder to Success*

mos esperar ser bem-sucedidos, ou como podemos saber quando alcançamos o sucesso, se a natureza da realização — a meta — não foi determinada?

Durante os últimos vinte e tantos anos, durante os quais o autor analisou mais de vinte mil pessoas, abrangendo praticamente todas as esferas sociais e profissionais, 95% desses indivíduos fracassaram, por mais surpreendente que isso possa parecer. Isso significa que estavam fazendo apenas o suficiente para existir, e alguns deles nem isso faziam direito. Os outros 5% foram bem-sucedidos, ou seja, estavam fazendo o suficiente para atender a todas as suas necessidades e economizavam dinheiro em prol da independência financeira final.

Agora, o mais significativo dessa descoberta foi que os 5% bem-sucedidos tinham um objetivo principal definido e, também, um plano para atingi-lo. Em outras palavras, aqueles que sabiam o que queriam, e tinham um plano para consegui-lo, foram bem-sucedidos, ao passo que aqueles que não sabiam o que queriam estavam justamente caminhando para lugar nenhum.

Se vender é seu alvo, ou um fluxo constante de clientes pagantes é seu objetivo, métodos claros e definidos de lidar com os clientes, que os façam voltar sempre, devem ser definidos em um plano de ação. Não importa qual seja o plano, o principal é que seja peculiar, e de tal natureza que fique impresso na mente dos clientes de uma forma favorável. Qualquer pessoa pode entregar mercadoria para quem toma a iniciativa de ir comprá-la, mas nem todo mundo possui a arte de entregar, junto com a mercadoria, esse "algo" invisível que faz o cliente voltar outras vezes, querendo mais. É aqui que entra a necessidade de um objetivo e de um plano definido para alcançá-lo.

Em alguns bairros, oficinas mecânicas são tão comuns quanto lojas de conveniência. Pode haver pouca diferença entre a qualidade dos serviços de uma para outra, no entanto, apesar disso, há quem dirija por quilômetros, desviando-se do seu caminho, para levar o carro à sua oficina favorita.

Agora, surge a pergunta: "O que leva essas pessoas a fazerem isso?"

O guia do sucesso e da felicidade

E a resposta é: "As pessoas contratam empresas onde são servidas por aqueles que as cultivam." O que se entende por "cultivar"? É como cultivar uma planta? Sim, mas não fazendo só o essencial, como regá-la. É preciso podá-la, retirar as partes mortas ou danificadas, ficar atento às estações, adubá-la no tempo adequado. Você deve observar se há insetos, e removê-los. Qualquer bom empresário é como um jardineiro. Aquele que conhece seu carro vai notar quando os pneus estiverem carecas ou os cintos gastos, quando for preciso completar o fluido do radiador ou quando o pisca-pisca direito estiver queimado. Assim, e de várias outras maneiras, bons empresários impressionam o cliente por fornecerem um serviço personalizado e de confiança. Tudo isso não "acontece simplesmente". Existe um plano e um propósito definido para isso, e esse propósito é fazer os clientes voltarem. Esta é uma breve definição do que se entende por objetivo principal definido.

Agora vamos nos aprofundar um pouco mais no estudo do princípio psicológico no qual a lei do objetivo principal definido se baseia. O estudo cuidadoso de mais de uma centena de líderes em praticamente todas as esferas da vida revelou o fato de que cada um deles trabalhava com um objetivo principal definido, e, também, um plano definido para sua realização.

A mente humana é como um ímã, que atrai as contrapartidas dos pensamentos dominantes da mente, especialmente daqueles que constituem um objetivo principal definido ou propósito. Por exemplo, se alguém estabelece como objetivo principal definido e como propósito de trabalho diário anunciar a cem novos clientes que comprarão regularmente uma determinada mercadoria ou serviço, imediatamente esse objetivo ou propósito se torna uma influência dominante que conduzirá o dono da empresa a fazer tudo o que for necessário para assegurar esses cem clientes adicionais.

Os fabricantes de automóveis e outras mercadorias muitas vezes estabelecem o que chamam de "cotas", que representam o número de automóveis ou a quantidade de mercadoria que deve ser vendida em cada território. Essas cotas, quando estabelecidas de uma forma clara, constituem o objetivo principal definido para o qual todos os que estão envolvidos na distribuição da mercadoria direcionam

Trechos de *The Magic Ladder to Success*

seus esforços. Raramente alguém deixa de cumprir as cotas estabelecidas, mas é um fato bem conhecido que, se não existissem cotas, as vendas reais seriam muito menores. Em outras palavras, para alcançar o sucesso na venda, ou em praticamente qualquer outra linha de atuação, é preciso criar um alvo no qual atirar, e sem esse alvo os resultados serão fracos.

Há um ponto no qual os pesquisadores do cérebro, físicos, psicólogos, psiquiatras, conselheiros e educadores concordam. Simplificando, é o seguinte: há forte ligação entre os acontecimentos da vida e os pensamentos e as crenças. Portanto, qualquer pessoa com um propósito definido, e com toda a fé em sua capacidade de alcançá-lo, não pode ser derrotada para sempre. Pode haver uma derrota temporária; talvez muitas, mas, fracasso, nunca!

Existe uma maneira de evitar críticas: não seja nada, não faça nada! Arranje um emprego de lavador de pratos e mate sua valiosa ambição. Essa fórmula sempre funciona. Mas se você escolher o caminho do sucesso, o primeiro passo é saber aonde está indo, como pretende seguir seu caminho e quando pretende chegar; o que é só outro jeito de dizer que você deve escolher um objetivo principal definido. Esse objetivo deve ser escrito em linguagem clara, de modo a ser compreendido por você antes que possa ser entendido por qualquer outra pessoa. Se existir algo "nebuloso" em seu objetivo, esse não será o seu objetivo definido. Certo líder bem-sucedido uma vez afirmou que 90% do sucesso de qualquer empreendimento estão em saber o que se quer. Isso é verdade.

No momento em que escrever seu objetivo principal, você estará plantando uma imagem dele em seu inconsciente. Por meio de algum processo que até os cientistas mais esclarecidos ainda não descobriram, a natureza faz com que seu inconsciente use esse objetivo principal como um padrão ou projeto, guiando a maior parte de seus pensamentos, ideias e esforços para a realização desse objetivo.

Essa é uma verdade estranha e abstrata, que não pode ser mensurada nem mesmo meditada; mas é uma verdade!

Você será levado mais além nos mistérios dessa lei estranha quando chegar à lei da imaginação e às outras, logo adiante.

## AUTOCONFIANÇA

A próxima lei do sucesso é a autoconfiança. É um termo autoexplicativo: significa que para alcançar o sucesso você deve confiar em si mesmo. Mas isso não quer dizer que você não tenha limitações. Significa que você faz um inventário de si mesmo, descobre quais são suas qualidades fortes e úteis e, depois, as organiza em um plano de ação definido para atingir seu objetivo principal definido.

Em todas as línguas do mundo, não há uma palavra que tenha o mesmo significado, nem aproximado, da palavra "fé". Ela não se refere necessariamente à fé em um poder superior, mas, se "milagres" existem, são realizados só com o auxílio de uma superfé. A mente cética não é criativa. Pesquise em qualquer lugar e você não vai encontrar um único registro de grandes realizações, em qualquer linha de atuação, que não tenham sido concebidas na imaginação e trazidas para a realidade por meio da fé!

Para ter sucesso é preciso ter fé em sua própria capacidade de fazer o que quer que sua mente tenha concebido. Além disso, você deve cultivar o hábito da fé naqueles que são seus associados, seja em posição de autoridade acima de você, ou o contrário. A razão psicológica para isso será abordada com mais clareza e profundidade na lei da cooperação, mais adiante.

Um objetivo principal definido é o ponto de partida de toda realização notável, mas a autoconfiança é a força invisível que persuade, conduz ou leva adiante, até o objetivo se tornar realidade. Sem autoconfiança nenhuma realização pode ir além da fase de "objetivo", e meros objetivos, em si, não valem nada. Muitas pessoas têm objetivos vagos, mas não chegam a lugar nenhum porque não têm autoconfiança para elaborar planos definidos para alcançá-los.

O medo é o principal inimigo da autoconfiança. Cada pessoa vem a este mundo, em certa medida, amaldiçoada por seis medos básicos, que devem ser dominados antes que ela possa desenvolver autoconfiança suficiente para alcançar um sucesso extraordinário.

Trechos de *The Magic Ladder to Success*

Os seis medos básicos são:

1. Medo da crítica.
2. Medo da doença.
3. Medo da pobreza.
4. Medo da velhice.
5. Medo de perder o amor de alguém (geralmente chamado de ciúme).
6. Medo da morte.

Esse espaço não permite uma longa descrição da origem desses seis medos. Mas, em geral, são adquiridos na primeira infância, por meio da narração de histórias de fantasmas, sobre o "fogo do inferno", e de muitas outras maneiras. O medo da crítica está no topo da lista porque é, talvez, o mais comum e um dos mais destrutivos dos seis. Dizem que o medo de falar em público é o mais comum, e, obviamente, o medo da crítica está no cerne dele. Não importa quão urgente seja a mensagem, ou quanto um emprego ou uma venda dependa dela, as mãos úmidas e a fala hesitante afligem um presidente de conselho e um estudante. (Um remédio clássico que parece neutralizar esse medo paralisante, pelo menos temporariamente, é que o falante imagine seu público nu.) Continua sendo um fato que esse medo é egocêntrico, causado por pura vaidade.

O conhecimento desse medo básico da crítica gera grandes fortunas para os fabricantes de roupas todos os anos, e custa às pessoas tímidas a mesma fortuna, porque a maioria delas não tem a personalidade ou a coragem de usar roupas fora de moda. Até certo ponto, esse medo básico da crítica é usado pelos fabricantes de automóveis, que projetam novos modelos a cada estação, para satisfazer quem procura status e aqueles que precisam ostentar o sucesso.

Antes de conseguir desenvolver a autoconfiança suficiente para dominar os obstáculos que estão entre você e o sucesso, faça um inventário de si mesmo e descubra quantos desses seis medos básicos estão em seu caminho. Poucos dias de estudo, pensamento e reflexão prontamente lhe permitirão apontar os medos ou receios particulares que estão entre você e sua autoconfiança. Depois de descobrir esses inimigos, você poderá facilmente eliminá-los, por meio de um procedimento que será descrito mais adiante.

Os medos da doença, pobreza, velhice e morte são considerados, por alguns remanescentes dos ensinamentos de uma época passada. Embora tais crenças persistam dentre alguns grupos, eram ainda mais comuns antigamente, quando as pessoas aprendiam que a morte pode trazer consigo um mundo feito de fogo e tormento eterno. Existe a possibilidade de que o efeito desse ensinamento tenha chocado de tal forma a sensibilidade da mente humana que o medo ficou embutido na mente inconsciente, e, dessa forma, foi transmitida de pai para filho, mantendo-se vivo de geração em geração. Cientistas divergem quanto à extensão da possibilidade de esses medos serem transmitidos de pai para filho por meio da hereditariedade física. Mas todos concordam com o seguinte: a discussão dessas questões na presença de uma criança é suficiente para plantar o impulso do medo em seu inconsciente, onde nada além de uma resolução forte e uma grande fé em oposição à crença na coisa temida pode eliminar os danos causados.

O medo de perder o amor de alguém (ciúme) é um resquício dos dias da selvageria humana, quando era nosso hábito roubar o companheiro do outro à força. A prática de roubar o companheiro do outro ainda existe, em certa medida, mas agora o roubo é feito por novos tipos de tentações: um ouvido solidário, muita intimidade no escritório, um presente atencioso, um bom jantar. O cônjuge não pode mais ser arrastado para uma caverna por um pretendente empunhando uma clava, mas as pessoas muitas vezes sentem, intuitivamente, o mesmo perigo da pré-história. Assim, o medo de perder o amor (ou ciúme) tem base biológica, e também econômica, para existir. O ciúme é uma forma de insanidade, porque, muitas vezes, existe sem a menor razão de ser, frequentemente relacionado à paranoia. Apesar disso, esse medo provoca sofrimento, aborrecimento e fracassos indescritíveis neste mundo. Entender sua natureza e como ele se manifesta em nós é um passo na direção para dominá-lo.

Aquele que estuda essa filosofia deve fazer certa quantidade de leitura complementar, selecionar biografias de pessoas que alcançaram um sucesso extraordinário, porque, certamente, revelam que esses líderes já passaram por praticamente todo tipo imaginável de derrota temporária. No entanto, apesar dessas experiências desanimadoras, desenvolveram autoconfiança suficiente que os capacitou para vencer todos os obstáculos do caminho.

Entre os livros clássicos desse tipo recomendados estão *Compensation*, de Ralph Waldo Emerson, e *The Age of Reason*, de Thomas Paine. Esses dois livros históricos, sozinhos, contribuem para trazer o conceito de autoconfiança ao nosso alcance. Fazem com que seja mais fácil entender por que há poucas impossibilidades na vida, se é que existe alguma.

## O HÁBITO DE ECONOMIZAR

É uma confissão delicada, mas é verdadeira: uma pessoa pobre não tem chance de ser considerada um sucesso notável a menos que a pobreza seja planejada e proposital. Nesse caso, é simplicidade voluntária, e isso é assunto para outro livro. Pode ser verdade, e talvez seja, que o dinheiro não significa sucesso, mas, a não ser que você o tenha ou possa administrá-lo em seu dia a dia, não vai chegar longe, não importa qual seja seu objetivo principal definido. Como os negócios são conduzidos atualmente — e como se encontra a civilização hoje, em geral —, o dinheiro é absolutamente essencial para o sucesso, e não existe uma fórmula conhecida de independência financeira, exceto a que está ligada, de uma forma ou de outra, à economia sistemática.

A quantia poupada todas as semanas ou todos os meses não tem grande importância, desde que a poupança seja regular e sistemática. Isso é verdade porque o hábito de economizar acrescenta algo às outras qualidades essenciais para o sucesso, que não pode ser obtido de nenhuma outra maneira.

É duvidoso que qualquer pessoa possa desenvolver a autoconfiança até o ponto mais alto sem a proteção e a independência dos que têm dinheiro guardado e ainda economizam. Saber que temos dinheiro no banco dá uma fé e uma autoconfiança que não podem ser obtidas de outra maneira.

Pessoas sem dinheiro são mais facilmente exploradas e reprimidas; estão à mercê de qualquer um que pretenda explorá-las ou roubá-las. Se aquele que não poupa e, portanto, não tem dinheiro, oferece um serviço personalizado, não tem alternativa senão aceitar o que o comprador quiser dar. Se surgir uma oportunidade de um negócio lucrativo, não será de nenhum proveito para quem não tem dinheiro nem crédito, e devemos ter em mente que o crédito geralmente é baseado na quantidade de dinheiro que a pessoa tem, ou seu equivalente.

Quando a filosofia da lei do sucesso foi criada, a economia não foi incluída como uma das leis. Como resultado, milhares de pessoas que experimentaram essa filosofia descobriram que ela os levava a chegar muito perto do objetivo e, então, suas esperanças se despedaçavam. Durante anos procurei a razão pela qual essa filosofia não atendia sua finalidade. Com muito tempo de experimentação e pesquisa, finalmente se descobriu que faltava uma lei, que era a do hábito de poupar.

Quando essa lei foi acrescentada, os seguidores da filosofia da lei do sucesso começaram a prosperar, sem exceção, e a essa altura incontáveis milhões já usaram a filosofia para obter sucesso, e nem um único caso de fracasso foi relatado.

O montante de sua renda pouco importa, se você não poupar sistematicamente parte dela. Uma renda de 10 milhões por ano não é melhor que uma de 10 mil, a menos que uma parte seja poupada. Aliás, uma renda de 10 milhões pode servir muito menos para quem a recebe que um rendimento bem menor, se o valor total se dissipar em despesas, porque a maneira como o dinheiro é gasto pode muito bem comprometer a saúde financeira e destruir as chances de alcançar o sucesso.

Milhões de pessoas leram histórias sobre as maravilhosas realizações de Henry Ford e sua grande riqueza, mas, certamente, nenhuma delas se deu o trabalho de pensar o suficiente para determinar a verdadeira base do sucesso de Ford.

Em um teste que eu criei, quinhentas pessoas receberam um esboço dos 12 fundamentos que, em grande parte, foram responsáveis pelo sucesso da Ford. Nesse esboço salientou-se que a quantia de

Trechos de *The Magic Ladder to Success*

dinheiro obtida a cada ano com o lixo retirado das fábricas da Ford chegava a cerca de 600 mil dólares.

Nenhuma das quinhentas pessoas deu qualquer importância a esse fato. Nenhuma das quinhentas descobriu — ou, se descobriu, não mencionou — o fato de que Ford sempre foi um poupador sistemático de recursos.

Sabemos muito sobre os hábitos de consumo dos americanos, mas pouco sobre o hábito da poupança, que é o mais importante. Woolworth construiu um dos mais altos arranha-céus do mundo em sua época e acumulou uma fortuna de mais de 100 milhões de dólares guardando as moedas de 10 centavos que milhões de americanos jogavam fora. O hábito de gastar dinheiro é uma mania para a maioria das pessoas, e as faz trabalhar duro todos os dias da vida.

Testes mostram, de forma conclusiva, que a maioria dos empresários não fornece recursos às pessoas que não têm o hábito de economizar dinheiro, nem mesmo os coloca em posições que envolvem outros tipos de responsabilidades. O hábito de poupar é a melhor recomendação de qualquer pessoa, em qualquer posição.

O falecido James J. Hill (que foi bem-preparado para falar com autoridade sobre o assunto) dizia que há uma regra segundo a qual qualquer um pode determinar se uma pessoa vai ter sucesso na vida. Dizia que a regra vinha na forma de um hábito necessário: economizar dinheiro sistematicamente.

## INICIATIVA E LIDERANÇA

Todas as pessoas podem ser encaixadas em uma de duas categorias gerais. A primeira é a dos líderes e a outra, de seguidores. Os "seguidores" não alcançam sucesso notável com frequência, e só o conseguem quando abandonam as fileiras e se tornam "líderes".

Uma noção equivocada está sendo transmitida pelo mundo entre certo tipo de pessoas, que diz que os indivíduos são pagos pelo que sabem. Isso é só parcialmente verdadeiro, e como todas as demais meias-verdades, causa mais dano que a mais óbvia mentira.

A verdade é que as pessoas são pagas não só pelo que sabem, mas, mais especificamente, pelo que elas fazem com o que sabem, ou pelo que levam os outros a fazer. Sem iniciativa, ninguém se tornará bem-sucedido, não importa o que considere como sucesso, porque não vai fazer nada fora do comum, só o trabalho medíocre exigido, para ter um lugar onde dormir, o que comer e roupas para vestir. Essas três necessidades podem ser atendidas sem a ajuda da iniciativa e da liderança, mas no momento em que as pessoas põem na cabeça que precisam ter mais que as necessidades básicas da vida atendidas, têm de cultivar os hábitos de iniciativa e liderança, ou, então, se encontrarão cercadas por um muro de pedra.

O primeiro passo, essencial para o desenvolvimento de iniciativa e liderança, é criar o hábito de tomar decisões rápidas e firmes. Todas as pessoas bem-sucedidas têm certa dose de poder de decisão. Quem hesita entre duas opções mais ou menos vagas sobre o que quer fazer geralmente acaba não fazendo nada.

Mas não é suficiente ter um objetivo principal definido e um plano para alcançá-lo, mesmo que ele seja perfeitamente prático e você tenha toda a habilidade necessária para segui-lo com êxito. Você precisa mais que isso. Precisa realmente tomar a iniciativa e colocar seu plano em funcionamento, e mantê-lo em execução até que seu objetivo seja alcançado.

Analise as pessoas fracassadas (você vai encontrar muitas ao seu redor) e observe que, sem uma única exceção, elas não têm firmeza de decisão, inclusive em questões de menor importância. Essas pessoas costumam "falar" muito, mas deixam a desejar na "ação". "Ações, não palavras" deve ser o lema de quem pretende ter sucesso na vida, não importa qual seja sua vocação ou seu objetivo principal definido. Nada é tão ruim ou terrível quando se toma a decisão de enfrentar as consequências.

Líderes proeminentes e bem-sucedidos são sempre pessoas que tomam decisões rapidamente. Mas não devemos presumir que decisões rápidas são sempre aconselháveis. Certas circunstâncias exigem deliberação, estudo dos fatos relacionados com a decisão etc. No entanto, depois que todos os fatos disponíveis forem reunidos e organizados, não haverá desculpa para adiar a decisão, e a pessoa

## Trechos de *The Magic Ladder to Success*

que pratica o hábito de divergir não pode se tornar um líder eficaz até que essa fraqueza seja dominada.

Júlio César tinha muita vontade de conquistar os exércitos de outro país, mas vacilou porque não tinha certeza da lealdade de seu próprio exército. Por fim, decidiu criar um plano que assegurasse essa lealdade. Embarcando seus soldados em navios, ele partiu para as margens inimigas, desembarcou o pessoal e os instrumentos de guerra e, em seguida, deu ordem para que todos os navios fossem queimados. Voltando-se para seus generais, disse: "Agora, é vencer ou morrer! Não temos escolha! Avise seus homens, e que eles saibam que é a vida de nossos inimigos ou a nossa." Travaram a batalha e venceram. Júlio César foi vitorioso porque fez com que todos os seus soldados optassem pela decisão de vencer!

Grant disse: "Vamos lutar nestas linhas, mesmo que leve o verão todo", e apesar de suas deficiências, decidiu ficar e venceu!

Quando um de seus marinheiros perguntou o que fazer se não visse sinais de terra no dia seguinte, Colombo respondeu: "Se não virmos terra nenhuma amanhã, vamos continuar navegando." Ele também tinha um objetivo principal definido, um plano traçado para ser alcançado, e a decisão tomada de não recuar.

Sabemos que muitas pessoas não conseguem fazer seu melhor enquanto não estão com a corda no pescoço, sob a pressão da necessidade mais urgente. O perigo iminente leva as pessoas comuns a desenvolver coragem e força física e mental sobre-humanas em uma proporção muito além da normalmente utilizada.

Napoleão, pego de surpresa quando descobriu que havia uma vala profunda camuflada à frente da linha de marcha de seus exércitos, deu ordem para que sua cavalaria atacasse. Esperou até que os cadáveres de homens e cavalos enchessem a vala, e a seguir mandou que seus soldados marchassem até o outro lado, desse modo vencendo o inimigo. Isso exigiu uma decisão séria; imediata. Um minuto de hesitação e ele teria sido cercado pelo inimigo e capturado. Ele fez o inesperado, o "impossível", e conseguiu o que queria.

Na área de vendas, quase todos os vendedores já ouviram a frase "Vou pensar e volto depois", o que na verdade significa "Não quero comprar, mas me falta coragem para chegar a uma decisão definitiva e falar francamente". Sendo um líder e compreendendo o valor da iniciativa, o verdadeiro vendedor não aceita isso como resposta. Ele começa imediatamente a ajudar o cliente no processo de "pensar", e em pouco tempo o trabalho está concluído e a venda, feita.

## IMAGINAÇÃO

Ninguém nunca realizou nada, nada jamais foi feito, nenhum plano já desenvolvido nem um objetivo principal definido, sem o uso da imaginação! Tudo já criado ou construído foi, primeiro, mentalmente visualizado pela imaginação!

Na oficina da imaginação podemos pegar ideias bem conhecidas, ou conceitos, ou partes de ideias, e combiná-los com outras ideias, velhas, ou partes delas, e com essa combinação criar algo novo. Esse processo é o princípio mais importante de toda invenção.

Podemos ter um objetivo principal definido e um plano para alcançá-lo, podemos possuir autoconfiança em abundância, podemos ter o hábito de poupar altamente desenvolvido e muita iniciativa e liderança, mas, se faltar o elemento imaginação, essas outras qualidades serão inúteis, pois não haverá força motriz para modelar seu uso. Todos os planos são criados na oficina da imaginação, e sem esses planos nenhuma realização é possível, a não ser por mero acidente.

Ideias são valiosas em qualquer negócio, e aquele que se aplica no cultivo do poder da imaginação — onde as ideias nascem — encontra, mais cedo ou mais tarde, a si mesmo dirigindo-se ao sucesso financeiro, apoiado por imenso poder. Ninguém precisa se sentir intimidado por esse conceito, porque, na verdade, não existe nada absolutamente novo! Tudo que parece ser novo não é mais que uma combinação de ideias ou elementos de algo velho. Isso é, literalmente, verdade na criação de planos de negócios, na invenção, na fabricação de metais e em tudo mais criado pela humanidade.

Aquilo que se conhece como uma patente "básica", ou seja, que abrange princípios realmente novos e até então desconhecidos, raramente aparece no escritório de registro de patentes. A maioria das centenas de milhares de patentes solicitadas e concedidas a cada ano envolve nada mais que um novo arranjo ou combinação de princípios antigos e bem conhecidos que vêm sendo utilizados de outras maneiras e para outros fins.

Para cultivar a imaginação, para que ela acabe sugerindo ideias por iniciativa própria, você deve manter um registro de todas as ideias úteis, engenhosas e práticas que vê em uso em outras áreas de atuação, fora de sua própria ocupação, bem como as relacionadas ao seu próprio trabalho. Comece com uma caderneta comum e anote cada ideia, conceito ou pensamento que lhe pareça ter uso prático, e, em seguida, pegue tudo e transforme em novos planos. Aos poucos, virá o tempo em que os poderes de sua própria imaginação irão ao depósito de seu inconsciente — onde todo o conhecimento que você já reuniu está armazenado — e arranjarão tudo isso em novas combinações, lhe entregando os resultados na forma de ideias totalmente novas, ou que parecerão novas.

Esse procedimento é prático porque tem sido seguido com sucesso por alguns dos líderes, inventores e empresários mais famosos.

"Tudo que você puder imaginar é real", disse Picasso.

Vamos definir aqui a palavra imaginação como "a oficina da mente onde podem ser montados, em combinações novas e diferentes, todas as ideias, pensamentos, planos, fatos, princípios e teorias que a humanidade conhece". Uma simples combinação de ideias, que pode ser apenas partes de ideias antigas e bem conhecidas, pode valer desde alguns centavos a alguns milhões. A imaginação é a única faculdade que não tem preço ou valor. É a mais importante das faculdades da mente, pois é onde todas as nossas motivações ganham o impulso necessário para se transformar em ação.

O sonhador, que só faz sonhar, usa a imaginação, também. Mas ele está aquém de utilizar essa grande faculdade de forma eficiente, porque falta o impulso de pôr os pensamentos em prática. É aqui que a iniciativa entra em ação; mesmo conhecendo as leis do sucesso e entendendo-as, as ideias por si só são inúteis se não forem concretizadas.

O sonhador que cria ideias práticas deve embasá-las em três das leis precedentes, a saber:

1.  Importância de um objetivo principal definido.
2.  Autoconfiança.
3.  Iniciativa e liderança.

Sem a influência dessas três leis ninguém pode colocar pensamentos e ideias em ação, mesmo que o poder de sonhar, imaginar e criar seja altamente desenvolvido.

Ter sucesso na vida é problema seu! Como? Isso é algo que você deve responder sozinho, mas, no geral, deve proceder mais ou menos da seguinte forma:

1.  Adote um propósito definido e crie um plano para alcançá-lo.
2.  Tome a iniciativa e comece a colocar o plano em ação.
3.  Sustente sua iniciativa com a autoconfiança e a fé em sua capacidade de concluir seu plano com êxito.

Não importa quem você é, o que faz, qual é o seu rendimento ou quão pouco dinheiro tem. Se tiver uma mente saudável e for capaz de usar a imaginação, você poderá, gradualmente, conquistar um espaço que lhe gerará respeito e lhe dará todos os bens materiais que necessita. Não há nenhum truque nisso. O procedimento é fácil: você pode começar com uma ideia, um plano ou um propósito elementar muito simples e, gradualmente, desenvolvê-lo, até se tornar algo mais impressionante.

O que fazer caso sua imaginação não esteja suficientemente desenvolvida neste momento para que você crie alguma invenção útil? Comece exercendo essa faculdade de qualquer maneira, usando-a para criar formas e meios de melhorar os métodos utilizados em seu trabalho atual, seja ele qual for. Sua imaginação vai se fortalecer à medida que você a comandar e direcionar ao uso. Olhe ao redor e você vai encontrar muitas oportunidades de exercitar a imaginação. Não espere que alguém lhe mostre o que fazer, mas use sua visão e deixe que a imaginação sugira o que fazer. Não espere que alguém

## Trechos de *The Magic Ladder to Success*

lhe pague para usar a imaginação! Sua verdadeira recompensa será torná-la mais forte cada vez que você a usar de forma construtiva na criação de novas combinações de ideias. Se mantiver essa prática, logo virá o tempo em que seus serviços serão procurados avidamente, por um preço justo.

Você pode achar que um cabeleireiro de um salão de beleza unissex, por exemplo, tem pouca oportunidade para usar a imaginação. Nada poderia estar mais longe da verdade. Na realidade, quem trabalha em um lugar assim pode exercitar a imaginação da melhor forma, atendendo cada cliente que entrar no salão de tal modo que ele volte sempre. Além disso, o cabeleireiro pode dar um passo adiante e encontrar formas de conseguir um novo cliente a cada dia, ou uma vez por semana, ou uma vez por mês, e, assim, em pouco tempo, aumentar significativamente a renda do salão. Mais cedo ou mais tarde, quem praticar esse tipo de exercício de imaginação, com o suporte da autoconfiança e da iniciativa, além de um objetivo principal definido, criará, com certeza, um novo plano, que vai atrair novos clientes para o salão de todos os lugares, e, então, estará na grande estrada para o sucesso.

Uma análise completa de todas as profissões revela que o ramo mais rentável em todo o planeta é o de vendas. Uma pessoa dotada de mente e imaginação férteis cria uma invenção útil, mas pode ser incapaz de comercializá-la, então, talvez tenha de oferecê-la por um valor baixo, como ocorre muitas vezes. Mas quem tiver capacidade de comercializar a invenção poderá (e geralmente consegue) fazer uma fortuna com ela.

Quem for capaz de criar planos e ideias que façam o número de clientes, de qualquer negócio, aumentar constantemente, e que for capaz de deixar todos os clientes satisfeitos, está no caminho para o sucesso, independente do produto ou serviço oferecido.

Não é o objetivo deste breve esboço da filosofia da lei do sucesso mostrar o que e como você deve fazer, e sim listar as regras gerais de procedimento aplicadas em todos os empreendimentos bem-sucedidos, para que qualquer pessoa possa compreendê-las. Elas são simples e facilmente seguidas por qualquer um.

## ENTUSIASMO

O verdadeiro significado de "entusiasmo" dá a essa qualidade uma importância que ultrapassa de longe a animação de torcida que essa palavra também nos traz à mente. De raiz grega, significa "inspiração", e contém nada menos que a palavra do Criador. Aqueles que o sentem, naturalmente, são afortunados de verdade.

Parece mais que mera coincidência que as pessoas mais bem-sucedidas em todas as esferas da vida, e em especial na área de vendas, sejam do tipo entusiasmado. O entusiasmo é uma força motriz que não só dá maior poder a quem o tem, como também é contagioso e afeta a todos a quem atinge. O entusiasmo no trabalho que fazemos não permite que o achemos chato. Observou-se que mesmo pessoas que exercem o penoso trabalho de escavação podem acabar com a monotonia de seu trabalho cantando enquanto cavam.

É um fato bem conhecido que é mais fácil para as pessoas serem bem-sucedidas quando trabalham com o que mais gostam, e por isso, facilmente, se sentem entusiasmadas com o trabalho. O entusiasmo é também a base da imaginação criativa. Quando a mente vibra em um nível elevado, é receptiva aos altos níveis semelhantes de vibração de fontes externas, o que proporciona, assim, uma condição favorável para a imaginação criativa. Observa-se que o entusiasmo tem importante papel em outros princípios, que constituem a filosofia da lei do sucesso: na imaginação, na mente atenta e na personalidade do sucesso.

O entusiasmo, para ter valor, deve ser controlado e dirigido a determinados fins. Quando descontrolado, pode ser — e normalmente é — destrutivo. Convém que a lei seguinte, do autocontrole, seja mencionada logo depois do entusiasmo, pois é necessário muito equilíbrio para dominá-lo.

## AUTOCONTROLE

A falta de autocontrole já provocou tristeza para mais pessoas que qualquer outra fraqueza conhecida da raça humana. Esse mal se manifesta, em um momento ou outro, na vida de todo mundo.

Qualquer pessoa de sucesso deve ser munida de um nivelador de emoções. Quando as pessoas "perdem a cabeça", algo acontece no cérebro que precisa ser compreendido melhor. Quando ficamos extremamente irritados, certas glândulas ativadas por emoções negativas começam a esvaziar seu conteúdo no sangue, e se isso se mantiver por muito tempo, a quantidade será suficiente para causar sérios danos a todo o sistema.

Mas também há outras razões pelas quais se deve desenvolver o autocontrole. Por exemplo, o indivíduo que não tem autocontrole pode facilmente ser dominado por alguém que tenha, e levado a dizer ou fazer o que mais tarde pode causar constrangimentos. O sucesso na vida é, em grande parte, uma questão de negociação harmoniosa com outras pessoas, e isso requer muito autocontrole.

Certa vez, observei uma longa fila de pessoas irritadas diante do balcão de atendimento de uma grande loja de departamentos de Chicago. De longe percebi que a jovem que ouvia as queixas se mantinha docemente calma e sorria o tempo todo, apesar dos insultos de alguns clientes . Um a um, essa jovem dirigiu os clientes ao departamento correto, e com tal postura que fez com que eu me aproximasse para ver o que estava acontecendo.

Parada atrás do balcão de atendimento estava outra jovem, que também ouvia os clientes, fazia anotações e as passava sobre o ombro da atendente.

Essas anotações continham a essência de todas as queixas, menos o sarcasmo e abuso da pessoa que fazia a reclamação. Acontece que a moça do balcão era surda! Ela recebia as informações que necessitava por sua assistente, atrás dela. O gerente da loja disse que esse foi o único sistema que encontrou que lhe permitiu operar corretamente a central de atendimento ao cliente, pois os nervos humanos não eram fortes o bastante para ouvir linguagem ofensiva o dia todo, dia após dia, sem fazer o ouvinte ficar irritado, perder o autocontrole e responder mal às pessoas.

Uma pessoa irritada sofre de um grau de insanidade temporária, e, portanto, dificilmente é capaz de negociar diplomaticamente com os outros. Por essa razão, quem não tem autocontrole é uma vítima fácil de quem tem. Ninguém pode se tornar poderoso sem primeiro controlar a si mesmo.

O autocontrole também proporciona equilíbrio à pessoa otimista demais. cujo entusiasmo precisa ser checado, pois é possível que ela fique excessivamente entusiasmada, a ponto de incomodar a todos ao redor.

## O HÁBITO DE FAZER MAIS DO QUE SE GANHA PARA FAZER

Essa lei é uma pedra no caminho que já destruiu muitas carreiras promissoras. Há uma inclinação geral entre muita gente de fazer apenas o mínimo para sobreviver. Mas, estudando essas pessoas atenciosamente, observamos que, na verdade, embora possam "se virar" temporariamente, não conseguem nada além disso.

Há duas razões principais pelas quais todas as pessoas bem-sucedidas devem praticar esta lei:

1. Assim como um braço ou uma parte do corpo fica mais forte na exata proporção de sua utilização, a mente fica mais forte com o uso. Ao fazer a maior quantidade possível de tarefas, as faculdades utilizadas para realizá-las acabam ficando mais fortes e precisas.
2. Ao fazer mais do que aquilo pelo que é pago, você estará chamando atenção de forma positiva, e não vai demorar muito até que seja procurado com ofertas impressionantes por seus serviços — haverá um mercado contínuo para eles.

"Faça, e você terá o poder", disse Ralph Waldo Emerson, nosso maior filósofo atual.

Isso é literalmente verdade! A prática leva à perfeição. Quanto melhor você fizer seu trabalho, mais apto se tornará a fazê-lo, e isso, com o tempo, vai levá-lo a tal perfeição que você vai ter poucos — se tiver algum — concorrentes em seu campo de atuação.

Ao prestar mais e melhor serviço que aquele para o qual é pago, você tira proveito da lei de retornos crescentes, e acabará sendo pago, de uma forma ou de outra, por muito mais serviço do que realmente oferecer. Isso não é mera teoria inventiva. Realmente funciona nos testes mais práticos.

Não pense, no entanto, que a lei sempre funciona instantaneamente. Você pode prestar mais e melhor serviço do que deveria por alguns dias, e depois interromper a prática e voltar ao velho hábito de fazer só o mínimo necessário para sobreviver, e os resultados de modo algum o beneficiarão. Mas se adotar o hábito como parte de sua filosofia de vida e ficar conhecido por todos como quem presta esse serviço por escolha — não por acaso, mas com deliberada intenção —, em breve você verá disputa por seu serviço.

Você vai notar que não é fácil encontrar muitas pessoas que prestam esse serviço, o que é o melhor para você, porque vai se destacar dentre praticamente todas as outras pessoas que fazem um trabalho semelhante ao seu. A lei do destaque é poderosa, e você pode lucrar com ela.

Algumas pessoas usam o fraco, mas famoso, argumento de que não vale a pena prestar mais e melhor serviço além do que se é pago para fazer porque ninguém reconhece. Dizem, ainda, que trabalham para pessoas egoístas que não reconhecem o serviço.

Maravilha! Quanto mais egoísta for um empregador, mais estará inclinado a continuar a empregar uma pessoa que faz questão de prestar esse serviço diferenciado, tanto em quantidade quanto em qualidade. Esse egoísmo vai impulsionar tais patrões a reconhecer esses serviços. No entanto, se o empregador vir a ser a proverbial exceção — aquele que não tem visão suficiente para analisar seus empregados —, então é só uma questão de tempo até que todos os que prestam serviço a ele atraiam a atenção de outros empresários, que terão prazer em recompensá-los.

O estudo cuidadoso da vida de indivíduos bem-sucedidos mostrou que praticar apenas essa lei fielmente trouxe a compensação pela qual em geral se mede o sucesso. Se eu tivesse que escolher uma das leis de sucesso como a mais importante, se tivesse que me desfazer de todas as outras, sem um instante de hesitação eu escolheria essa: prestar mais e melhor serviço além daquilo pelo que me pagam.

## A PERSONALIDADE DO SUCESSO

A personalidade do sucesso é agradável, não antagoniza. Ela não pode ser definida em meia dúzia de palavras, pois representa a soma total de todas as características da pessoa, boas e ruins.

Sua personalidade é totalmente diferente de qualquer outra. É a junção de suas qualidades, emoções, características, aparência etc. que o distingue de todas as outras pessoas da Terra.

Suas roupas são parte importante de sua personalidade: o modo como você as usa, a harmonia de cores que escolhe, a qualidade e muitos outros detalhes indicam muito daquilo que é intrinsecamente parte de sua personalidade. Psicólogos afirmam que podem analisar com precisão qualquer pessoa, em muitos aspectos importantes, deixando-a solta em uma loja de roupas que venda grande variedade, com instruções para ela escolher livremente.

A expressão facial, mostrada pelas linhas de nosso rosto, ou pela falta delas, constitui parte determinante da personalidade. A voz, o tom, o timbre, o volume, e a linguagem que usamos também são, porque nos marcam instantaneamente, depois de falarmos, como uma pessoa refinada ou o contrário.

Nosso aperto de mão constitui parte importante da personalidade. Se ao cumprimentar você oferece uma mão fraca e sem vida, como um peixe morto, revela uma personalidade sem nenhum sinal de entusiasmo ou iniciativa.

Em geral, a personalidade agradável pode ser encontrada na pessoa que fala de forma gentil e delicada, escolhe palavras refinadas, que não ofendam, usa um tom calmo de voz; escolhe roupas de estilo e cores, que se harmonizam de forma apropriada. Encontra-se em alguém que é altruísta e não só disposto, mas desejoso de servir aos outros; que é amigo de todos, ricos e pobres, independente da política, crença e profissão. A personalidade agradável pertence a alguém que se abstém de falar mal de outras pessoas, com ou sem justa causa; que consegue conversar sem ser atraído para assuntos vulgares ou discussões inúteis sobre temas polêmicos, como religião e política. Encontra-se em alguém que vê tanto o bom quanto o ruim nas pessoas, mas é tolerante com o segundo; que procura não mudar nem repreender os outros; que sorri com frequência, com sinceridade. A personalidade agradável é uma característica de quem ama música e crianças pequenas; que tem compaixão por todos que estão em apuros e perdoa atos de crueldade; que voluntariamente concede aos outros o direito de fazer o que quiserem, desde que não interfiram nos direitos de ninguém. Encontra-se em alguém que sinceramente se esforça para ser construtivo em cada pensamento e ação; que incentiva os outros e os estimula para maior e melhor desempenho no trabalho que escolheram.

Uma personalidade agradável pode ser adquirida por qualquer pessoa que tenha vontade de aprender a negociar seu caminho pela vida sem atrito, com o objetivo de ficar bem com os outros, em paz e tranquilidade.

Um dos homens mais conhecidos e bem-sucedidos dos Estados Unidos uma vez disse que preferiria uma personalidade agradável, como definida nestas páginas, ao diploma que lhe foi conferido, mais de cinquenta anos atrás, pela Universidade de Harvard. Em sua opinião, um homem poderia fazer mais com uma personalidade agradável do que com um diploma universitário, mas sem ela.

O desenvolvimento de uma personalidade agradável exige o exercício de autocontrole, porque haverá muitos incidentes e muitas pessoas testarão sua paciência e destruirão suas boas resoluções. Mas a recompensa é digna do esforço, porque aquele que possui uma personalidade agradável se destaca da maioria das pessoas, com tanta coragem, que suas qualidades agradáveis se tornam ainda mais pronunciadas.

O guia do sucesso e da felicidade

Quando Abraham Lincoln era jovem, ouviu dizer que um grande advogado, conhecido por ser um orador impressionante, ia defender um cliente acusado de assassinato a cerca de 64 quilômetros de sua casa. Ele andou por toda essa distância para ouvir o homem, que era um cativante orador sulista. Depois de ouvir o discurso do homem, que já saía do tribunal, Lincoln foi em sua direção, no corredor, estendeu a mão áspera e disse: "Eu andei 64 quilômetros para ouvi-lo, e andaria 100 para ouvi-lo novamente." O advogado olhou para o jovem Lincoln, torceu o nariz, e de uma forma arrogante saiu, sem responder.

Anos mais tarde os dois se encontraram de novo, dessa vez na Casa Branca, onde esse mesmo advogado havia ido para interceder junto ao presidente dos Estados Unidos em nome de um homem que havia sido condenado à morte. Lincoln ouviu pacientemente tudo que o advogado tinha a dizer, e quando o homem acabou de falar, ele disse: "Vejo que você não perdeu nada de sua eloquência desde que eu o ouvi pela primeira vez, defendendo um assassino, anos atrás; mas você mudou consideravelmente de outras formas, porque agora você parece ser um cavalheiro refinadamente polido, e essa não foi a impressão que tive de você em nosso primeiro encontro. Talvez eu tenha cometido uma injustiça, pela qual agora peço perdão. Enquanto isso, vou assinar o indulto para seu cliente, e ficamos quites."

O rosto do advogado ficou branco e vermelho, e ele gaguejou um breve pedido de desculpas! Por falta de uma personalidade agradável em seu primeiro encontro com Lincoln, ele foi acusado de uma conduta que poderia ter lhe custado caro se o incidente houvesse ocorrido com alguém menos caridoso que o grande Lincoln.

Dizem, e talvez com razão, que a "cortesia" representa a característica mais valiosa da raça humana. Cortesia não custa nada, mas gera lucros maravilhosos se praticada como hábito, com espírito sincero.

Um jovem amigo meu trabalhava como frentista em um posto de abastecimento pertencente a uma grande corporação. Um dia, um carro grande chegou ao posto e o passageiro desceu, enquanto o motorista dizia ao frentista qual combustível queria. No tempo em

## Trechos de *The Magic Ladder to Success*

que a bomba de combustível trabalhava, o rico passageiro puxou conversa com meu jovem amigo:

— Você gosta de seu trabalho? — perguntou.

— Se eu gosto disto? — respondeu o jovem. — Gosto tanto quanto um cachorro gosta de gato.

— Bem — disse o estranho —, se não gosta de seu trabalho, por que trabalha aqui?

— Estou só esperando por algo melhor para sair — foi a rápida resposta.

— Quanto tempo você acha que vai ter de esperar? — perguntou o homem.

— Não sei quanto tempo, mas espero que em breve eu saia, porque não há oportunidades aqui para alguém brilhante como eu. Porque eu tenho ensino médio completo e posso conseguir um cargo melhor.

— Ah, é? — disse o estranho. — E se agora eu lhe oferecesse um emprego melhor que este, você seria melhor do que é agora?

— Isso eu não sei — respondeu o frentista.

— Bem — respondeu o estranho —, permita-me lhe oferecer uma sugestão: melhores cargos, em geral, vêm para aqueles que estão preparados para assumi-los. Mas eu não acho que você esteja pronto para um emprego melhor; pelo menos não enquanto tiver essa mentalidade. Talvez haja uma grande oportunidade para você exatamente onde está. Permita que lhe recomende...

E, então, ele recomendou um livro motivacional daquele ano.

— Isto pode lhe dar uma ideia que será útil para você por toda a vida.

O estranho entrou em seu automóvel e foi embora. Ele era o presidente da empresa proprietária do posto de abastecimento. O jovem estava conversando com seu empregador sem saber, e cada palavra que pronunciou eliminou suas chances de atrair atenção favorável.

Mais tarde esse mesmo posto de gasolina foi colocado sob o comando de outro jovem, e é um dos postos de serviço mais rentáveis operados por essa empresa. É, basicamente, o mesmo de antes de ser entregue à nova gestão. Sua loja de conveniência é exatamente a mesma. Os preços cobrados são os mesmos, mas a personalidade do indivíduo que atende àqueles que se dirigem a esse posto de serviço não é a mesma.

Praticamente, todo o sucesso na vida depende, em última análise, da personalidade. Uma disposição desagradável pode estragar as chances da pessoa mais estudada, o que acontece com frequência.

O que se segue é uma descrição condensada dos principais fatores que servem como base de uma personalidade agradável:

1. Modo de apertar a mão ao cumprimentar.
2. Vestuário e postura do corpo.
3. Voz: tom, volume e qualidade.
4. Diplomacia.
5. Sinceridade em seus propósitos.
6. Escolha e adequação de palavras.
7. Postura.
8. Altruísmo.
9. Expressão facial.
10. Pensamentos dominantes (porque ficam registrados na mente de outras pessoas).
11. Entusiasmo.
12. Honestidade (intelectual, moral e financeira).
13. Carisma.

Se você quiser tentar uma experiência interessante e talvez benéfica, analise a si mesmo e dê-se uma nota para cada um desses 13 fatores de uma personalidade agradável. Uma avaliação atenta desses pontos pode facilmente levá-lo a observar fatos que lhe permitam eliminar falhas que tornam o sucesso impossível.

Também será uma experiência interessante se você cultivar o hábito de analisar as pessoas que conhece intimamente, medindo-as pelos 13 pontos aqui descritos. Esse hábito, com o tempo, vai ajudá-lo a encontrar nos outros as causas tanto de sucesso como de fracasso.

## PENSAMENTO ATENTO

A arte de pensar de maneira atenta não é difícil de adquirir, mas certas regras definidas devem ser seguidas. Para pensar dessa forma a pessoa deve seguir pelo menos dois princípios básicos:

1. O pensamento atento demanda que se separem os fatos da mera informação.
2. Os fatos, uma vez determinados, devem ser separados em duas classes; importantes e sem importância, ou irrelevantes.

Uma pergunta surge naturalmente: "O que é um fato importante?" E a resposta é: "Um fato importante é qualquer um que seja essencial para a realização de seu objetivo principal definido, ou que possa ser útil ou necessário em sua profissão. Todos os outros fatos, ainda que possam ser úteis e interessantes, têm relativamente pouca importância no que diz respeito ao indivíduo."

Ninguém tem direito de ter uma opinião sobre qualquer assunto se não decorrer de um processo de raciocínio com base em todos os fatos disponíveis relacionados com o tema. Apesar disso, no entanto, quase todas as pessoas têm opiniões sobre quase todos os assuntos, estando familiarizadas com esses temas ou não, conhecendo ou não fatos relacionados a eles.

Julgamentos rápidos e opiniões não são, na verdade, opiniões, são meras conjecturas ou suposições, não têm valor. Não há uma ideia nelas. Qualquer pessoa pode passar a pensar de forma acurada se reunir os fatos — todos os que estiverem disponíveis —, com um esforço razoável, antes de tomar decisões ou formular opiniões sobre qualquer assunto.

Quando você ouve alguém começar um discurso com generalidades como: "Ouvi dizer que fulano de tal..." ou "Vi no jornal que fulano de tal fez isso e aquilo", talvez despreze a pessoa por não pensar de forma atenta, porém, deveria receber as opiniões, palpites, declarações e conjecturas dela, mas com um pé atrás. Tenha cuidado, também, para não falar de forma entusiasmada e especulativa sem base em fatos conhecidos.

Em geral, conhecer os fatos sobre qualquer assunto requer considerável esforço, e essa é, talvez, a principal razão por tão poucas pessoas perderem tempo ou se darem o trabalho de colher fatos que embasem suas opiniões.

Você está, presumivelmente, estudando esta filosofia com o propósito de aprender como pode se tornar mais bem-sucedido, e se isso for verdade, então, deve romper com as práticas comuns das massas que não pensam e não dedicam tempo reunindo fatos que embasem seus pensamentos. Que isso exige esforço todo mundo sabe, mas é preciso ter em mente que o sucesso não é algo que dá em árvore, na qual ele cresceu sozinho. O sucesso representa a perseverança, o autossacrifício, a determinação e um caráter forte.

Tudo tem seu preço, e nada pode ser obtido sem pagá-lo. Ou, se algo de valor for assim obtido, não poderá ser mantido por muito tempo. O preço do pensamento atento é o esforço necessário para reunir e organizar os fatos sobre os quais se basear.

— Quantos automóveis passam por este posto por dia? — perguntou o gerente de uma rede de postos de serviço a um novo funcionário. — E em quais dias o trânsito é mais pesado?

— Eu sou da opinião de que... — começou o jovem.

— Não me importa sua opinião — interrompeu o gerente. — O que eu perguntei pede uma resposta baseada em fatos. Opiniões não valem nada quando existem fatos reais que podem ser obtidos.

Com o auxílio de uma calculadora de bolso, o frentista começou a contar os automóveis que passavam em seu posto a cada dia. Foi mais além, registrou o número dos que pararam e abasteceram diariamente durante duas semanas, inclusive aos domingos.

E isso não foi tudo! Ele estimou o número de automóveis que deveriam ter parado em seu posto a cada dia por duas semanas. Indo ainda mais longe, criou um plano que custou apenas o preço de uns folhetos e que, na verdade, aumentou o número de automóveis que pararam em seu posto nas duas semanas seguintes. Isso não era parte de seus deveres, mas a pergunta que o dono lhe fizera o havia feito pensar, e ele decidiu lucrar com o incidente.

O jovem em questão agora é sócio de uma rede de postos de serviços e um homem moderadamente rico, graças à sua capacidade de se tornar um pensador atento.

## CONCENTRAÇÃO

Aquele que atira para todo lado raramente realiza muito em qualquer negócio. A vida é tão complexa, e há tantas formas de dissipar energia sem lucro, que o hábito do esforço concentrado deve ser desenvolvido e adotado por quem quiser ser bem-sucedido.

O poder se baseia em esforço ou energia organizada. A energia não pode ser organizada sem o hábito da concentração de todas as faculdades em uma coisa de cada vez. Uma lupa comum pode ser usada para concentrar os raios solares em uma madeira e queimá-la, abrindo um furo em poucos minutos. Esses mesmos raios não vão nem aquecer a madeira se não estiverem concentrados em um único ponto.

A mente humana é semelhante à lupa, porque é o meio pelo qual todas as faculdades do cérebro podem ser reunidas e funcionar de forma coordenada, assim como os raios do sol podem ser focados em um ponto com o auxílio da lente.

Na verdade, tudo aquilo que uma pessoa é capaz de imaginar ela pode criar, fazendo a mente se concentrar na ideia com determinação, até conseguir. A mente humana é grande e poderosa quando funciona com a ajuda do pensamento concentrado. Descubra o que você deseja fazer — estabeleça um objetivo principal definido —, e em seguida concentre todas as suas energias para apoiar esse fim, até chegar a um final feliz.

Na análise da próxima lei, a da cooperação, observe a estreita ligação entre os princípios enunciados e os associados à lei da concentração.

Em qualquer lugar, quando um grupo de pessoas se alia em espírito organizado e cooperativo para realizar algum objetivo definido, podemos observar que está aplicando a lei da concentração, e sem ela a aliança não terá poder real.

Pingos de chuva, quando caem isoladamente, sem ordem nenhuma, representam uma grande forma de energia, mas que não pode ser chamada de poder real enquanto essas gotas não forem coletadas em um rio ou represa e essa energia não for usada de forma organizada; ou enquanto não estiverem confinadas em uma caldeira, sendo transformadas em vapor.

Em todos os lugares, independente da forma em que se encontra, o poder é desenvolvido por meio de energia concentrada. Portanto, tudo que você fizer em seu trabalho, faça com toda a atenção, com corpo e alma focados nessa única coisa definida.

## COOPERAÇÃO

Claramente, estamos vivendo uma época de cooperação. As mais destacadas realizações nos negócios, indústria, finanças, transporte e política são, todas, baseadas no princípio do esforço cooperativo.

Dificilmente se passa uma semana sem que leiamos no jornal notícias sobre alguma fusão corporativa. Não são conquistas hostis; essas fusões se baseiam na cooperação, porque reúne, em um espírito de harmonia de propósitos, diferentes energias, sejam humanas ou mecânicas, para que funcionem como uma só, sem atrito.

Para ser grandiosamente bem-sucedida em qualquer empreendimento a pessoa deve ter a cooperação amigável dos outros. O time de futebol vencedor é aquele com o melhor treinamento na arte da cooperação. O espírito do perfeito trabalho em equipe deve prevalecer nos negócios, ou não irão muito longe.

Você vai observar que algumas das leis anteriores deste curso devem ser praticadas como hábito antes que se possa obter a cooperação perfeita dos outros. Por exemplo, outras pessoas não vão cooperar com você a menos que domine e aplique a lei da personalidade agradável, a personalidade do sucesso. Você também vai notar que o entusiasmo, o autocontrole e o hábito de fazer mais do que se ganha para fazer devem ser praticados antes que possa esperar obter a plena cooperação dos outros.

Essas leis se sobrepõem umas às outras, e todas devem ser incorporadas à lei da cooperação, o que significa que para obter a cooperação dos outros temos de criar o hábito de praticar as leis citadas.

Educação, em todas as suas formas, não é nada além de conhecimento organizado, ou, como se costuma dizer, fatos cooperativos!

Ninguém está disposto a cooperar com uma pessoa que tem uma personalidade ofensiva. Ninguém está disposto a cooperar com alguém que não é entusiasta, ou que não tem autocontrole.

O poder vem do esforço organizado e cooperativo!

Uma dúzia de soldados bem-treinados, trabalhando com esforço perfeitamente coordenado, pode dominar uma multidão de milhares de pessoas que careçam de liderança e organização.

É fato, embora o mundo científico ainda não o possa endossar, que sempre que duas ou mais mentes se aliam em direção a qualquer empreendimento, com espírito de harmonia e cooperação, surge um poder invisível que provê mais energia ao objetivo. Teste isso do seu jeito, observando a reação de sua própria mente quando está com pessoas que você trata como amigos. Compare sua reação ao que acontece quando está com pessoas de quem você não gosta. Associação amigável nos inspira com uma misteriosa energia de outra forma não experimentada, e essa grande verdade é a pedra angular da lei da cooperação.

Um exército forçado a lutar porque os soldados têm medo de ser mortos por seus próprios líderes pode ser muito eficaz, mas nunca será páreo para aquele que entra em ação por vontade própria, com soldados determinados a ganhar porque acreditam que devem vencer.

No início da Primeira Guerra Mundial os alemães estavam por cima de todo mundo. Os soldados alemães, naquela época, entravam em combate cantando. Haviam comprado totalmente a ideia de *Kultur*. Seus líderes os fizeram pensar que eram obrigados a ganhar porque deviam ganhar.

No entanto, conforme a guerra foi avançando, esses mesmos soldados começaram a abrir os olhos. Começaram a ver que o assassinato de milhões de pessoas era coisa séria. A seguir, surgiu o pensamento insidioso de que, no fim das contas, talvez seu cáiser não fosse o ordenado agente de Deus e que poderiam estar lutando uma guerra injusta.

Desse ponto em diante, a maré começou a virar. Eles já não entravam em combate cantando. Já não "sentiam orgulho de morrer pela *Kultur*", e o final deles, então, estava perto.

É assim em todos os caminhos da vida, em cada esforço humano. Aqueles que podem subordinar suas próprias personalidades, subjugar os seus interesses e coordenar todos os seus esforços, físicos e mentais, com os dos outros, em prol de uma causa comum em que acreditam, já cobriram quase toda a distância rumo ao sucesso.

Há alguns anos, o presidente de uma conhecida empresa do ramo imobiliário dirigiu-me a seguinte carta:

Caro sr. Hill:

Nossa empresa lhe dará um cheque de 10 mil dólares se nos mostrar como assegurar a confiança do público em nosso trabalho de forma tão eficaz como o senhor faz no seu.

Cordialmente,
J.

A seguinte resposta foi enviada:

Caro sr. J:

Agradeço o elogio, e embora eu pudesse utilizar seu cheque de 10 mil dólares, estou totalmente disposto a lhe dar, gratuitamente, as informações que tenho sobre o assunto. Se possuo habilidade incomum para conquistar a cooperação de outras pessoas, é por causa dos seguintes motivos:

1. Eu presto mais serviço do que peço às pessoas que paguem.
2. Eu não me envolvo intencionalmente em nenhuma transação que não beneficie a todos a que afeta.
3. Eu não faço afirmações que não acredito que sejam verdadeiras.

## Trechos de *The Magic Ladder to Success*

4. Tenho sincero desejo no coração de prestar serviço útil ao maior número possível de pessoas.
5. Gosto mais de gente que de dinheiro.
6. Faço meu melhor para viver, bem como para ensinar, minha própria filosofia de sucesso.
7. Não aceito favores de alguém sem retribuir.
8. Não peço nada a qualquer pessoa sem ter direito àquilo que peço.
9. Não discuto com pessoas por assuntos sem importância.
10. Espalho a luz do otimismo e do bom ânimo onde posso e sempre que possível.
11. Nunca bajulo as pessoas com o propósito de ganhar sua confiança.
12. Eu vendo conselho a outras pessoas a um preço modesto, mas nunca ofereço conselho gratuito.
13. Enquanto ensinava aos outros como alcançar o sucesso, eu demonstrei que posso fazer minha filosofia funcionar para mim também, ou seja, eu "pratico o que prego".
14. Acredito tão completamente no trabalho que faço que meu entusiasmo por ele se torna contagioso e influencia outras pessoas.

Se houver quaisquer outros elementos naquilo que o senhor acredita ser minha capacidade de obter a confiança dos outros, não sei quais são. Aliás, sua carta levantou uma questão interessante, e me fez analisar a mim mesmo de um modo que eu nunca havia feito antes. Por esta razão, eu me recuso a aceitar seu cheque, porque o senhor me fez fazer algo que pode valer muito mais que 10 mil dólares.
Cordialmente, Napoleon Hill

Nesses 14 pontos podem ser encontrados os elementos que formam a base de todas as relações de confiança. O esforço cooperativo gera poder para aqueles que podem obter e manter permanentemente a confiança de um grande número de pessoas. Eu não conheço nenhum método de induzir os outros a cooperar, exceto o que se baseia nos 14 pontos aqui descritos.

## LUCRANDO COM O FRACASSO

Um rico filósofo de nome Creso era o conselheiro oficial de sua majestade, o rei Ciro. Ele dizia coisas muito sábias como filósofo da corte; entre elas, a seguinte: "Sou lembrado, ó rei, e levo essa lição no coração, de que existe uma roda na qual giram os assuntos dos homens, e é tal seu mecanismo que impede que alguém seja sempre feliz."

É verdade. Existe uma espécie de destino invisível, ou uma roda, girando na vida de todos nós. Às vezes, ela nos traz boa sorte, e, outras vezes, azar, apesar de tudo que nós, seres humanos, indivíduos, possamos fazer. No entanto, essa roda obedece à lei da média, protegendo-nos, assim, do azar contínuo. Se o azar vem hoje, existe a esperança no pensamento de que seu oposto chegue no próximo giro da roda, ou no seguinte, ou no outro etc.

O fracasso é uma das partes mais benéficas da experiência de um ser humano, porque existem muitas lições necessárias que devem ser aprendidas antes de começar a ter sucesso, que não podem ser ensinadas por nenhum outro mestre que não o fracasso.

O fracasso é sempre uma bênção disfarçada, ensinando-nos alguma lição útil que não poderíamos ou não teríamos aprendido sem ele!

O fracasso é, para a vida, o que o forno de olaria é para o ceramista. É o que nos fortalece.

No entanto, milhões de pessoas cometem o erro de aceitar o fracasso como final, sendo que ele é, como a maioria dos outros eventos da vida, transitório.

As pessoas bem-sucedidas devem aprender a distinguir entre fracasso e derrota temporária. Cada pessoa experimenta, em um

## Trechos de *The Magic Ladder to Success*

momento ou outro, alguma forma de derrota temporária, e dessas experiências decorrem algumas das maiores e mais benéficas lições.

Na verdade, a maioria de nós é constituída de tal modo que se nunca experimentássemos uma derrota temporária (ou o que alguns chamam equivocadamente de fracasso), logo nos tornaríamos tão egoístas e independentes que nos julgaríamos mais importantes que a Divindade. Existem algumas pessoas assim neste mundo, e dizem que elas se referem à Divindade como "eu e Deus", com forte ênfase no "eu"!

Dores de cabeça são benéficas, apesar de serem muito desagradáveis, porque representam a linguagem da natureza. Nesse caso, ela alerta em voz alta para o uso inteligente do corpo humano; particularmente do estômago e de órgãos secundários por meio dos quais a maioria de nós cria grande parte das doenças físicas.

A mesma coisa acontece com a derrota ou o fracasso temporário. Isso é um alerta da natureza, que nos sinaliza que estamos indo na direção errada, e se formos razoavelmente inteligentes e dermos ouvidos a esses sinais, seguiremos um rumo diferente e, por fim, seguiremos o caminho do nosso objetivo principal definido.

Eu dediquei mais de um quarto de século à pesquisa com o objetivo de descobrir quais eram as características apresentadas e utilizadas pelas pessoas bem-sucedidas nas áreas do comércio, indústria, política, diplomacia, religião, finanças, transporte, literatura, ciência etc. A pesquisa envolveu a leitura de mais de mil obras científicas, empresariais e biográficas, a uma média de mais de um livro desses por semana.

Uma das descobertas mais surpreendentes feitas por meio dessa enorme quantidade de pesquisa foi o fato de que todas as pessoas excepcionalmente bem-sucedidas, independente da área de atuação, haviam sofrido reveses, adversidades, derrota temporária, e em alguns casos fracasso permanente mesmo (como indivíduos). Não foi descoberta nem uma única pessoa bem-sucedida cujo êxito tenha sido sem que experimentasse o que, em muitos casos, pareciam obstáculos insuportáveis, que tiveram de ser superados.

O guia do sucesso e da felicidade

Descobriu-se, também, que essas pessoas chegavam ao sucesso na proporção exata em que viveram honestamente a derrota, sem fugir dela. Em outras palavras, o sucesso é medido, sempre, pela extensão que qualquer indivíduo encontra e lida diretamente com os obstáculos que surgem na busca por seu objetivo principal definido.

O Canal do Panamá não foi construído sem fracasso. Muitas e muitas vezes as escavações profundas desabavam, e os engenheiros tinham de voltar e fazer o trabalho de novo. Para quem estava de fora, muitas vezes parecia que algumas escavações nunca poderiam manter as encostas em pé. Mas a perseverança, além de um objetivo principal definido, finalmente entregou ao mundo o mais maravilhoso corpo artificial de água, do ponto de vista da utilidade.

Surge em minha mente um poema que acredito que é o melhor já escrito sobre o fracasso. Mostra os benefícios da derrota com tanta clareza e de forma tão completa que está aqui reproduzido, como segue:

Se a Natureza quer construir um homem!

Se a Natureza quer ensinar um homem
E eletrizar um homem,
E adestrar um homem.
Se a Natureza quer treinar um homem
Para cumprir uma nobre missão;
Quando ela quer de todo coração,
Criar um homem tão ousado e grande
Que todo o mundo exaltará
— Observai o seu método e caminhos!
Como impiedosamente aperfeiçoa
Aquele que ela elege;
Como o desbasta e o martiriza,
E o converte a poderosos golpes
Num esforço de argila que diverte

## Trechos de *The Magic Ladder to Success*

Somente a Natureza que o compreende.
Enquanto o torturado coração
Aos céus levanta a suplicante mão!
Quando o seu bem a Natureza o empreende,
Como o abate, sem jamais quebrar,
Como se serve do que vai sagrar!
Como o derrete e não o deixa em paz,
E com que antes ela sempre o induz
E apresenta a sua luz ao mundo...
A Natureza sabe o que faz!

Se a Natureza quer pegar um homem;
E deseja sacudir um homem,
E se ela pretende despertar um homem;
Se a Natureza quer fazer um homem
Que, no futuro, cumpra-lhe o decreto,
Quando ela tenta, habilidosamente,
Quando deseja e quer com ansiedade,
Fazê-lo rigoroso, são, completo,
Com que sagacidade ela o prepara!
Como o aguilhoa com a sua vara,
De que maneira o amola e como o enfeza
E o faz nascer em meio da pobreza...
Com desapontamentos sempre atormenta
O coração daquele que ela unge;
Com que sagacidade ela o esconde
E oculta, sem olhar ao menos onde,
Soluce embora o gênio, desprezado,
E o seu orgulho guarde esse passado!
Manda-o combater mais arduamente,
Fá-lo tão solitário, que somente
As mais altas mensagens do Senhor
Consigam penetrar a sua dor!
É assim que a Natureza lhe clareia
Da Hierarquia a impenetrável teia

## O guia do sucesso e da felicidade

E, embora ele não possa compreender,
Dá-lhe paixões ardentes a comandar!
Como impiedosamente ela o esporeia,
Com que terrível entusiasmo fere
Se acaso, acerbamente, ela o prefere!

Se a Natureza quer nomear um homem,
Se ela quer dar fama para um homem,
E se ela quer domar. Acaso, um homem;
Quando ela quer dar brilho para um homem;
Executa missão quase celeste,
Quando ela tenta o seu supremo teste
Que há de imprimir a inconfundível marca
— No que há de ser um Deus, ou um monarca —
Quanto o dirige, e quanto que o refreia;
De modo que seu corpo mal contenha
A inspiração ardente que o incendeia;
E a sua ansiosa alma se mantenha
Sempre anelante por um sonho esguio!
Engana com ardis sua esperança;
Lança-lhe em rosto novo desafio,
No instante em que ele o alvo quase alcança!
Faz uma selva — que limpar lhe custe;
Faz um deserto — para que se assuste —
E para que ele o vença, se capaz...
Assim a Natureza um Homem faz!

Então, para provar a sua ira,
Uma montanha em seu caminho atira —
E põe amarga escolha à sua frente:
"Sobe ou perece!" diz-lhe, sorridente
Meditai no mistério da Intenção
Da Natureza o plano é tão clemente:
Se compreendêssemos a sua mente!
Os que a chamam cega todos são,

Trechos de *The Magic Ladder to Success*

> Pois, com o pé sangrante e lacerado
> É que o Espírito sobe, descuidado,
> Com entusiasmo e com vigor dobrado,
> Esses caminhos todos, que ilumina
> Com essa força ativa, que é divina;
> E do ardor maneja a espada de aço,
> Para enfrentar o peso do fracasso,
> E, mesmo na presença da derrota,
> Inda esperança em seu olhar de rota!
>
> Eis que é chegada a crise! Eis o grito
> Que está a pedir um Chefe ao infinito!
> Só quando o povo implora por salvação,
> É que ele vem governar a Nação...
> Então, a Natureza diz-nos "Tomem:
> Eu lhes entrego, finalmente, um homem!"
>
> Angela Morgan

Não tenha medo da derrota temporária, mas aprenda alguma lição com ela. Isso que nós chamamos de "experiência" consiste, em grande parte, do que aprendemos com os erros — os nossos e os de outras pessoas. Tome cuidado para não ignorar o conhecimento que pode ser adquirido com os erros.

## TOLERÂNCIA

A intolerância já causou mais sofrimento do que qualquer uma das muitas outras formas de ignorância. Praticamente, todas as guerras nasceram da intolerância. Desentendimentos entre o chamado capital e trabalho são, em geral, consequência da intolerância.

    É impossível para qualquer pessoa observar a lei do pensamento atento sem antes ter adquirido o hábito da tolerância, porque a intolerância leva o indivíduo a fechar o livro do conhecimento e escrever "Ótimo, já sei tudo!" na capa.

A forma mais prejudicial de intolerância nasce de diferenças de opiniões religiosas e raciais. A civilização, como a conhecemos hoje, carrega as profundas feridas da rude intolerância de todas as eras, principalmente as de natureza religiosa. Sermos vizinhos bons ou ruins depende muito de quão tolerantes somos uns com os outros.

A intolerância é o resultado da ignorância, ou, em outras palavras, da falta de conhecimento. Pessoas bem-informadas raramente são intolerantes, porque sabem que ninguém conhece o suficiente para ter direito de julgar os outros.

Pelo princípio da hereditariedade social, de nosso meio e dos ensinamentos religiosos na infância herdamos nossas ideias acerca de religião. Talvez nossos próprios professores não estivessem certos em tudo, e se tivéssemos sempre esse pensamento em mente não permitiríamos que esses ensinamentos nos levassem a acreditar que somos donos da verdade e que as pessoas que foram ensinadas de outra forma, sobre esse assunto, estão todas erradas.

Há muitas razões para sermos tolerantes, e a principal é o fato de que a tolerância permite mente aberta para nos guiar na direção dos fatos, e isso, por sua vez, leva a um pensamento atento.

Aqueles que tiveram a mente fechada pela intolerância, não importa de que tipo ou natureza, nunca poderão pensar com precisão, o que já é motivo suficiente para nos levar a dominar a intolerância.

Talvez não seja seu dever ser tolerante com outras pessoas cujas ideias, opiniões religiosas, tendências políticas e raciais sejam diferentes das suas, mas é seu privilégio! Você não tem de pedir permissão a ninguém para ser tolerante; é algo que você mesmo controla, em sua própria mente; portanto, a responsabilidade que vem com a escolha também é sua.

A intolerância está intimamente relacionada aos seis medos básicos descritos na lei da autoconfiança, e podemos afirmar como fato positivo que ela é sempre resultado do medo ou da ignorância. Não há exceções a essa regra. No momento em que outra pessoa (desde que ela não seja intolerante) descobrir que você está amaldiçoado pela intolerância, poderá fácil e rapidamente marcá-lo como vítima do medo e da superstição, ou, o que é pior, da ignorância!

A intolerância desliga a luz da inteligência e fecha a porta das oportunidades de mil maneiras diferentes.

No momento em que você abrir sua mente para os fatos e assumir que a última palavra sobre qualquer assunto raramente é dita, e que sempre resta a possibilidade de que se possa aprender ainda mais verdades, você começará a cultivar a lei de tolerância. Se praticar esse hábito por muito tempo, em breve se tornará um pensador, com capacidade de resolver os problemas que enfrenta na luta para conquistar seu lugar no campo a que escolheu se dedicar.

## USANDO A REGRA DE OURO PARA CONSEGUIR COOPERAÇÃO

Esta é, em certos aspectos, a mais importante das leis do sucesso. Mesmo que os grandes filósofos tenham ensinado essa regra de ouro por mais de cinco mil anos, a maioria das pessoas, hoje, a vê como uma espécie de texto bonito que os pregadores usam em sermões.

Na verdade, a filosofia da regra de ouro se baseia em uma lei poderosa, que quando compreendida e fielmente praticada permitirá que qualquer pessoa leve os outros a cooperar com ela.

É uma verdade notória que a maioria das pessoas segue a prática de retribuir o bem ou o mal, ato por ato. Se você caluniar alguém, vai ser caluniado também. Se elogiar, será elogiado. Se favorecer alguém nos negócios, será favorecido em troca.

Há exceções a essa regra, pode ter certeza, mas, em geral, a lei funciona. Semelhante atrai semelhante. Isso está de acordo com a grande lei natural, e funciona em cada partícula de matéria e em toda forma de energia no universo. Sucesso atrai sucesso. Fracasso atrai fracasso. Profissionais preguiçosos vão pegar um atalho, associar-se com outros de sua mesma espécie, mesmo que isso não os leve a lugar algum.

A lei da regra de ouro está intimamente relacionada com o hábito de fazer mais do que se ganha para fazer. O próprio ato de prestar mais serviço do que se é pago para prestar coloca em operação essa lei, por meio da qual "semelhante atrai semelhante", que é a mesma lei que constitui a base da filosofia da regra de ouro.

Não há como escapar do fato de que aqueles que prestam mais serviço do que são pagos para fazer acabarão sendo avidamente procurados por quem estiver disposto a pagar mais. Juros compostos sobre juros compostos é a taxa da natureza quando ela vai pagar a dívida contraída por meio da aplicação dessa lei.

Ela é uma lei fundamental, muito óbvia e muito simples. É um dos grandes mistérios da natureza humana que, em geral, não é muito compreendido e praticado. Por trás de seu uso estão possibilidades que desconsertam a imaginação da pessoa mais visionária. Por meio de seu uso podemos aprender o verdadeiro segredo — todo segredo existente — sobre a arte de conseguir que os outros façam o que queremos.

Se você quiser o favor de alguém, faça com que sua meta seja encontrar a pessoa de quem você quer o favor, e de uma forma adequada lhe ofereça algo equivalente ao favor que você deseja dela. Se a pessoa não corresponder, no início, dobre a dose e faça-lhe mais um favor, e outro, e outro, e assim por diante, até que finalmente a pessoa, por vergonha, no mínimo, volte e lhe preste um favor.

Para levar os outros a colaborar com você, primeiro colabore com eles!

Vale a pena ler a frase anterior uma centena de vezes, pois contém a essência de uma das mais poderosas leis disponíveis para aqueles que têm a intenção de alcançar grande sucesso.

Às vezes, acontece de aquele indivíduo a quem você presta um serviço útil nunca lhe prestar um serviço semelhante, mas mantenha em mente esta verdade importante: apesar de uma pessoa não corresponder, alguém vai observar a transação, e movida pelo desejo de justiça, ou talvez com um motivo mais egoísta em mente, vai lhe prestar o serviço a que você tem direito.

"O que o homem semeia, isso mesmo colherá." (Gálatas, 6:7) Isso é mais que mera pregação; é uma grande verdade prática, que pode se tornar a base de toda realização bem-sucedida. Por vias sinuosas ou em linha reta, cada pensamento que você tiver, cada ação que executar, vai reunir um monte de outros pensamentos ou ações em consonância com sua mesma natureza e voltar para você no tempo certo.

Não há como escapar dessa verdade. Ela é tão eterna quanto o universo, tão infalível quanto a lei da gravidade. Ignorá-la é pôr-se o rótulo de ignorante, ou indiferente, duas coisas que vão destruir suas chances de sucesso.

A filosofia da regra de ouro é a verdadeira base sobre a qual as crianças deviam ser educadas. É, também, a verdadeira base sobre a qual os adultos deviam ser guiados. Usando a força ou aproveitando circunstâncias injustas é possível construir uma fortuna sem observar a regra de ouro, e muitos fazem isso, mas essas fortunas não podem trazer felicidade, porque ganho mal-obtido obrigatoriamente acaba com a paz de espírito.

Ideias são os produtos mais valiosos da mente humana. Se puder criar ideias aproveitáveis e as puser em prática, você poderá conseguir o que quiser como pagamento. Riqueza criada ou adquirida pela filosofia da regra de ouro não traz consigo arrependimentos, não perturba a consciência nem destrói a paz de espírito.

Feliz é o homem que faz da regra de ouro seu lema profissional e vive fielmente de acordo com ela, tanto no sentido literal quanto no figurado, contemplando não só sua essência mas também as letras escritas.

## AS CAUSAS DO FRACASSO

Nas páginas anteriores você teve uma breve descrição dos fatores por meio dos quais se alcança o sucesso. Agora, vamos voltar a atenção para alguns fatores que causam o fracasso. Analise a lista e talvez você encontre aqui o motivo de qualquer fracasso ou derrota temporária que tenha experimentado. A lista se baseia em uma análise precisa de mais de vinte mil fracassos e abrange homens e mulheres em todos os segmentos.

1. Alicerce hereditário desfavorável. (Essa causa de fracasso está no topo da lista. Nossa configuração genética pode ser um bem, ou pode ser uma deficiência sem muita solução, e o indivíduo não é responsável por isso.)
2. Falta de um propósito bem definido, ou de um objetivo principal definido pelo qual se esforçar.
3. Falta de ambição para despontar acima da mediocridade.
4. Falta de estudo.
5. Falta de disciplina e tato, em geral, manifestada por meio de todos os tipos de excesso.
6. Problemas de saúde, em geral, devido a causas evitáveis.
7. Ambiente desfavorável na infância — período em que o caráter é formado —, resultando em maus hábitos do corpo e da mente.
8. Procrastinação.
9. Falta de persistência e coragem de assumir a responsabilidade pelos próprios fracassos.
10. Personalidade negativa.
11. Desejo incontrolável de obter algo do nada, que pode se manifestar na prática de jogos de azar.
12. Falta de capacidade de tomar decisões.
13. Um ou mais dos seis medos básicos descritos em outras partes deste ensaio.
14. Má escolha de cônjuge.
15. Excesso de cautela, destruindo a iniciativa e a autoconfiança.
16. Má escolha de parceiros nos negócios.
17. Superstição e preconceito, em geral, com base em falta de conhecimento das leis naturais.
18. Escolha errada da profissão.
19. Dissipação de energia por falta de entendimento da lei da concentração, resultando no que costuma ser chamado de "aquele que atira para todo lado".
20. Falta de parcimônia.
21. Falta de entusiasmo.
22. Intolerância.

Trechos de *The Magic Ladder to Success*

23. Intemperança.
24. Incapacidade de cooperar com os outros com espírito de harmonia.
25. Poder que não foi adquirido por meio do esforço próprio, como no caso de quem herda riqueza ou é colocado em uma posição elevada à qual não tem direito por mérito.
26. Desonestidade.
27. Egoísmo e vaidade.
28. Adivinhar, em vez de pensar.
29. Falta de capital.

Alguns podem se perguntar por que "falta de capital" foi colocado no fim da lista, e a resposta é que qualquer um que possa se qualificar com uma nota razoavelmente alta nas outras causas de fracasso sempre pode obter o capital necessário para qualquer finalidade.

A lista anterior não inclui todas as causas do fracasso, mas representa as mais comuns. Alguns podem argumentar que a "sorte desfavorável" deveria ter sido adicionada à lista, mas a resposta a isso é que a sorte, ou a lei do acaso, é dominada com maestria por todos aqueles que entendem como aplicar os fatores de sucesso. No entanto, para ser justo com aqueles que podem nunca ter tido oportunidade de dominar os fatores do sucesso, devemos admitir que a sorte, ou uma mudança desfavorável na roda do acaso, é, às vezes, a causa do fracasso.

Aqueles que estão inclinados a atribuir todos os seus fracassos a "circunstâncias" ou à sorte devem lembrar a cega injunção enunciada por Napoleão, que disse: "Quais são as circunstâncias? Eu crio as circunstâncias."

A maioria das circunstâncias e resultados desfavoráveis da sorte é determinada por nós mesmos. Não nos esqueçamos disso!

Eis aqui o relato de um fato, e uma confissão que vale a pena ser lembrada. A filosofia da lei do sucesso que até hoje tem prestado serviço útil a incontáveis milhões de pessoas em toda a Terra é, em grande parte, resultado de quase vinte anos do chamado fracasso de minha parte. No curso mais extenso de filosofia da lei do sucesso, na aula "lucrando com o fracasso", o aluno vai observar que encontrei o fracasso, a adversidade e os reveses, tantas vezes, que seria justo se eu gritasse: "A sorte está contra mim!" Sete grandes fracassos e mais dezenas de derrotas menores que posso ou que me dou o trabalho de lembrar, lançaram as bases de uma filosofia que trouxe sucesso a tantas gerações de pessoas, inclusive a mim! O "azar" foi aproveitado e posto para trabalhar, e o mundo todo agora paga um tributo monetário ao homem que trouxe à luz o pensamento feliz de que até a sorte pode ser mudada, e os fracassos podem ser aproveitados.

Creso observou: "Existe uma roda na qual giram os assuntos dos homens, e é tal seu mecanismo que impede que alguém seja sempre feliz." É verdade! Existe essa roda da vida, que está girando constantemente. Se ela traz infortúnio hoje, pode trazer boa sorte amanhã. Se isso não fosse verdade, a filosofia da lei do sucesso seria uma farsa, oferecendo nada além de falsas esperanças.

Disseram-me uma vez que eu sempre seria um fracasso, porque nasci sob uma estrela desfavorável! Algo deve ter acontecido que agiu como antídoto contra a má influência dessa estrela, e alguma coisa aconteceu. Esse "algo" é o poder de dominar os obstáculos primeiro dominando a si mesmo, resultado da compreensão e da aplicação da filosofia da lei do sucesso. Se os fatores do sucesso puderam compensar a má influência de uma estrela para este autor, poderão fazer o mesmo por você ou por qualquer outra pessoa.

Culpar as estrelas por nossos problemas é só mais uma forma de reconhecer nossa ignorância ou preguiça. O único lugar onde as estrelas podem lhe trazer azar está em sua própria mente. Você é dono dessa mente e tem o poder de dominar todas as más influências que estão no caminho de seu sucesso, incluindo as das estrelas.

Se você realmente deseja ver a causa de seu azar e de suas desgraças, não olhe para as estrelas; olhe no espelho! Você é o mestre de seu destino! Você é o capitão de sua alma. E isso em razão do fato de que tem uma mente que você mesmo, sozinho, controla, e ela pode ser estimulada e configurada para fazer contato direto com todo o poder que você necessita para resolver qualquer problema que possa encontrar. A pessoa que joga a culpa de seus problemas nas estrelas desafia a existência da inteligência infinita, ou de Deus, se preferir esse nome.

## O MISTÉRIO DO PODER DO PENSAMENTO

Tudo o que você tem, ou terá, de bom ou de ruim, foi atraído por você, pela natureza de seus pensamentos. Os pensamentos positivos atraem objetos positivos, desejáveis; pensamentos negativos atraem pobreza, miséria e vários outros tipos de objetos indesejáveis. Seu cérebro é o ímã ao qual tudo que você possui adere, e não se engane, ele não vai atrair sucesso enquanto você estiver pensando em pobreza e fracasso.

Todas as pessoas estão exatamente onde estão como resultado de seus próprios pensamentos dominantes, isso é tão certo quanto a noite segue o dia. O pensamento é a única coisa sobre a qual temos controle absoluto, e esse é um fato que sempre repito, por ser de enorme importância. Você não controla por completo o dinheiro que possui, ou o amor e a amizade que cultiva. Você não teve nada a ver com sua vinda ao mundo, e terá pouco a ver com a hora da partida. Mas tem tudo a ver com o estado de sua própria mente. Você pode fazer com que sua mente seja positiva, ou pode permitir que se torne negativa, como resultado de influências e sugestões de fora. A Divina Providência lhe deu o controle supremo de sua própria mente, e com ele lhe foi atribuída a responsabilidade de fazer o melhor uso dela.

A diferença entre o sucesso e o fracasso é, em grande parte, uma questão de diferença entre pensamento positivo e negativo. A mente negativa não vai atrair fortuna. Semelhante atrai semelhante. Nada atrai sucesso tão rapidamente quanto o sucesso. A pobreza gera mais pobreza. Seja bem-sucedido e todo mundo vai colocar tesouros a seus pés e querer fazer algo para ajudá-lo a ser ainda mais bem-sucedido. Mostre sinais de pobreza e todo mundo vai tentar lhe tirar aquilo que você tem de valor. Você pode obter empréstimos bancários quando é próspero e não precisa dele, mas tente conseguir um empréstimo sendo pobre, ou quando uma grande emergência ocorre. Você é o mestre de seu próprio destino porque controla a única coisa que pode mudar e redirecionar o curso dos destinos humanos: o poder do pensamento. Que essa grande verdade vá fundo em sua consciência e que estas páginas tenham marcado o momento de mudança mais importante de sua vida.

# Trechos de *The Joy of Living* e *The Key to Prosperity*

## Orison Swett Marden

### CONTEÚDO

*A caça à felicidade*
*A felicidade pode ser cultivada*
*Riqueza e felicidade*
*O sucesso e a felicidade são para você*
*Como o pensamento traz o sucesso*
*Outro olhar para a felicidade*

### A CAÇA À FELICIDADE

> *Oh, tu que anseias na prisão do real e gritas amargamente aos deuses por um reino donde governar, conhece esta verdade: aquilo que tu procuras já está contigo, aqui ou em lugar nenhum; se ao menos pudesses ver...*[2]

---

[2] Tradução livre de trecho de *Sartor Resartus*, de Thomas Carlyle, não publicado no Brasil. [*N. da T.*]

Nós fomos feitos para ser felizes. Essa é uma poderosa motivação em cada ser humano. Desde a infância o desejo de diversão, de entretenimento, de brincar, de alegrias que perdurem é muito forte em cada um de nós. Se pedíssemos à maioria das pessoas do mundo que expressasse seus três maiores desejos, todos pediriam saúde, riqueza e felicidade. E, então, se pedíssemos que manifestassem o desejo supremo na vida, a maioria pediria felicidade.

Porém, poucos de nós já encontraram a verdadeira felicidade, e nós não a encontramos devido ao modo como a procuramos: como se procurássemos uma agulha em um palheiro. A maioria de nós não só não sabe onde procurar a felicidade como, também, nem começou. E, assim, criamos uma espécie de caça à felicidade. Mas não se obtém felicidade dessa maneira. Não é preciso ir à caça para encontrá-la, como caçadores perseguem animais selvagens. Ninguém jamais encontrou a felicidade correndo pelo mundo todo atrás dela. Ela não está em nossa comida, nem em nossa bebida, não está em nossas roupas ou nos bens materiais; não está na emoção ou em viver momentos de diversão constantemente. Não está na excitação do sistema nervoso. Não vem da satisfação dos desejos ou de posses.

No entanto, de alguma forma, a maioria das pessoas parece pensar que a felicidade pode ser encontrada, assim como as pessoas encontram ouro — e que, da mesma forma, há uma grande dose de sorte nisso. Por toda parte vemos pessoas tentando conseguir algo que o outro tem, e que na mente delas é indispensável para que se tornem mais felizes. Mas empilhar coisas ao seu redor, não importa a altura da pilha, nunca poderá lhe fazer feliz.

Aqueles que estão sempre à procura de algo que os vai fazer feliz, de alguma extravagância que vai satisfazer seus desejos, são sempre candidatos à decepção. Muitas vezes, tarde demais, percebem que a busca de seus desejos só aumenta a verdadeira fome da alma, que "o desejo é insaciável como o oceano, e clama cada vez mais alto conforme suas demandas são atendidas".[3]

---

[3] Trecho de *O caminho da prosperidade*, de James Allen, Editora Clio, 2012. [*N. da T.*]

Trechos de *The Joy of Living* e *The Key to Prosperity*

A felicidade é o produto de uma atitude mental. Não vai lhe fazer bem algum correr o mundo todo tentando encontrá-la. Se não a levar consigo, nunca vai consegui-la. A história está cheia de escombros de quem perseguiu a felicidade desesperadamente por toda a vida e jamais conseguiu pegá-la.

Se perseguimos a felicidade, então, devemos lembrar que, onde quer que a procuremos, só vamos encontrar o que levamos conosco.

Isso significa que a felicidade nunca pode ser encontrada fora de nós mesmos. Toda a filosofia da Bíblia enfatiza isso: o reino dos céus — pelo que se entende reino da felicidade — está dentro de nós. No entanto, em todos os tempos, a maioria das pessoas foi à caça de um reino de felicidade fora, e não dentro de si.

A verdadeira felicidade é alcançada por meio do serviço digno aos outros: tentando fazer nossa parte no mundo, pelo desejo de ser útil e com nossos esforços fazendo do mundo um lugar melhor para se viver.

A verdadeira felicidade não vem de procurá-la fora e sim de escutá-la dentro de nós. Basta prestarmos atenção ao fato de que, em última análise, nossos anseios mais íntimos são pelas coisas mais simples, mais calmas, mais despretensiosas no mundo: pores do sol, amizades, passeios tranquilos, flores, luar, pequenas gentilezas, palavras agradáveis, um pouco de ajuda pelo caminho, pequenos incentivos, amor e carinho.

Nossa verdadeira felicidade não pode ser encontrada em nenhum outro lugar.

Hoje eu vou...

- Parar de procurar a felicidade e encontrá-la onde estou.
- Lembrar que se eu *for* procurar a felicidade, o lugar é dentro de mim mesmo. (Se sua vida não é tão feliz como você gostaria que fosse, se não está tão feliz como gostaria de estar, a felicidade que anseia não está escondida em nenhum lugar fora de você, ela está perdida em algum lugar *dentro* de si mesmo. Olhe para dentro e descubra o que está impedindo sua felicidade.)

- Lembrar que a verdadeira felicidade não é encontrada procurando desesperadamente a roupa perfeita para vestir em um evento: um passeio, uma reunião etc. (Muitas vezes, ficamos presos à ideia de que a felicidade está na busca, na obtenção, na cobiça por alguma coisa que não temos — como uma casa mais bonita para convidar um novo amigo ou pessoa de quem gostamos para jantar. "Se ao menos eu tivesse...", dizemos, e ficaríamos felizes. Quanta felicidade você tirou de si mesmo pensando que é algo que falta?)

## A FELICIDADE PODE SER CULTIVADA

*Não há dever que subestimemos tanto quanto o dever de ser feliz.*
Robert Louis Stevenson

Poucas pessoas percebem que a felicidade pode ser cultivada. A maioria parece pensar que o poder de apreciar a vida é, em grande parte, hereditário, que não pode fazer muito para mudar sua situação. Na verdade, referindo-se ao seu próprio caráter, ou ao de outro, muitas vezes as pessoas falam de "natureza" — como se seu caráter fosse algo intrínseco, invariável.

Mas nós podemos aprender; podemos mudar, podemos crescer.

Quando o mundo era jovem, o cérebro humano era muito primitivo porque as exigências sobre ele eram, em grande parte, garantir proteção e a aquisição de alimentos. Mas, aos poucos, houve demandas maiores, que exigiram um desenvolvimento mais variado, e ele tornou-se extremamente complexo. Cada nova demanda da civilização fez um novo apelo ao cérebro, que respondeu ao chamado e se adaptou às necessidades modernas.

Nosso cérebro é muito adaptável, como mostram os efeitos que nossas diversas vocações provocam nele. Cada interesse que temos demanda algo diferente ao cérebro, e ele, portanto, desenvolve as faculdades e as características peculiares a esse interesse. Em outras palavras, o cérebro muda, para atender às demandas. Ele se modifica pelas diversas atividades e pelas motivações que lhe apresentamos, a fim de lidar com as situações que temos de enfrentar na vida.

Por exemplo, a coragem. Muitas pessoas bem-sucedidas foram tão completamente desprovidas dessa qualidade quando crianças que isso chegou a ser uma ameaça às suas carreiras. Sua coragem foi desenvolvida com a ajuda de um treinamento inteligente — cultivando a autoconfiança, mantendo na mente uma sugestão de coragem, a contemplação de atos de coragem.

No entanto, enquanto a maioria das pessoas reconhece que é verdade que o desenvolvimento de uma especialidade em uma carreira requer anos de preparação, e enquanto concorda que certos traços de caráter, como a coragem, podem ser aprendidos, persiste na convicção de que se deve relegar a realização da felicidade (que é importante para elas mais que quase qualquer outra coisa) ao status de acidental, acreditando que isso acontece — se acontecer — sem a exigência de qualquer treinamento ou estudo especial, ao passo que tudo mais que vale a pena na vida requer tais dores infinitas. Esquece que a maioria das pessoas infelizes ficou assim gradualmente, desenvolvendo o hábito da infelicidade. O hábito de reclamar, de criticar, de procurar defeitos ou de resmungar por ninharia e o hábito de procurar pelas sombras são alguns dos piores, especialmente no início da vida, e depois de algum tempo a pessoa se torna escrava deles.

Conheço uma senhora que já passou por uma cirurgia para a retirada de um tumor. Tudo em sua vida se relaciona com essa época. Ela não pode falar sobre qualquer assunto sem arrastar a conversa para sua "cirurgia". É sua desculpa para todas as suas falhas em assuntos domésticos.

Quantas pessoas relutam em abandonar seus problemas! Têm vivido com eles por tanto tempo que se tornaram uma espécie de companheiros, e elas parecem ter um prazer mórbido em entretê-los, em exibi-los, e falar deles em todas as oportunidades que têm.

Uma das lições mais difíceis da vida é aprender que somos, em grande parte, produto de nosso pensamento; que nosso ambiente, nossa educação, nossos pensamentos recorrentes têm muito mais a ver com os resultados em nossa vida que a hereditariedade. São

Paulo foi realmente científico quando disse a seus discípulos: "Sede transformados pela renovação do vosso entendimento." (Romanos 12:2)

Assim, podemos educar a força de vontade para focar os pensamentos no lado positivo das coisas, naquilo que eleva a alma, formando um hábito de felicidade e bondade que enriquecerá a vida inteira.

> Felicidade, disse William George Jordan, é o maior paradoxo da natureza. Pode crescer em qualquer solo, viver sob quaisquer condições. Desafia o ambiente. Vem de dentro. A felicidade não consiste em ter, e sim em ser; não em possuir, mas em desfrutar. É o brilho de um coração em paz consigo mesmo. Um mártir na fogueira pode ter a felicidade que um rei em seu trono poderia invejar. O homem é o criador de sua própria felicidade; é o aroma de uma vida vivida em harmonia com altos ideais. A felicidade é a alegria da alma na posse do intangível.

É dever de todos cultivar uma natureza feliz e alegre, um olhar bondoso, o poder de irradiar boa vontade com relação a todos. Isso não só iluminará a vida dos outros, mas também o reflexo desse esforço gentil também ajudará a desenvolver essa primorosa personalidade, essa beleza de caráter e equilíbrio da alma, essa serenidade, que é a maior riqueza que conhecemos.

"Seja feliz!", exclama um escritor, que é de grande ajuda.
Depois de dizer tudo que há para dizer sobre a tristeza da vida, a decepção e a dor, sobre o egoísmo e o mal que varrem a Terra como sombras escuras, sobre a falta de seus dias e a certeza de suas noites, ainda resta a bendita verdade de que o universo palpita com a canção da alegria.

Uma das melhores ajudas para o sucesso é adquirir — e quanto mais cedo possível, melhor — o hábito de pensar que o melhor, não o pior, vai acontecer; que não somos criaturas pobres e miseráveis, perseguidas por todos os lados pelos inimigos de nossa vida e felicidade, mas que fomos feitos para ser livres do assédio das preocupações, da ansiedade, de pressentimentos; que não fomos feitos para nos preocuparmos.

"Cultive uma veia filosófica de pensamento", recomenda Ella Wheeler Wilcox. Se você não tem o que gosta, goste do que tem até que possa mudar a situação.

Não desperdice sua vitalidade odiando sua vida; encontre algo nela que valha a pena curtir enquanto trabalha constantemente para fazer dela o que deseja. Seja feliz com alguma coisa todos os dias; para o cérebro, isso é uma questão de hábito, e você não poderá ensiná-lo a ser feliz em um momento se permitiu que ele fosse infeliz por anos.

Não devemos permitir imagens sombrias ou discordantes na mente — imagens de medo, preocupação, egoísmo, ódio ou inveja — mais do que permitiríamos que um ladrão entrasse em nossa casa. Devemos lembrar que esses pensamentos são piores que ladrões, porque eles roubam nosso conforto, nossa felicidade, nosso contentamento. Devemos aprender que esses inimigos não têm direito de se intrometer em nossa consciência. Vamos tratá-los como invasores, expulsá-los de imediato e não permitir que pintem suas imagens de desespero em nossa mente. Pois é quase impossível excluí-los quando eles entram, mas é relativamente fácil mantê-los fora quando aprendemos o segredo de excluí-los.

E qual é o segredo? É o seguinte: pessoas que se habituaram à tristeza ou à melancolia são assim porque esses pensamentos predominam em sua mente. Simplesmente tendo pensamentos opostos elas poderiam produzir resultados opostos. Nosso estado de espírito é, em grande parte, um hábito mental não muito difícil de ser transformado.

A história seguinte é de uma idosa, viúva de um soldado que havia sido morto na Guerra Civil, que foi a um fotógrafo para tirar uma foto. Ela estava sentada diante da câmera com o mesmo olhar severo, duro, ameaçador que causava medo nas crianças que viviam no bairro, quando o fotógrafo, tirando a cabeça para fora do pano preto, disse, de repente:

— Ilumine um pouco seus olhos.

Ela tentou, mas o olhar aborrecido e pesado ainda persistia.

— Mostre-se um pouco mais agradável — disse o fotógrafo em um tom indiferente, mas de comando, confiante.

— Ouça aqui — retrucou a mulher rispidamente —, se acha que uma velha desinteressante pode ter um olhar brilhante, que uma pessoa irritada pode se tornar agradável cada vez que alguém lhe pede, você não sabe nada sobre a natureza humana. É preciso algo de fora para iluminar alguém.

— Ah, não, não! Isso é algo que você pode conseguir de dentro. Tente novamente — disse o fotógrafo, bem-humorado.

Seu tom de voz e seu jeito incutiram fé naquela senhora, e ela tentou novamente, dessa vez com mais sucesso.

— Bom! Muito bem! Você parece vinte anos mais nova! — exclamou o artista ao captar o brilho passageiro que iluminou aquele rosto desbotado.

Ela foi para casa com uma sensação estranha no coração. Aquele havia sido o primeiro elogio que ela recebia desde que o marido havia falecido, e deixou uma lembrança agradável. Quando ela chegou ao seu pequeno chalé, ficou se olhando no espelho.

— Pode ser que haja algo nele — disse ela —, mas vou esperar para ver a foto.

Quando a fotografia chegou, foi como uma ressurreição. Seu rosto parecia vivo, com o perdido fogo da juventude. Ela olhou bem para ele, por um longo tempo, e então disse, com firmeza, deixando claro:

— Se eu pude fazer isso uma vez, posso fazer de novo.

Indo até o pequeno espelho acima de sua mesa, disse:

— Ilumine-se, Catherine — e aquela luz brilhou mais uma vez.

— Mostre-se um pouco mais agradável! — ordenou, e um sorriso calmo e radiante espalhou-se por seu rosto.

Seus vizinhos logo comentaram a mudança que havia ocorrido nela:

— Senhora A, está ficando mais jovem! Como conseguiu isso?

Trechos de *The Joy of Living* e *The Key to Prosperity*

— É de dentro para fora. É só se iluminar por dentro e se sentir bem.

Toda emoção tende a esculpir no corpo a beleza ou a feiura. As preocupações, as paixões desenfreadas, a petulância, o descontentamento, cada ato desonesto, cada mentira, cada sentimento de inveja, ciúme, medo, cada um tem seu efeito no sistema e age de forma deletéria, como um veneno ou um deformador do corpo. O professor Henry James, de Harvard, especialista em psicologia, diz: "Cada pequeno golpe de virtude ou de vício deixa sempre sua pequena cicatriz. Nada que já fizemos é apagado, literalmente."

Para ser bonito por fora, seja bonito por dentro.

Ninguém pode ser realmente feliz ou bem-sucedido se não aprender a se tornar mestre de suas emoções. E o segredo é saber que você mesmo é o poder por trás do cérebro, que é uma ajuda maravilhosa para o autocontrole e a felicidade.

Digamos que você não consiga controlar seu temperamento, que a explosão vem antes que tenha tempo de raciocinar. Já pensou que seu cérebro não é você? Que está absolutamente sob seu controle? Que essa grande máquina humana está fora da mente? Que você pode controlar cada pensamento e ministrar todas as emoções com o devido treinamento e, assim, sua máquina nunca vai correr solta, o cérebro nunca vai arrastá-lo?

Você é a pessoa por trás do cérebro.

Faça esse teste em sua vida. Observe que na presença de algumas pessoas você nunca pensaria em perder o autocontrole, independente da provocação. Existe alguém cuja presença evitaria que você perdesse as estribeiras mesmo nas circunstâncias mais provocantes. Todos nós conhecemos um homem, ou uma mulher, ou algum amigo diante do qual nada no mundo pode nos tirar nosso autocontrole. Por outro lado, diante de um empregado, a quem talvez vejamos como simplesmente parte da máquina de nosso negócio, por quem não temos nenhuma admiração ou compaixão verdadeira; ou em casa, onde talvez nos sintamos mais à vontade, perdemos o controle à menor provocação. Isso prova que podemos nos controlar infinitamente mais do que achamos. A pessoa de temperamento mais explosivo não demonstrará raiva em uma recepção ou um jantar para pessoas ilustres, não importa o insulto. Jamais pensaria nisso. Se tivéssemos consideração por todos, se respeitássemos até o mais humilde ser humano como deveríamos, e se nos respeitássemos o suficiente, teríamos pouca dificuldade de nos controlar.

"Se pensar nisso e refletir muitas vezes, a felicidade vai se tornar habitual e um poder em suas mãos para muitas coisas boas", diz Margaret Stowe.

Podemos cultivar o hábito de sempre ver o lado positivo das coisas. Todos nós temos o poder de exercer a vontade para direcionarmos nossos pensamentos a alvos que produzam felicidade e aprimoramento, em vez de seus opostos.

Se sempre tentarmos nos mostrar felizes e agradáveis, mesmo se não nos sentirmos tanto assim, aos poucos o esforço se tornará um hábito.

Podemos criar o hábito da felicidade começando com o máximo de pequenos prazeres, e não esperando por alegrias avassaladoras. Muitos não conseguem ter tempo para curtir as coisas agradáveis da vida. Pisamos nas violetas e nas pequenas lindas flores tentando alcançar as flores maiores da vida. Esforçamo-nos muito para alcançar as grandes coisas, sendo que a grande diversidade de pequenas coisas, de pequenos prazeres, à medida que avançamos, é o que faz a vida feliz.

É nosso esforço por grandes resultados que nos incapacita de desfrutar as pequenas coisas cotidianas, que faz a maioria de nós receber só um décimo das bênçãos do momento presente que estão à nossa espera.

"Um cometa passa como um flash diante de nossos olhos, mas a luz do sol é uma bênção diária", disse alguém, "e uma planta seria tola se esperasse que um cometa aparecesse para fazer brotar suas flores." Existe pouca probabilidade de que você receba uma alegria extraordinária hoje, mas haverá abundância de pequenos prazeres. Faça o máximo com cada um. Curta o e-mail amigável que recebeu de manhã, a sala confortável onde você trabalha, o amigo agradável que você conheceu no jantar, a chance que teve de dizer uma

## Trechos de *The Joy of Living* e *The Key to Prosperity*

palavra de encorajamento ao colega da sala ao lado que está longe de casa. A felicidade não é um mistério, mas também não é uma questão de sorte, como alguns querem nos fazer pensar. É uma das coisas mais práticas do mundo, e aquele que aprender a aproveitar ao máximo as pequenas bênçãos diárias dominará esse grande segredo com maestria.

Talvez você ache que a rotina de sua vida é extremamente comum, insípida, insossa, mas isso não significa, necessariamente, que a vida é decepcionante, só porque não tem o cor-de-rosa de seus sonhos da juventude; isso significa que você não criou o hábito da felicidade, e, assim, não aprendeu a apreciar a vida como ela é. Ao seu lado pode haver outras pessoas que levam o mesmo tipo de vida que você, mas que encontram a felicidade nela. Você não ouve outras pessoas no trabalho, ou em condições de vida idênticas à sua, rindo com gosto? Elas encontram uma maneira de aproveitar as circunstâncias, enquanto você curte a tristeza. Elas conseguem encontrar alegria na vida, enquanto você não encontra nada de interessante nela.

Quantas vezes, no entanto, ouvimos as pessoas expressarem a ideia de que não tiram muito proveito da vida. É exatamente por ficarem tentando ver o quanto podem tirar da vida que acabam tendo tão pouco. As pessoas que colocam mais de si na vida são as que tiram o máximo proveito dela. Um fazendeiro pode muito bem ficar parado e ver quanto proveito pode tirar de sua fazenda sem semear. São as pessoas que mais dão à vida as que mais proveito tiram dela. Para muitos, a vida parece algo a ser saqueado, em vez de algo a ser cultivado ao máximo.

Assim como o fazendeiro vai arar um determinado pedaço de terra de onde tenta extrair sua recompensa, você deve dar o máximo que puder à vida, torná-la o mais rica possível. Coloque amor e contentamento nela, ânimo e serviço altruísta, e, então, não vai sair por aí reclamando que a vida lhe dá tão pouco, que o mundo não tem recompensas para lhe oferecer.

A verdadeira felicidade vem do cultivo, do desenvolvimento, do mais elevado que há em nós. O egoísmo nunca pode trazer felicidade, porque está constantemente desenvolvendo, ampliando sua natureza gananciosa, apegada; está constantemente incentivando a mesma coisa que nos leva para longe da felicidade. Você não vai encontrar a felicidade se não a vir com um coração puro, com uma mente limpa, um propósito nobre, com objetivo e desejo altruístas pelo bem-estar dos outros.

O hábito da felicidade é tão necessário para nosso bem-estar quanto o do trabalho ou qualquer outro, e é importante para cultivar a arte da felicidade saber que podemos obter prazer das experiências comuns de todos os dias.

Que maravilha é ser capaz de sempre dar as costas a cada sombra que se aproxima, voltar-se para a luz, seja muita ou pouca!

Nada contribui mais para o maior sucesso que a criação do hábito de ver o lado positivo das coisas. Seja qual for sua vocação na vida, quaisquer que sejam os infortúnios ou dificuldades que enfrente, decida, de uma vez por todas, que, aconteça o que acontecer, você vai ter o máximo possível de prazer verdadeiro todos os dias; que vai aumentar sua capacidade de gozar a vida, tentando encontrar o lado positivo de todas as experiências do dia. Decididamente, determine que vai ver o lado cômico das coisas. Não importa quão difícil ou inflexível seu ambiente seja, há sempre um lado ensolarado. A capacidade de provocar risos, mesmo em situações difíceis, vale mais que acumular uma grande fortuna mas não conseguir fazer as pessoas sorrirem. Decida ser otimista, não ter nada de pessimista, levar sua própria luz do sol aonde quer que vá.

Suponha que o caminho lhe pareça sombrio, que você não veja nenhuma luz, nenhuma abertura. Isso não é garantia de que não há saída, de que não terá nenhuma possibilidade de expressar o que está trancado dentro de você só porque está temporariamente preso a uma situação difícil e não vê como sair dela nesse momento. Espere, trabalhe e tenha fé. Não desperdice seu tempo com um desespero inútil. Cultive a felicidade. Lembre-se, uma porta que se fecha sempre significa que outra se abre.

Cultive a felicidade como uma arte, ou uma ciência. Tenha tanta vergonha de ser infeliz como de estar sujo.

Hoje eu vou...

Trechos de *The Joy of Living* e *The Key to Prosperity*

- Começar cada manhã decidindo encontrar algo no dia para curtir a felicidade. (Procure em cada experiência algum grão de felicidade. Você vai se surpreender ao descobrir que aquilo que parecia irremediavelmente desagradável tem um lado instrutivo ou divertido.)
- Dar atenção ao quanto tenho para *ser* feliz. (Não importa quantos infortúnios tem na vida, neste momento também tem as mesmas estrelas, o Sol, a Lua que alguém que você acha que é mais feliz; tem as mesmas oportunidades de curtir a beleza, tem as mesmas oportunidades de conhecer alguém e começar uma amizade, um relacionamento afetivo; teve a mesma oportunidade de comprar este livro. Você tem um teto sobre a cabeça, uma casa aconchegante e água corrente, assim como os outros.)
- Lembrar que se não sou tão feliz como gostaria, sou eu mesmo que estou me prendendo; hoje vou viver a felicidade, em vez da tristeza. (Shakespeare escreveu: "Nada é bom ou ruim; o pensamento é que faz as coisas assim." Não importa o quanto você ache que sua situação é desfavorável, muitas pessoas no mundo teriam inveja do que você tem, das oportunidades que tem. Olhe ao seu redor e recorde a si mesmo tudo que você tem para ser feliz, que faria tantos outros no mundo felizes. Talvez não seja nada mais que ter água corrente em casa, um banho quente sempre disponível, um rádio para ouvir todos os grandes cantores e músicos de hoje e de ontem, dar música à sua vida para acalmar seu estado de espírito.)

Lembre-se que a felicidade não é somente resultado de grandes eventos. Uma pessoa não precisa de um iate, uma casa na praia ou viagens frequentes ao exterior para ser feliz. Muitas pessoas são felizes e nunca tiveram nada disso. Na verdade, nunca nem *viram* nada disso. A felicidade pode estar em dedicar algum tempo para brincar com seu bichinho de estimação, ou o de seu vizinho; em parar e conversar com uma criança; em plantar um jardim e chegar um dia em que as flores em cima da mesa sejam as que você regou e cuidou;

e as verduras, aquelas que você nutriu até a maturação; em chamar um amigo para andar de bicicleta ou fazer uma caminhada, ou viajar de carro para qualquer lugar.

Lembre que a felicidade não tem de decorrer do "fazer" alguma coisa. A felicidade pode significar, simplesmente, tirar uma tarde para ler aquele livro que você vem adiando; para ir ao parque e meditar; para ficar em casa e finalmente limpar a garagem, o sótão, o porão, seu escritório — enfim, qualquer coisa que anda prometendo a si mesmo que faria.

Decida ser feliz, pensar no melhor, em vez de no pior. Lembre-se do que disse Abraham Lincoln: "A maioria das pessoas é tão feliz quanto decide ser."

## RIQUEZA E FELICIDADE

> *O mundo é demais para nós; tarde e breve,*
> *Tomando e gastando, devastamos nossos poderes;*
> *Pouco vemos na Natureza que é nosso;*
> *Jogamos fora nosso coração, uma bênção sórdida!*
> William Wordsworth

O poder atribuído às coisas materiais para nos outorgar a felicidade, para trazer alegria à vida, é imensamente exagerado. E, de fato, que desgraça seria se a riqueza fosse na verdade a fonte singular de felicidade, como muitas pessoas acham que é! Os ricos seriam sempre felizes e os pobres, sempre infelizes. Felizmente, a riqueza por si só não faz pessoas felizes ou bem-aventuradas. Na verdade, uma das maiores decepções de muitos ricos é a descoberta de que não podem comprar a felicidade com seu dinheiro; que aquilo que o dinheiro pode comprar só satisfaz uma pequena parte de um ser imortal.

"O dinheiro ainda não fez um homem feliz", disse Benjamin Franklin, "e não há nada em sua natureza para produzir felicidade."

No entanto, apesar dessas precauções, apesar de algumas das mais ricas e mais felizes mentes do mundo terem pertencido a pessoas que tinham poucos bens materiais, a grande luta de milhares de pessoas ainda é adquirir riquezas como um meio de obter felicidade. O que esses outros tinham era uma riqueza que nenhum dinheiro pode comprar, nenhuma inveja pode adquirir. E, no entanto, em vez de invejá-los, a maioria de nós inveja pessoas com grandes somas de dinheiro.

Por que ver a prosperidade de outras pessoas impede que eu reconheça e desfrute de meus bens? Por que eu deveria aproveitar menos o que é meu porque alguém tem mais? Por que o fato de outras pessoas terem mais que eu deve diminuir o valor do que eu tenho? Por que eu deveria me depreciar e baixar a cabeça diante de pessoas que conseguiram reunir enorme quantia de dinheiro? O dinheiro é a medida das coisas que valem a pena? A quantidade de dinheiro vale mais que a pessoa? Se é a felicidade que buscamos, deve haver algo melhor e mais rico e infinitamente maior dentro de nós que o ideal de quantas coisas materiais podemos acumular sobre nós mesmos.

Na verdade, a busca da riqueza, por si só, traz um grande número de inimigos com ela; inimigos que nos tentam a fazer muitas coisas que não são de nosso interesse e que deterioram nossa alma e viciam nosso caráter. Muitos ricos, por exemplo, chamam atenção pela ausência de seus nomes dentre aqueles ligados a causas nobres. Eles raramente dão aos pobres, nunca oferecem ajuda a causas nobres, não pertencem a nenhuma organização que tenha o objetivo de fazer o bem à humanidade. Ser rico em dinheiro e pobre em todo o resto não é ser rico, e sim ser pobre.

Se nos concentrarmos na cobiça, se nossa atitude mental estiver sempre fixa no jogo de fazer dinheiro e em nossos próprios interesses, não haverá nada em nossos pensamentos para fazer nossa própria felicidade. Além disso, o que começou como um hábito evoluiu para um vício, e quando alguém se torna viciado, perde o sentimento de obrigação moral, deixa de reconhecer a verdade e o dever, desenvolve apenas uma astúcia maravilhosa para a aquisição daquilo que vai satisfazer seu desejo. Esse ambiente se torna impossível para as coisas que criam amor para viver. Nossas propensões básicas matam dentro de nós as mais tenras plantas e flores que irradiam doçura e beleza, alegria e felicidade.

Riqueza traz várias novas obrigações, muitas vezes acompanhadas de complicações extras. Em vez de preencher um vazio, muitas vezes cria um. Robert Louis Stevenson reconhecia o grande impedimento que são as coisas materiais para o voo da alma ao céu. Certa vez, ele deu os parabéns a um amigo que teve a casa, grande e maravilhosa, incendiada.

Stevenson entendia que, embora muitos pensassem que seriam perfeitamente felizes se pudessem ter dinheiro suficiente para ter a liberdade de satisfazer todos os seus desejos, ao tornarem-se ricos descobririam que o dinheiro muitas vezes traz espinhos para atormentar quem o possui. Nesse caso particular, a esposa do amigo de Stevenson estava se distraindo com um exército de criados e com a administração da grande residência.

Uma das piores doutrinas já estabelecidas diz que a verdadeira felicidade é adquirida por meio de coisas materiais. Não é. A verdadeira felicidade não é medida pela quantidade de riqueza ou posses, e sim pela qualidade do coração e da mente. Uma grande conta bancária nunca pode fazer uma pessoa rica em felicidade. É a mente que faz um corpo rico. Ninguém será rico em felicidade, não importa quanto dinheiro ou propriedades tenha, se for pobre de coração.

Quando perguntaram a um homem rico qual fora a obra em sua vida que lhe dera maior felicidade, ele respondeu que foi pagar a hipoteca da casa de uma mulher pobre que estava sendo penhorada. Ao ajudar a salvar a casa de uma mulher pobre ele havia obtido maior alegria e satisfação que em qualquer experiência de sua carreira empresarial.

As pessoas mais infelizes que conheço constroem o próprio purgatório com suas falsas ideias de vida, colocando a ênfase nas coisas erradas, dando às coisas o valor errado.

Recentemente, um trabalhador me contou a seguinte história:

> Eu sou apenas um mecânico comum, e meu patrão fala como se eu fosse um fracasso na vida, porque não tenho um negócio próprio e não fiquei rico. Ele diz que qualquer pessoa com um pingo de cérebro e ímpeto devia ser capaz de fazer fortuna nesta terra de oportunidades.

### Trechos de *The Joy of Living* e *The Key to Prosperity*

Nós temos diferentes maneiras de estimar o que significa sucesso e felicidade na vida. Ele me olha de cima, me considera um zé-ninguém, porque não posso morar no lado chique da cidade como ele, nem comprar um carro. Minha família não se veste como a dele. Meus filhos não podem se relacionar com as mesmas pessoas que os dele. Nós não pertencemos ao seu grupo social. Eu não sou convidado a ir a comitês, a conselhos administrativos como esse homem. No entanto, verdade seja dita, eu tenho uma posição melhor na estima dos meus vizinhos que meu patrão. Ele é visto como um conspirador sagaz, astuto. As pessoas veem seu dinheiro, não ele. Elas se curvam diante da fortuna dele.

Comecei a trabalhar para o sr. B quando eu era jovem. Poucos anos depois cheguei ao cargo de mestre mecânico. Acho que tenho mais respeito por minha profissão do que ele tem pela dele. Uma bela peça, um trabalho bem-feito me encantam como uma excelente pintura deleita um artista. Mas meu patrão parece ver seu negócio apenas como o meio mais viável de acumular dinheiro.

Viver tão mergulhado no trabalho, como o patrão desse mecânico, ser engolido por uma vida complicada, intimidado pelo empenho e pelo esforço, preocupação e ansiedade, que acompanham seu negócio, não é ser verdadeiramente rico ou feliz. Sim, é verdade que se eliminarmos de nós tudo que aspira ao bem, ao belo e ao verdadeiro, se eliminarmos tudo, menos a parte essencial de nós mesmos, seremos capazes de experimentar a satisfação essencial, mas nunca conheceremos a felicidade que está disponível para nós como seres humanos.

Nosso maior objetivo na vida deve ser absorver em nosso ser a maior quantidade de doçura e beleza possível. Não é a posse de dinheiro que constitui a riqueza, que dá a maior satisfação e desperta a consciência da nobre realização, ou que nos dá a certeza de que estamos cumprindo nossa missão e que lemos corretamente a mensagem selada que o Criador colocou em nossas mãos no momento do nascimento. As maiores riquezas estão fora do alcance do dinheiro, independem da fortuna e não podem ser perdidas nas flutuações da vida. A felicidade não pode ser comprada, nem o amor ou o respeito.

Somente a fidelidade aos princípios enobrecedores e imutáveis pode dar felicidade permanente; coisas materiais estão sempre mudando, sempre se esquivando; não há permanência, não há persistência nelas. Como disse Ralph Waldo Emerson: "Nada pode lhe trazer paz, exceto o triunfo dos princípios." "Moderação no temperamento é sempre uma virtude", disse Thomas Paine, "mas, em princípio, a moderação é sempre um vício". Ninguém pode ser realmente feliz se não tiver um alto ideal e um propósito grandioso na vida.

Muitas vezes, a busca da riqueza financeira é inimiga dos princípios da vida simples, e cria, ao contrário, uma vida complicada, estressante, de esforço. E nós, seres humanos, somos constituídos de tal forma que a vida complexa não é propícia para nosso bem-estar ou nossa maior felicidade.

Frequentemente, viajo uma longa distância para visitar uma casa muito humilde em Amesbury, Massachusetts. A propriedade inteira não vale mais que algumas centenas de dólares, mas o fato de que John Greenleaf Whittier viveu lá conferiu-lhe um valor absolutamente inestimável. Homens e mulheres atravessam continentes e oceanos para visitá-la. Admiradores entusiastas do poeta levam de lá pedaços de madeira, flores silvestres, folhas e todos os tipos de lembranças para recordar que uma das pessoas de natureza mais nobre viveu lá.

Milhares de pessoas neste país veem Whittier, o poeta simples, como um dos mais ricos tesouros que os Estados Unidos já produziram, e ainda assim, do ponto de vista comercial, tudo que ele deixou no mundo não vale mais que uma canção.

E o que é verdadeiro para Whittier é verdade para muitos dos chamados pobres, em cujas casas e vida, muitas vezes, encontramos mais coisas que inspiram vida nobre — que elevam a vida acima do comum e sórdido, e que incentivam a alma a voos mais altos — que nas mansões de alguns milionários, onde podemos encontrar uma ostentação de riqueza em finos tapetes e tapeçarias, e mobiliário caro. Em outras palavras, uma fortuna em decoração; mas nada que revele qualidades espirituais de vida.

Trechos de *The Joy of Living* e *The Key to Prosperity*

Quem insultaria a memória de Whittier perguntando se ele era rico? Quem profanaria o nome de Lincoln perguntando quanto dinheiro ele deixou? E quantos ainda continuam acreditando que podem comprar felicidade!

Ninguém ainda conseguiu subornar a felicidade real. Ela tem um preço, e tanto pobres quanto ricos podem obtê-la.

É loucura pôr tanta ênfase no dinheiro e no que ele pode fazer. Com o dinheiro podemos, talvez, comprar prazeres momentâneos, mas dedicar toda uma vida à busca do dinheiro para esses momentos fugazes de recompensa é confundir prazer com felicidade.

Não quero sugerir que a riqueza e a prosperidade são erradas, que pobreza é nobre, ou que todos os ricos têm caráter ignóbil. Mas se é a felicidade que você procura, deve haver algum motivo maior dentro de si para obter a felicidade duradoura. O dinheiro, para fazer as pessoas felizes, deve servir sua natureza superior: o desenvolvimento do bem nelas e nos outros.

Somente aqueles que buscam o bem do outro, o bem-estar do outro, a felicidade do outro, podem encontrar a sua própria. Com a sensação do dever cumprido, homens e mulheres têm sido felizes em meio às circunstâncias mais adversas. Sem isso seriam miseráveis, apesar de terem suprido todas as carências mundanas.

Só a riqueza da alma, a generosidade desinteressada, o amor ao próximo, as mãos que ajudam e os corações que se compadecem constituem verdadeiras riquezas e preenchem quem os possui com a alegria de quem sabe que está cumprindo seu verdadeiro propósito na vida.

O coração humano será sempre faminto. Infelicidade é a fome de cobiçar, de perseguir, de obter. Felicidade, por outro lado, é a fome de dar. Ambas têm fomes gêmeas. Para sermos verdadeiramente felizes devemos deixar uma passar fome e alimentar a outra.

E ainda assim, em todos os lugares, continuamos vendo pessoas deixando morrer de fome seu mais nobre crescimento, lutando incansavelmente para colocar um pouco mais de dinheiro no bolso. Multidões têm sacrificado familiares, casas, amizades, saúde, conforto e honra a si mesmo para apaziguar a febre horrível que os queima por dentro, a terrível ânsia da ambição por mais e mais —

a perpétua fome e sede que nunca estão satisfeitas, que sufocam todas as suas aspirações mais nobres, que afligem tudo que é bom, delicado e sensível em sua natureza, até que ficam insensíveis e não respondem mais a tudo que é bonito, doce e verdadeiro.

Não é um espetáculo lamentável ver um ser humano nas garras loucas de um objetivo ganancioso? Essa pessoa está morta para tudo que há de melhor na vida. Não aprecia a glória e a grandeza, a sublimidade da existência.

Ai de quem atender a uma ambição de riquezas e a seguir cegamente; de quem esperar que ela lhe dê paz de espírito quando se realizar. Quanto mais avidamente uma ambição é alimentada, mais voraz é seu apetite! É como a água de fogo na história encantada; quanto mais a vítima bebia dela, mais ardia sua febre.

Para sermos verdadeiramente felizes devemos ter dentro de nós uma fome, uma inclinação para ajudar os outros e proporcionar-lhes felicidade na vida; deve haver, dentro de nós, uma valorização pelo que somos, não pelo que temos; deve haver a capacidade de apreciar ao máximo todas as situações da vida. Isso é o que contribui para a felicidade. Aqueles que têm riqueza, sem esses propósitos mais elevados, logo se afastam da felicidade.

Se você não incorporar essas qualidades à sua vida, se não as afirmar como traços e princípios necessários para sua própria evolução e aprimoramento, a verdadeira felicidade sempre lhe escapará, e você nunca vai conhecer a alegria e a satisfação da vida verdadeira, mesmo que tenha milhões de dólares.

Hoje eu vou...

- Examinar minhas prioridades. (Você está dando mais importância a fazer dinheiro do que à entrega de si mesmo? Cancela ou adia o tempo e o carinho para sua família, pedindo-lhes que entendam que *seu trabalho* exige muito de você? Foi para isso que se casou? É para isso que tem uma família?)
- Perguntar-me se estou vivendo ou simplesmente sobrevivendo. (Neste último caso, o que pode fazer para mudar?)
- Anotar meus princípios mais profundamente arraigados, e depois ver se estou comprometendo qualquer um deles com

meu trabalho, a fim de ganhar dinheiro. (Em caso afirmativo, o que pode fazer para restaurar o equilíbrio, para restabelecer a proeminência de seus mais caros princípios, aqueles que fazem que você se sinta útil, rico de espírito, e não apenas de dinheiro?)
- Ver se estou usando o dinheiro que ganho para gerar felicidade ou apenas para satisfazer um prazer, um desejo. (No mundo de hoje, de altos preços de automóveis e alto custo da tecnologia, é fácil acreditar que você deve ter sempre o mais novo: o mais novo equipamento, o mais novo dispositivo etc., quando, na verdade, o que tem atualmente está lhe servindo bem. O dinheiro que está gastando para obter o mais recente, a dívida que está assumindo, impedem-no de sair para jantar, de ir a um show, a uma peça de teatro, de fazer um piquenique no parque com seu cônjuge, com seus filhos? Ou, se ainda não é casado, impede-o de agradar *a si mesmo* indo a um show, a uma peça de teatro, jantar fora, ver um filme etc.?)
- Separar parte de minha renda para o dízimo. (Existem muitas fontes de felicidade espiritual na vida: a orquestra sinfônica ou o grupo de dança comunitários, a rádio não comercial, a Igreja, o templo, o centro de Yoga, de meditação etc. Cada uma dessas organizações tem unidades de captação de recursos, ou faz solicitações periódicas de ajuda financeira para que possam continuar lhe fornecendo aquilo com que você se nutre. Separe algum dinheiro para doar a essas organizações. Não precisa ser muito. A doação é o que vai lhe trazer felicidade.)

## O SUCESSO E A FELICIDADE SÃO PARA VOCÊ

Há muitas evidências de que fomos feitos para coisas grandes, sublimes; para a abundância, não para a pobreza. Falta e carência não se encaixam em nossa natureza divina. O problema, porém, é que não temos nem metade da fé no bem que está disponível para nós.

Não ousamos nos entregar ao desejo de nossa alma, seguir nossa fome divina e pedir sem limites a abundância que é nosso direito nato. Em vez disso, quando pedimos, são coisas pequenas, e esperamos coisas pequenas, espremendo nossos desejos e limitando nosso suprimento. Não nos atrevemos a pedir o pleno desejo de nossa alma, não nos abrimos o suficiente para permitir um grande fluxo de coisas boas. Pensamos com limitação. Não lançamos o desejo de nossa alma com aquela fé abundante que envolve uma confiança sem reservas — e que recebe em conformidade com ela.

A rosa não pede ao Sol só um pouquinho de luz e calor, pois é da natureza dele lançar-se sobre tudo que vai absorvê-lo e bebê-lo. A vela não perde sua luz ao acender outra vela. Nós não perdemos e sim aumentamos nossa capacidade de amizade sendo amigáveis, dando a abundância do nosso amor.

Um dos grandes segredos da vida é aprender a transferir a corrente total da força criativa universal para nós mesmos, e como usá-la de forma eficaz. Se cada um de nós entendesse — dominasse — essa lei da transferência, multiplicaríamos nossa eficiência um milhão de vezes, porque, então, seríamos cooperadores, cocriadores da grande força criativa da vida.

Quando reconhecermos que tudo vem da grande fonte infinita e que flui livremente para nós, quando chegarmos à perfeita sintonia com o Infinito, todas as coisas boas do universo fluirão espontaneamente para nós.

O problema é que restringimos o fluxo por atos e pensamentos errados. Não fique sempre pedindo desculpas pela falta disso ou daquilo. Cada vez que você diz que não tem nada apropriado para vestir, que nunca tem coisas que os outros têm, que nunca vai a lugar nenhum ou faz coisas que os outros fazem, simplesmente está entalhando cada vez mais fundo uma imagem desesperadora. Enquanto recitar esses detalhes desafortunados e se afligir com suas experiências desagradáveis, sua mente não vai atrair aquilo que você quer, não vai trazer aquilo que remediará suas duras condições.

Sua atitude mental, sua visualização mental deve corresponder à realidade que você procura.

Trechos de *The Joy of Living* e *The Key to Prosperity*

Quando aprender a arte de ver com opulência, não com avareza; quando aprender a pensar sem limites; quando aprender a não se enforcar com a limitação do pensamento; quando a injustiça, o desejo de tirar proveito de seus irmãos for removido de sua vida, aí sim você vai descobrir que aquilo que está buscando também está procurando você, e vão se encontrar no meio do caminho.

A prosperidade começa na mente, mas é impossível com uma atitude mental hostil a ela. Não podemos mentalmente atrair opulência com uma atitude miserável que afugenta o que almejamos. É fatal trabalhar para uma coisa e esperar outra. Não importa quanto tempo esperemos a prosperidade, uma atitude mental pobre vai fechar todos os caminhos para ela.

Opulência e prosperidade não podem entrar pelos canais de pensamentos de pobreza e de fracasso, pois a tessitura da teia é obrigada a seguir o padrão.

Temos de pensar a prosperidade antes de chegar a ela. Temos de criá-la mentalmente primeiro.

Quantos de nós assumem como certo que existe uma abundância de coisas boas neste mundo para os outros — conforto, luxo, casas chiques, bens, roupas, oportunidade de viagens, lazer —, mas não para nós? Nós nos acomodamos na convicção de que essas coisas não nos pertencem. E, assim, colocamos grades entre nós e a abundância. Cortamos a abundância de nossa vida. Tornamos a lei do suprimento inoperante para nós, fechando-nos para ela. A limitação está em nós mesmos, não na vida.

Uma das maiores maldições do mundo é a crença na necessidade da pobreza. A maioria das pessoas tem forte convicção de que alguns devem, necessariamente, ser pobres, e muitos acreditam que nasceram para ser pobres. Mas ninguém precisa ser pobre no planeta. A Terra está cheia de recursos que ainda quase não tocamos. Temos sido pobres no meio da abundância simplesmente por causa de nossos próprios pensamentos limitantes.

Estamos descobrindo que os pensamentos são coisas, que estão incorporados à vida e fazem parte do caráter, e que se abrigarmos pensamentos de carência, se tivermos medo da pobreza, da falta, essas ideias de pobreza se incorporarão à tessitura de nossa vida e nos transformarão em um ímã para atrair mais pobreza ainda.

Não está escrito que tem de ser difícil ganhar a vida, que devemos nos virar só para sobreviver, para conseguir algum conforto, que temos de passar todo o nosso tempo sobrevivendo, em vez de vivendo. Uma vida abundante, plena, livre e bela está destinada para nós.

Se mantivermos pensamentos de abundância, de que ela é nosso direito nato, que possuímos desde crianças, então, assim como para as crianças, ganhar a vida será mero incidente.

Decida se vai virar as costas para a ideia de pobreza e esperar a prosperidade com vontade; persistir nos pensamentos de abundância, ideais opulentos, que são condizentes com sua natureza; tentar viver na realização da abundância para realmente se sentir rico, opulento. Isso vai ajudá-lo a alcançar o que deseja.

Existe uma força criativa no desejo intenso. O fato é que vivemos no mundo que criamos: somos criações, resultados de nossos próprios pensamentos. Cada um de nós constrói seu próprio mundo, por meio dos hábitos de pensamento. Podemos nos cercar de um entorno de abundância ou de carência; de plenitude ou de necessidade.

Fomos feitos para aspirar; olhar para cima, não para baixo. Fomos feitos para coisas grandiosas, não para viver apertados na pobreza.

Não é a vida ou as circunstâncias, e sim a atitude da pobreza, a estreiteza de nosso pensamento que nos limita. Se aprendermos a confiar sem reservas que a vida é uma fonte de suprimento infinito que sempre dispõe de tempo de plantio e de colheita, nunca saberemos o que é necessidade.

Mas a maioria de nós não tem boas opiniões acerca de nossas possibilidades: não esperamos nem metade de nós mesmos. Não exigimos a abundância que nos pertence, por isso, a pobreza, a falta de plenitude, a incompletude de nossa vida. Não exigimos o suficiente. Ficamos satisfeitos com muito pouco das coisas que valem a pena. A intenção era que vivêssemos uma vida abundante, que tivéssemos muito de tudo que é bom para nós. Ninguém

Trechos de *The Joy of Living* e *The Key to Prosperity*

está destinado a viver em situação de pobreza e miséria. A falta de qualquer coisa desejável não é natural da constituição de qualquer ser humano.

Pense que você é uno com aquilo que quer, que está em sintonia com isso, de modo a atraí-lo. Mantenha sua mente concentrada nisso vigorosamente. Nunca duvide de sua capacidade de obter o que deseja, e, então, vai seguir em direção a isso.

A pobreza é mais frequentemente uma doença mental. Se você sofre com ela, se é uma vítima dela, vai ficar surpreso ao ver quão rapidamente sua condição vai melhorar quando mudar sua atitude mental. Em vez de manter uma imagem limitada, de pobreza, volte-se e fique de frente para a abundância e a fartura, a liberdade e a felicidade.

A prosperidade vem por meio de um processo mental perfeitamente científico. Aqueles que se tornam prósperos acreditam que serão prósperos. Eles creem em sua capacidade de ganhar dinheiro. Não começam com a mente cheia de dúvidas e medos, o tempo todo falando de pobreza, pensando em pobreza, andando e se vestindo como mendigos. Eles se voltam para aquilo que estão tentando e estão determinados a obter, e não admitem a imagem oposta em sua mente.

Multidões de pessoas neste país trabalham duro, mas perderam a esperança, a expectativa de prosperidade. Algumas se mantêm pobres por medo da pobreza, concentrando-se na possibilidade de passar necessidade, de não ter o suficiente.

O terror da pobreza, a preocupação constante em pagar as despesas, o medo de que a terrível "época de vacas magras" vai não só fazê-lo infeliz, mas também desqualificá-lo para se colocar em uma condição financeira melhor. Carregando esse tipo de pensamentos você está, simplesmente, aumentando uma carga que já é muito pesada.

Não importa quão sombrio seja o prognóstico, ou quão aparentemente limitado seja seu ambiente; recuse categoricamente ver tudo aquilo que seja desfavorável para você, qualquer condição que tenda a escravizá-lo, qualquer coisa que possa impedi-lo de expressar o melhor que há em você.

O guia do sucesso e da felicidade

Baseados em qual filosofia podemos esperar que pensamentos de pobreza, de carência e necessidade produzam prosperidade? Nossas condições serão correspondentes a nossas atitudes e ideais. Temos tendência a obter o que esperamos, e se não esperarmos nada, não receberemos nada. O rio não pode subir mais alto que seu manancial; ninguém que espere permanecer pobre pode se tornar próspero.

Não diga a si mesmo: "Qual é a utilidade disso? As grandes fusões de empresas estão engolindo as chances. Em pouco tempo a maioria vai ter de trabalhar para poucos. Não acredito que nunca vou fazer nada além de levar uma vida simples de uma maneira humilde. Nunca vou ter uma casa e as coisas que os outros têm. Estou destinado a ser pobre, um zé-ninguém." Você nunca vai chegar a lugar nenhum com essas ideias.

Quem espera prosperidade está criando dinheiro em sua mente sem parar, construindo mentalmente sua estrutura financeira. Antes de tudo, deve existir uma imagem mental de prosperidade. Um edifício, afinal, é construído, primeiro, com todos os seus detalhes, na mente do arquiteto. O empreiteiro só coloca as pedras, os tijolos e os outros materiais em torno da ideia.

Todos nós somos arquitetos. Tudo que fazemos na vida é precedido por algum tipo de plano. Não é preciso ser uma grande pessoa para colocar o material em volta da ideia para criar a imagem mental. Isso não é um sonho ocioso; é um planejamento mental, uma construção mental. O verdadeiro sonhador é o crente, o empreendedor.

Pobre não é só aquele que tem pouca ou nenhuma propriedade, e sim aquele que é pobre de ideias, de compaixão, de poder de apreciação, de sentimentos. Os verdadeiramente pobres são aqueles que cultivam opiniões pobres de si mesmos, de seus próprios destinos, de suas habilidades para ir além; que cometem o crime da autodepreciação.

O que nos faz pobres é a penúria mental.

Os grandes realizadores fazem relativamente pouco com as mãos; eles constroem com o pensamento. São sonhadores práticos. Sua mente alcança o oceano infinito de energia e cria suas oportunidades, assim como a semente alcança o solo fértil infinito à sua volta e faz brotar a árvore.

Para sermos prósperos devemos assumir uma atitude próspera. Saber poupar não se compara com a eficácia dos resultados da obediência às leis da opulência. Devemos pensar de forma opulenta. Nossa atitude mental em relação àquilo que nos esforçamos para conseguir e o esforço inteligente que aplicamos para realizar esse desejo são, em última análise, a medida de nosso alcance.

Devemos nos sentir opulentos no pensamento. Devemos exalar confiança e segurança em nosso próprio comportamento e jeito de ser.

Vamos na direção de nosso foco. Se nos concentrarmos na pobreza, se carência e necessidade predominam em nosso pensamento, o resultado será condições miseráveis.

Antes que possamos vencer a pobreza na vida temos de vencer a pobreza mental.

## COMO O PENSAMENTO TRAZ O SUCESSO

Uma pessoa forte, hipnotizada na crença de que não pode se levantar da cadeira, torna-se impotente para fazê-lo até que se livre desse pensamento. Uma pessoa frágil, revigorada pela necessidade de salvar uma vida, pode carregar outra mais pesada que ela mesma para longe do perigo. Ambas as situações poderiam, em algum sentido e com razão, ser qualificadas como estritamente físicas, mas, nos dois casos, a atitude mental, e não a capacidade física, foi o que determinou o resultado. Quando, portanto, uma tarefa a ser feita depende somente de uma atividade mental, como a maioria dos tipos de sucesso, o poder do pensamento e a atitude mental para conseguir resultados deve ser muito maior!

Eu gostaria que fosse possível impressionar todas as pessoas com o imenso poder que a mente tem para realizar o sucesso: todos os conquistadores do mundo, seja nos campos de batalha, nos negócios ou em lutas morais, venceram devido ao espírito com que fizeram o que tinham de fazer.

A crença em limitações ambientais — a convicção de que não podemos mudar nossa situação, que, na verdade, somos vítimas das circunstâncias — é responsável pelo enfraquecimento de nossas faculdades de conquistas e a sabotagem de nossa capacidade executiva, o que causa trágicos e incalculáveis fracassos, bem como grande parte da pobreza e da miséria da humanidade. Essa crença é, infelizmente, a norma, embora produza condições anormais.

Dominar nossas próprias circunstâncias é nosso direito nato, mas adotamos a fraqueza e a limitação. Temos reivindicado a pobreza, a miséria e a escravidão no lugar de riquezas, felicidade e liberdade.

Mas como podemos sair da miséria se não pensarmos e acreditarmos que podemos? Existe alguma ciência que permita podermos quando pensamos que não podemos? Existe alguma filosofia segundo a qual se pode subir, sem olharmos para cima? Existe alguma maneira pela qual se pode ter sucesso quando se pensa, fala e vive o fracasso?

Nós não podemos seguir em direções opostas ao mesmo tempo. Enquanto não apagarmos as palavras "destino", "não posso" e "dúvida" de nosso vocabulário, não poderemos subir. Não poderemos ficar mais fortes enquanto abrigarmos crenças acerca de nossa fraqueza. Não poderemos ter certeza na presença da dúvida; não poderemos ser felizes enquanto vivermos em nossas misérias e infortúnios.

Também não poderemos esperar ser saudáveis e fortes sempre pensando e falando sobre nossa saúde precária, dizendo que nunca seremos robustos; assim como não podemos esperar que nossas faculdades executivas sejam fortes e vigorosas enquanto ficamos eternamente duvidando de nossa capacidade de fazer o que nos prontificamos a realizar.

Nada enfraquece mais a mente e a torna totalmente imprópria para o pensamento eficaz quanto o constante reconhecimento de nossa dúvida em nossa capacidade de realizar.

A maioria das pessoas que fracassam começa duvidando de sua capacidade de fazer as coisas que tenta, pois ao admitirem a dúvida na mente deixam que um inimigo entre em seu território, um espião que vai traí-los.

A dúvida pertence à família do fracasso, e se for admitida e não expulsa, vai nos levar a pensar "Pegue leve", "Relaxe", "Desista quando ficar difícil" e "Espere", além de outros membros de sua família. E quando essa família entra na mente, atrai outras qualida-

## Trechos de *The Joy of Living* e *The Key to Prosperity*

des como elas, e é aí que reside o fim da ambição. Seus anseios de prosperidade e de realização serão todos inúteis enquanto você cultivar esses pensamentos. Eles vão esgotar sua energia e destruir seu poder de atrair o sucesso. O fracasso em breve estará em ascensão em sua mente e em suas ações.

No momento em que admitir fraqueza, em que confessar a derrota, acabou. Não há esperança para a pessoa que perdeu o vigor, que desistiu da luta. Não há nada que se possa fazer.

Se mantivermos eternamente o pensamento de que estamos acabados e que não podemos nos levantar, que o sucesso é para os outros, não para nós, nos ajustaremos a esses pensamentos e tornaremos impossíveis quaisquer outras condições diferentes dessas que pensamos.

Como alguém pode esperar ter sorte se está sempre falando de seu azar? Enquanto pensar que é um pobre verme miserável, é isso que você vai ser. Você não pode ir acima de seu pensamento; não pode ser diferente de sua concepção de si mesmo. Se você realmente acredita que é azarado, assim será. Não existem remédios ou influências no mundo que o possam afastar dessa condição enquanto você não mudar seu pensamento; e uma reversão do pensamento trará uma reversão das condições do corpo, tão certo como o Sol e a chuva fazem abrir as pétalas de um botão de rosa. Não há nenhum mistério nisso; é puramente científico.

Pessoas que fazem grandes coisas são poderosas em suas afirmações. Elas têm enorme capacidade positiva; não sabem o que significa negativo. Seu poder de afirmação e sua convicção na capacidade de fazer são tão fortes que o contrário não acontece com elas. Quando decidem fazer uma coisa, têm certeza de que vão conseguir fazê-la. Elas não estão cheias de dúvidas e medos, não importa quanto os outros possam zombar e gritar "maluco!". Na verdade, quase todos os grandes homens e mulheres que têm impulsionado o progresso já foram chamados de excêntricos. O mundo os chamou de sonhadores. No entanto, devemos as bênçãos da civilização moderna à confiança sublime de tais homens e mulheres em si, na fé indômita em sua missão que nada poderia abalar. E se Copérnico e Galileu houvessem desistido quando foram denunciados como excêntricos e insanos? A ciência de hoje é construída sobre a confiança inabalável deles de que o mundo era redondo e que a Terra girava ao redor do Sol, em vez de o Sol ao redor dela!

A colossal fé em si mesmo, muitas vezes, estimula o antagonismo e até mesmo a ridicularização, mas é uma qualidade essencial para toda grande conquista. Sem essa fé sublime, essa confiança na missão, como poderia a frágil donzela aldeã Joana d'Arc conduzir e controlar o exército francês? Sem esse poder, como ela poderia ter liderado aqueles milhares de homens valentes como se fossem crianças? Essa confiança divina multiplicou seu poder mil vezes, e até o rei lhe obedeceu.

A autoconfiança, a confiança absoluta é uma força criativa que gera, produz e realiza, ao passo que a falta de confiança derruba, aniquila e destrói.

Uma forte fé em si mesmo, ao eliminar dúvidas e incertezas, faz maravilhas ao poder de concentração, porque retira os motivos de distração. Torna possível uma constante impulsão para a frente, sem dispersão de energia.

Pessoas bem-sucedidas, em todos os tipos de empreendimentos, têm esse espírito de afirmação invencível, ao passo que, se analisarmos os fracassados, veremos que a maioria não tem muita fé em si mesmo, não tem a abundante autoconfiança que marca as pessoas bem-sucedidas.

A mente não pode agir com vigor na presença da dúvida. Uma mente vacilante torna a execução vacilante. Deve haver certeza, ou não haverá eficiência. O ignorante que acredita em si mesmo, que tem fé em que pode fazer aquilo a que se comprometeu, muitas vezes põe no chinelo os eruditos, em quem o excesso de cultura e perspectivas mais amplas costumam provocar um aumento da sensibilidade, uma diminuição da autoconfiança e fraqueza de decisões, pela constante comparação de teorias conflitantes.

Nunca permita que você ou qualquer outra pessoa abale sua confiança em si mesmo, que destrua sua autossuficiência, pois isso é o fundamento de toda grande conquista. Quando a confiança acaba, toda a estrutura cai. Se tiver confiança, ainda há esperança para você.

Autoconfiança, fé inabalável e sem limites em si mesmo, que às vezes equivale à ousadia, é absolutamente necessária em todos os grandes empreendimentos.

## OUTRO OLHAR PARA A FELICIDADE

> *[...] Tinha aquela indefinível beleza que resulta da alegria, do entusiasmo, do êxito, e que é, nem mais nem menos, a harmonia entre temperamento e as circunstâncias.*
> Flaubert, descrevendo Madame Bovary

Todos já vivemos momentos de pura felicidade, quando nós e o mundo somos dominados por um êxtase maravilhoso, louco, de beleza, de alegria, de importância, de embriaguez, de vida. Mas esperamos que esses momentos sejam fugazes, em breve substituídos pelo que chamamos de "realidade", o que significa um mundo de provas e tribulações, cheio do mundano e do insignificante — em outras palavras, o mundo da "rotina diária".

Nós nos consolamos dizendo que para que haja felicidade deve haver tristeza; que para que haja alegria, deve haver sofrimento. Dizemos que um mal nunca vem sozinho. Depois, nos encorajamos lembrando aos outros e a nós mesmos que, no entanto, "o Sol brilha atrás de cada nuvem".

Mas a boa sorte também pode não vir sozinha? A felicidade deve ser sempre algo pelo que temos de ansiar, esperar que apareça por trás daquela sempre esperada nuvem?

Se é possível viver em um mundo de felicidade e beleza por cinco, dez ou vinte minutos, não é possível prolongar esse tempo e viver sempre em um mundo assim?

Nós buscamos o que pensamos ser um mundo encantado de felicidade, mas a maioria de nós busca da mesma forma que o menino da história seguinte:

> Um pobre menino, como conta essa velha história, vivia em um pequeno chalé desgastado pelo tempo, no topo de uma

colina. Era um garoto sonhador, e todas as noites, ao pôr do sol, sentava-se na porta olhando para o vale abaixo, fascinado por uma bela casa bem longe, que tinha janelas douradas maravilhosas que brilhavam à luz do sol que se extinguia.

A visão da casa do vale sempre o enchia de anseio. "Como minha pobre cabana é miserável", suspirava. "Se eu pudesse viver naquela bela casa, com janelas de ouro, como seria feliz!"

Uma noite, quando as janelas de ouro pareciam mais maravilhosas que nunca, e pareciam acenar para ele, o menino decidiu que no dia seguinte visitaria a bela casa.

Na manhã seguinte, foi. A estrada era poeirenta e o sol ardia, mas o pequeno viajante seguiu firme, e ao pôr do sol encontrava-se do outro lado do vale. Mas o que ele ficava olhando de sua choça era apenas um velho celeiro em ruínas! E as janelas maravilhosas? Não eram de ouro e sim de vidro comum. E sujo e quebrado, também.

O que teria acontecido com a bela casa que ele havia visto do topo da colina?

Cansado e com sede, o menino se jogou no chão e chorou amargamente. Finalmente, levantando a cabeça e olhando para o alto do vale, viu, em meio às lágrimas, sua própria casinha no cume do morro. E eis que as janelas eram um flamejante pedaço de ouro!

Como somos iguais a esse menino! A grama do vizinho é sempre mais verde. A beleza e a glória da vida estão sempre muito longe, em outro lugar, em outro momento, diferente de onde estamos e do que estamos fazendo. Esperamos que em algum momento futuro entremos em nossa própria linda casa com janelas de ouro. Graças a alguma magia, ao dinheiro ou ao que ele pode comprar, vamos encontrar a felicidade.

Mas essa noção de felicidade é uma miragem, e nenhum ser humano jamais pegou — e nunca pegará — a sedutora ilusão que está sempre acenando na distância.

No entanto, e infelizmente, continuamos tentando. Parece que estamos possuídos de um desejo insatisfeito que passamos a vida tentando preencher. Estamos muito decepcionados com o que a vida nos deu. Não encontramos o futuro que previmos. Quando chegamos à idade que na juventude havíamos imaginado que estaríamos livres de cautela e ansiedade, com nossas aspirações já satisfeitas, vemos que nossa vida é bem ordinária, bem monótona, bem comum, e muitas vezes está longe de ser feliz. Nossa visão, que de longe parecia tão bonita, foi diminuída quando chegamos ao local de onde ela vinha, e ainda vem até nós de um além, que sempre regride.

E, assim, chamamos de felicidade eterna uma ilusão, uma fantasia, e nesse meio tempo, dificilmente qualquer um de nós está satisfeito com o que tem. Estamos sempre à procura de alguma coisa grande para nos fazer feliz — dinheiro, uma grande oportunidade, coisas vagas, que normalmente não sabemos descrever. E todas essas coisas que vão nos fazer realmente felizes estão sempre em algum lugar em um futuro sombrio. E enquanto não chegam, dizemos, com certa sensação óbvia de fracasso, que o que temos são "coisas pequenas, simples", e na forma como falamos fica claro que essas "coisas pequenas e simples" não têm valor para nós.

Assim, podemos concluir que a natureza da felicidade se baseia em coisas grandiosas que podem ser compradas com dinheiro. Mas o dinheiro nunca teve a fama de comprar felicidade. Quantas músicas nos dizem isso? No entanto, continuamos nos acotovelando pela vida, lutando desesperadamente para nos apossarmos das coisas que acreditamos que nos farão felizes, e eis que, na maioria das vezes, no momento em que as conseguimos, desaparece o encanto com que nossa imaginação as havia revestido!

Quantas vezes achamos que o bem material que desejávamos ontem não é o mesmo hoje? Ele não dá o prazer que prometeu. E, por isso, não estamos mais perto da satisfação que antes. Então, voltamos nossa atenção para outro bem material, algo que achamos que agora vai nos preencher — só para descobrir, quando o conseguimos, que repetimos a mesma experiência: decepção, desilusão. Ele não preenche o vazio em nosso coração. Não satisfaz a fome interna de nossa alma.

Não conseguimos ser felizes com as coisas do jeito que elas são, por isso, estamos sempre lutando pelo que não temos.

No entanto, a maioria de nós realmente não sabe pelo que luta. Quantas pessoas insatisfeitas que você conhece poderiam lhe dar uma ideia clara e consistente de que coisa, que condição poria um fim à infelicidade delas?

Nós dizemos: "Boa saúde me traria felicidade." Mas, então, pensamos: "O que é uma boa saúde sem um relacionamento amoroso?" Então dizemos: "Boa saúde e um relacionamento amoroso me trarão felicidade." Mas, então, pensamos: "De que adiantam essas coisas sem dinheiro?" E então dizemos: "Boa saúde, um relacionamento amoroso e dinheiro me trarão felicidade." Mas depois pensamos: "Bem, claro, uma relação afetiva é uma coisa maravilhosa de se ter, mas, enquanto não chega, eu não deveria ser capaz de encontrar a felicidade sozinho?" E assim, indefinidamente, vamos perseguindo nossos próprios pensamentos, na esperança de que eles nos revelem o que é nossa felicidade.

A verdade é que as coisas que realmente fazem a vida valer a pena são muito simples e estão ao alcance de todos nós. A felicidade não é um monopólio. Ninguém pode "encurralar" a felicidade. Ela está à venda no mercado da vida de cada um que esteja disposto a pagar o preço. E o preço é aquele que todos podem pagar.

Andrew Carnegie disse que daria 10 milhões de dólares para ter mais dez anos de vida; mas toda a sua riqueza não poderia comprar-lhe nem um instante a mais de tempo. O dinheiro também não tem o poder de comprar o amor, a amizade ou a compaixão, quando estamos sofrendo. As coisas mais doces, mais desejáveis que conhecemos, podem ser compradas simplesmente com algo acessível a todos nós: a bondade e a disposição de valorizar.

A luz do Sol, com sua química maravilhosa, opera milhões de milagres a cada momento, em mudinhas, enquanto pinta imagens de cores gloriosas nas flores, nas plantas, na paisagem.

"Nunca vi um nascer do Sol que não me desse a sensação de nascer do Sol", disse o proprietário de uma rede de lojas de departamento e ex-carteiro americano John Wanamaker. E esse Sol glorioso é uma dádiva gratuita para todos nós.

É possível para cada um de nós, por meio das capacidades de nossa própria alma, ter esse espírito harmonioso que encontra serenidade e verdadeira felicidade na vida de todo dia.

Lincoln disse que "a maioria das pessoas é tão feliz quanto decide ser". E ele estava certo. Tudo é matizado por nossos pensa-

## Trechos de *The Joy of Living* e *The Key to Prosperity*

mentos. A fonte de toda felicidade está dentro de nós. A beleza que vemos na natureza e que sentimos na música está dentro de nós. E aí está o segredo. Todos nós já ouvimos isso, e a esta altura talvez já soe como um clichê, não como verdade. Mas é verdade. Se trouxermos a atitude mental da beleza à vida, descobriremos que a vida é bela. Se trouxermos uma atitude mental de descontentamento, ela será decepcionante.

Se o tempo todo nos treinássemos para ter apenas os pensamentos certos, construtivos, felizes, alegres, úteis e altruístas, logo nos tornaríamos extremamente felizes, porque, afinal de contas, a felicidade é um estado mental. Seu grau de felicidade ou infelicidade de hoje é resultado de seu pensamento.

Como um estado mental, a felicidade não é simplesmente uma consequência do que você pensa a respeito de sua conduta em relação a si mesmo; é, também, consequência do que você pensa a respeito de sua conduta para com os outros.

Uma vida egoísta nunca contempla a verdadeira felicidade. A ganância e a inveja nunca a alcançam. Metade da infelicidade do mundo é causada pela inveja que temos dos outros e pelo desejo de possuir o que eles possuem e, assim, desperdiçamos as bênçãos que teríamos se nos sentíssemos satisfeitos com o que possuímos.

"Metade do mundo está farejando errado na caça à felicidade", disse o poeta canadense Henry Drummond. "As pessoas acham que consiste em ter e obter e em ser servidas pelos outros. Ela consiste em dar e servir aos outros."

Cada ação nobre, cada ato altruísta, cada pequena ajuda ao próximo, cada bom serviço à humanidade, cada aspiração elevada e pensamento útil, inevitavelmente, trazem uma quantidade de felicidade que corresponde ao altruísmo e às boas intenções do ato. Isso não significa que a vida fica livre de tristezas e perdas. Mas as lutas, as decepções e as dificuldades não têm por objetivo nos entristecer, e sim nos fortalecer, pois, se não lamentarmos e reclamarmos, receberemos força para superar tudo.

Quando ouço pessoas resmungando e reclamando, sempre penso em uma velhinha cuja vida estava cheia de tristezas e decepções, mas que nunca perdeu a alegria e a serenidade. Quando lhe perguntaram, um dia, o segredo de seu doce otimismo, ela respondeu: "Eu tenho um livro dos prazeres. No início da vida, resolvi que toda noite eu ia registrar alguma experiência agradável que houvesse vivido durante o dia. Isso me deu o hábito de ver as coisas alegres, em vez de ver a tristeza de minha vida. E assim, não importa quantas nuvens escuras haja, eu sempre sou capaz de ver um pouco da luz do Sol brilhando."

Muitos dias, segundo ela, era difícil ver a luz, porque ela havia tido uma família grande e perdera todos os parentes. Além disso, sofrera com muitas doenças e muitas perdas financeiras, que a deixaram muito pobre. Mas, apesar de suas aflições e da pobreza, ela conseguiu encontrar algo pelo que agradecer todos os dias da vida.

As pessoas que vivem a vida com infelicidade não veem nada "para se alegrar e ser feliz". Não só perdem um volume enorme de prazer e alegria de verdade, como também prejudicam seriamente sua capacidade de conseguir o que querem.

Seriedade demais deprime as faculdades mentais e diminui sua eficiência. A vida deve ser cheia de brincadeiras, divertida, cheia de luz e alegria. Seja como a velhinha, que tinha um livro dos prazeres. Crie o hábito de procurar algo com que se alegrar. Comece, primeiro, procurando só uma coisa por dia, e, depois, procure duas coisas todos os dias. Depois, três. E, em seguida, uma por hora. E depois, uma a cada momento.

E então, você vai dominar o segredo da felicidade.

Hoje eu vou...

- Ouvir meu coração, em vez de as pessoas no mercado, quando quiser saber mais sobre felicidade.
- Parar de desejar a felicidade e começar a vivê-la.
- Começar a me esforçar para viver de acordo com as palavras de William Henry Channing:
  *Viver contente com poucos recursos; buscar elegância, em vez de luxo, requinte, em vez de moda; ser digno, não respeitável; e rico, não endinheirado; estudar muito, pensar calmamente, falar gentilmente, agir com franqueza, ouvir estrelas e pássaros, pequeninos e sábios; com o coração aberto, suportar todos alegremente, fazer tudo bravamente, esperar oportunidades, nunca ter pressa.*

- Lembrar as palavras de "A oração da serenidade" de Reinhold Niebuhr:
  *Concede-me, Senhor, a serenidade necessária para aceitar as coisas que não posso modificar, coragem para modificar as que eu posso e sabedoria para distinguir uma da outra.*

# Trechos de *O poder do subconsciente*

Joseph Murphy

## CONTEÚDO

*Seu subconsciente como parceiro no sucesso*
*A medida do verdadeiro sucesso*
*Como ser bem-sucedido com compra e venda*
*Uma técnica eficaz de sucesso*
*Dicas valiosas*

SUCESSO SIGNIFICA TER UMA vida bem-sucedida. Um longo período de paz, alegria e felicidade neste plano pode ser chamado de sucesso. As coisas reais da vida, como a paz, a harmonia, a integridade, a segurança e a felicidade são intangíveis. Elas vêm do eu profundo dentro de nós.

Meditar sobre essas qualidades constrói esses tesouros do céu em nosso subconsciente.

## SEU SUBCONSCIENTE COMO PARCEIRO NO SUCESSO

Vamos discutir três passos para o sucesso: o primeiro passo para o sucesso é descobrir o que você gosta de fazer, e, então, fazer. O sucesso está em amar seu trabalho. Mas se uma pessoa é psiquiatra, não é adequado para ela obter um diploma e colocá-lo na parede; ela deve se manter atualizada, participar de congressos e continuar a estudar a mente e seu funcionamento. O psiquiatra de sucesso visita clínicas e lê os mais recentes artigos científicos. Em outras palavras, deve estar informado sobre os métodos mais avançados de aliviar o sofrimento humano. Psiquiatras ou médicos de sucesso devem ter os interesses de seus pacientes sempre em mente.

Alguém pode perguntar: "Como posso dar o primeiro passo? Não sei o que devo fazer." Nesse caso, ore pedindo orientação, da seguinte forma: "Que a infinita inteligência de meu subconsciente me revele meu verdadeiro lugar na vida." Repita essa oração em voz baixa, de forma positiva e com amor, em sua mente mais profunda.

Persistindo com fé e confiança, a resposta virá para você como uma sensação, uma intuição ou uma tendência em certa direção. Virá de forma clara e pacífica, como uma silente conscientização interior.

O segundo passo para o sucesso é se especializar em algum ramo específico de trabalho e saber mais sobre ele que qualquer outra pessoa. Por exemplo, se os jovens escolhem a química como profissão, devem se concentrar em um dos muitos ramos nesse domínio. Devem dedicar todo o seu tempo e atenção à especialidade escolhida. Devem estar suficientemente entusiasmados para tentar saber tudo o que há disponível sobre essa matéria; se possível, devem saber mais que ninguém. Os jovens devem ser ardentemente interessados em seu trabalho e desejar servir ao mundo.

Compare essa atitude mental com a da pessoa que só quer ganhar a vida ou "sobreviver". "Sobreviver" não é verdadeiro sucesso. Sua motivação deve ser maior, mais nobre e mais altruísta. Você deve servir aos outros, como diz a Bíblia em Eclesiastes, lançando seu pão sobre as águas.

O terceiro passo é o mais importante. Você deve ter certeza de que o que quer fazer não tem a ver só com o seu sucesso. Seu desejo não deve ser egoísta; deve beneficiar a humanidade. Um circuito completo deve ser formado — em outras palavras, sua ideia de ir adiante com o propósito de abençoar ou servir ao mundo. E, então, isso vai voltar para você, reforçado e multiplicado. Se for para se beneficiar exclusivamente, o circuito completo não se forma, e você pode ter um curto-circuito na vida, que pode se manifestar como limitação ou doença.

## A MEDIDA DO VERDADEIRO SUCESSO

Algumas pessoas podem dizer: "Mas o sr. James fez fortuna vendendo estoque fraudulento de petróleo." Uma pessoa pode parecer bem-sucedida por algum tempo, mas o dinheiro que obteve por fraude, em geral, cria asas e voa para longe. Quando roubamos dos outros, roubamos de nós mesmos, porque entramos em um clima de falta e limitação que pode se manifestar em nosso corpo, na vida e nos assuntos domésticos. Criamos aquilo que pensamos e sentimos. Criamos aquilo em que acreditamos. Mesmo que uma pessoa acumule uma fortuna de forma fraudulenta, não será bem-sucedida. Não há sucesso sem paz de espírito. Quão boa pode ser a riqueza acumulada se seu possuidor não consegue dormir à noite, se é doente ou tem a consciência pesada?

Conheci um homem em Londres que me contou suas façanhas. Ele havia feito um esquema de pirâmide e acumulara grande quantidade de dinheiro. Tinha uma casa de verão na França e vivia como um rei na Inglaterra. Mas o caso é que ele vivia em constante temor de ser preso pela Scotland Yard. Ele tinha muitos distúrbios internos, que foram, sem dúvida, causados por seu medo constante e pela profunda consciência pesada. Ele sabia que o que havia feito era errado. Esse profundo sentimento de culpa atraiu todos os tipos de problemas para ele. Posteriormente, de modo voluntário, ele se entregou à polícia, e cumpriu pena de prisão. Após sua libertação, procurou aconselhamento psicológico e espiritual e se transformou. Voltou ao trabalho e se tornou um cidadão honesto, cumpridor da lei. Encontrou o que gostava de fazer e foi feliz.

Pessoas bem-sucedidas amam seu trabalho e se expressam plenamente. O sucesso depende de um ideal maior que a mera acumulação de riquezas. A pessoa de sucesso é aquela que apresenta grande compreensão psicológica e espiritual. Muitos dos grandes industriais de ontem dependeram do uso correto de seu subconsciente para o sucesso.

Em um artigo publicado há alguns anos um magnata do petróleo chamado Flagler admitiu que o segredo de seu sucesso era sua capacidade de visualizar um projeto até sua conclusão. Por exemplo, no caso dele, ele fechou os olhos, imaginou uma grande indústria de petróleo, viu trens circulando pelos trilhos, ouviu apitos e viu fumaça.

Tendo visto e sentido a realização de suas preces, seu subconsciente as materializou. Se você imaginar um objetivo claramente, suas necessidades serão atendidas, por caminhos que você desconhece, por meio do poder milagroso de seu subconsciente.

Ao analisar os três passos para o sucesso você nunca deve esquecer o poder subjacente das forças criativas de seu subconsciente. Essa é a energia que impulsiona todos os passos em qualquer plano de sucesso. Seu pensamento é criativo. Pensamento fundido com sentimento se torna uma fé ou crença subjetiva.

O conhecimento de uma força poderosa dentro de você, que é capaz de levar a efeito todos os seus desejos, dá confiança e sensação de paz. Seja qual for sua área de atuação, você deve aprender as leis de seu subconsciente. Quando souber como aplicar os poderes de sua mente, e quando estiver se expressando plenamente e oferecendo seus talentos aos outros, estará no caminho certo do sucesso verdadeiro. Se você tem uma relação com Deus, Ele está com você. Então, quem pode estar contra? Com esse entendimento não há poder no céu ou na Terra que possa deter seu sucesso.

Por exemplo, um ator de cinema me disse que tinha pouco estudo, mas que teve o sonho, quando criança, de se tornar um ator de sucesso. Ele disse que enquanto roçava feno no campo, ou cuidava das vacas, "constantemente imaginava que via meu nome em grandes luzes em um grande teatro. Continuei fazendo isso por anos, até que finalmente fugi de casa. Consegui fazer pontas em filmes e por fim chegou o dia em que vi meu nome em grandes luzes, como quando era criança!" E acrescentou: "Eu sei que o poder de uma imagem mantida constantemente na cabeça leva ao sucesso."

Trinta anos atrás conheci um jovem farmacêutico que ganhava um parco salário acrescido de uma comissão sobre as vendas.

— Depois de 25 anos — disse ele —, vou receber uma pensão e me aposentar.

Eu disse ao jovem:

— Por que você não tem sua própria farmácia? Saia deste lugar. Erga sua mira! Tenha um sonho para seus filhos. Talvez seu filho queira ser médico; talvez sua filha deseje ser uma grande musicista.

Sua resposta foi que ele não tinha dinheiro! Mas começou a despertar para o fato de que tudo que pudesse conceber como verdade, poderia se realizar.

O primeiro passo em direção a seu objetivo foi despertar para os poderes de seu subconsciente, que eu brevemente esbocei para ele. Seu segundo passo foi perceber que se conseguisse transmitir uma ideia a seu subconsciente, este, de alguma forma, a materializaria.

Ele começou a imaginar que estava em sua própria farmácia. Arrumou mentalmente as embalagens, aviou receitas e imaginou vários atendentes à espera de clientes. Também visualizou um grande saldo bancário. Mentalmente, trabalhou naquela loja. Como um bom ator, viveu o papel. "Agir como se eu fosse, e serei." Esse farmacêutico se colocou de todo coração na representação, na vida, na mudança, e agiu imaginando que era dono da farmácia.

O resultado foi interessante. Ele foi demitido. Arranjou um novo emprego em uma grande rede de lojas, tornou-se gerente e, mais tarde, gerente distrital. Economizou dinheiro suficiente em quatro anos para comprar uma farmácia. Ele a chamava de sua farmácia dos sonhos.

Disse ele: "Foi exatamente essa farmácia que eu imaginei." Ele se tornou um sucesso reconhecido no ramo que escolheu e ficou feliz fazendo o que amava fazer.

Há alguns anos, dei uma palestra para um grupo de empresários sobre os poderes da imaginação e da mente subconsciente. Na palestra apontei como Goethe usou sua imaginação sabiamente quando teve de enfrentar dificuldades e crises.

Biógrafos de Goethe apontam que ele estava acostumado a passar muitas horas em silêncio, mantendo conversas imaginárias. É

## Trechos de *O poder do subconsciente*

bem conhecido que era seu costume imaginar um de seus amigos sentado em uma cadeira diante dele, respondendo apropriadamente. Em outras palavras, quando ele estava preocupado com qualquer problema, imaginava seu amigo lhe dando a resposta certa ou adequada, acompanhada dos gestos habituais e de seu tom de voz; fazia toda a cena imaginária tão real e vívida quanto possível.

Uma das pessoas presentes nessa palestra era um jovem corretor da Bolsa. Ele passou a adotar a técnica de Goethe. Começou a ter conversas mentais, imaginárias, com um amigo banqueiro multimilionário que costumava cumprimentá-lo por seu julgamento sábio e sensato, e por comprar as ações certas. Ele dramatizou essa conversa imaginária até que psicologicamente a fixou, como uma espécie de crença em sua mente.

As conversas internas e a imaginação controlada desse corretor certamente tinham a ver com seu objetivo, que era fazer grandes investimentos para seus clientes. Seu principal objetivo na vida era fazer dinheiro para seus clientes e vê-los prosperar financeiramente graças a seus sábios conselhos. Ele ainda usa seu subconsciente no trabalho, e é brilhante em sua área de atuação.

Um rapaz que cursava o ensino médio me disse: "Estou tirando notas muito baixas. Não consigo prestar atenção. Não sei qual é o problema." Descobri que a única coisa errada com esse garoto era sua atitude, de indiferença e ressentimento em relação a alguns dos seus professores e colegas. Eu lhe ensinei a usar seu subconsciente e a ter sucesso nos estudos.

Ele começou a afirmar certas verdades várias vezes ao dia, especialmente à noite, antes de dormir, e também de manhã, ao acordar. Esses são os melhores horários para impregnar a mente subconsciente.

Ele afirmava o seguinte: "Percebo que minha mente subconsciente é um armazém de memória. Ela guarda tudo o que li e ouvi dos meus professores. Eu tenho uma memória perfeita, e a inteligência infinita de meu subconsciente sempre me revela tudo que preciso saber em todos os meus exames, sejam escritos ou orais. Eu irradio amor e boa vontade a todos os meus professores e colegas. Sinceramente, desejo sucesso e todas as coisas boas para eles."

Esse estudante agora vivencia a maior liberdade que já conheceu. Só tira nota máxima. Sempre imagina os professores e sua mãe o parabenizando por seu sucesso nos estudos.

## COMO SER BEM-SUCEDIDO COM COMPRA E VENDA

Em compra e venda, lembre que sua mente consciente é o motor de arranque e seu subconsciente é o motor. Você deve ligar o motor para facilitar o desempenho de seu trabalho. Seu consciente é a faísca que desperta o poder de seu subconsciente.

O primeiro passo para transmitir seu claro desejo, ideia ou imagem para a mente mais profunda é relaxar, concentrar sua atenção, ficar imóvel e em silêncio. Essa atitude tranquila, relaxada e pacífica da mente impede que assuntos alheios e ideias falsas interfiram com a absorção mental de seu ideal. Além disso, na atitude mental tranquila, passiva e receptiva o esforço é reduzido ao mínimo.

O segundo passo é começar a imaginar a realidade daquilo que você deseja. Por exemplo, você quer comprar uma casa, e em seu estado de relaxamento afirma o seguinte: "A inteligência infinita de meu subconsciente é onisciente. Revele-me agora a casa ideal, que é perfeita, fica em um lugar encantador, atende a todas as minhas necessidades e é compatível com minha renda. Agora estou deixando esta solicitação em meu subconsciente, e sei que ele responde de acordo com a natureza de meu pedido. Eu libero este pedido com fé e confiança absolutas, da mesma forma que o agricultor deposita uma semente no solo confiando totalmente nas leis do crescimento."

A resposta à sua oração pode vir por meio de um anúncio no jornal, de um amigo, ou você pode ser guiado diretamente para uma casa específica que é exatamente a que está procurando. Há muitas maneiras pelas quais sua oração pode ser respondida. O conhecimento principal, aquele em que você pode depositar sua confiança, é que a resposta sempre vem, desde que você confie no trabalho de sua mente mais profunda.

Talvez você queira vender uma casa, um terreno ou qualquer tipo de imóvel. Em uma consulta privada com corretores de imóveis, eu lhes contei como vendi minha casa na Orlando Avenue, em

Los Angeles. Muitos deles têm aplicado a técnica que eu usei, com resultados notáveis e rápidos. Coloquei uma placa no jardim em frente à casa: "Vende-se. Direto com o proprietário." No dia seguinte, quando fui dormir, perguntei a mim mesmo: "Suponha que você vendeu a casa. O que fará?"

E respondi à minha própria pergunta: "Vou tirar a placa e jogá-la na garagem." Em minha imaginação, peguei a placa, arranquei-a do chão, coloquei-a sobre o ombro e fui para a garagem. Joguei-a no chão e disse, em tom de brincadeira: "Não preciso mais de você!" Senti a satisfação interna ao perceber que havia conseguido.

No dia seguinte, um homem fez um grande depósito para reservar a casa e disse: "Pode tirar a placa. Vamos fazer o contrato agora."

Imediatamente, tirei a placa e a levei para a garagem. A ação externa se adequou à interna.

Não há nada de novo nisso. As coisas externas a você são do jeito que são no seu interior, ou seja, em consonância com a imagem impressa em seu subconsciente, na tela objetiva de sua vida. O exterior espelha o interior. A ação externa segue a ação interna.

Aqui está outro método muito popular usado na venda de casas, terrenos ou qualquer tipo de imóvel. Afirme de forma lenta, calma e sincera, do seguinte modo: "A infinita inteligência atrai para mim o comprador para esta casa, que a quer e que nela prosperará. Esse comprador está sendo enviado para mim pela inteligência criativa de meu subconsciente, que não comete erros. O comprador pode ver muitas outras casas, mas a minha é a que ele quer e vai comprar, porque ele é guiado pela inteligência infinita dentro de si. Eu sei que o comprador é o certo, a hora é a certa e o preço é justo. Tudo está certo. As correntes mais profundas de meu subconsciente agora estão em operação, reunindo nós dois na ordem divina. Eu sei que é assim."

Lembre sempre que aquilo que você está buscando também está procurando você, e sempre que quiser vender uma casa ou qualquer tipo de propriedade, haverá sempre alguém que queira aquilo que você tem para oferecer. Ao usar os poderes de seu subconsciente corretamente você liberta sua mente de toda concorrência e ansiedade na compra e na venda.

## UMA TÉCNICA EFICAZ DE SUCESSO

Muitos empresários proeminentes repetem o termo abstrato "sucesso" várias vezes ao dia, até que atingem a convicção de que o sucesso é deles. Eles sabem que a ideia de sucesso contém todos os elementos essenciais do sucesso. Da mesma forma, você pode começar agora a repetir a palavra "sucesso" para si mesmo, com fé e convicção. Seu subconsciente vai aceitá-la como verdade, e você estará sob uma compulsão subconsciente para ser bem-sucedido.

Você é compelido a expressar suas crenças, impressões e convicções subjetivas. O que o sucesso implica para você? Sem dúvida, você quer ser bem-sucedido na vida doméstica e em suas relações com os outros. Deseja ser excelente no trabalho ou na profissão que escolheu. Deseja possuir uma bela casa e todo o dinheiro que necessita para viver confortavelmente e feliz. Você quer ser bem-sucedido em sua vida de oração e em seu contato com os poderes de seu subconsciente.

Você é um empresário porque está no negócio da vida. Torne-se um empresário bem-sucedido imaginando-se fazendo o que deseja, possuindo as coisas que quer. Torne-se imaginativo; participe mentalmente da realidade do sucesso. Faça disso um hábito. Vá dormir sentindo-se bem-sucedido e perfeitamente satisfeito todas as noites, e você acabará sendo bem-sucedido na implantação da ideia de sucesso em seu subconsciente. Acredite que você nasceu para ter sucesso e isso vai acontecer enquanto você ora!

## DICAS VALIOSAS

1. Sucesso significa uma vida bem-sucedida. Quando você está em paz, feliz, alegre e faz o que gosta, é bem-sucedido.
2. Descubra o que gosta de fazer, e faça. Se você não conhece sua verdadeira expressão, peça orientação, e a ideia virá.
3. Especialize-se em sua área e tente saber mais sobre ela que qualquer outra pessoa.

4. A pessoa bem-sucedida não é egoísta. Seu principal desejo na vida é servir a humanidade.
5. Não existe verdadeiro sucesso sem paz de espírito.
6. A pessoa bem-sucedida possui grande compreensão psicológica e espiritual.
7. Se você imaginar um objetivo claramente, receberá o que necessita por meio do poder de seu subconsciente, que opera maravilhas.
8. Seu pensamento fundido com sentimento se torna uma crença subjetiva, e ele será realizado de acordo com sua crença.
9. O poder da imaginação sustentada atrai os poderes milagrosos de seu subconsciente.
10. Se você quer uma ascensão profissional, imagine seu patrão, supervisor ou um ente querido cumprimentando-o pela promoção. Faça a imagem viva e real. Ouça a voz, veja os gestos e sinta a realidade disso. Continue fazendo isso com frequência, e pela ocupação frequente da mente você vai experimentar a alegria da oração atendida.
11. Seu subconsciente é um armazém de memória. Para uma memória perfeita, afirme com frequência: "A inteligência infinita de meu subconsciente me revela tudo que eu preciso saber em todos os momentos, em todos os lugares."
12. Se você deseja vender uma casa ou propriedade de qualquer espécie, afirme lenta, calma e sinceramente, da seguinte forma: "A infinita inteligência atrai para mim o comprador para esta casa, que a quer e que nela prosperará." Sustente essa consciência e as correntes mais profundas de seu subconsciente vão torná-la realidade.
13. A ideia de sucesso contém todos os elementos do sucesso. Repita a palavra "sucesso" frequentemente, com fé e convicção, e você estará sob uma compulsão subconsciente para ter sucesso.

# Trechos de *The Strangest Secret*

## Earl Nightingale

CONTEÚDO

*Definição de sucesso*
*Metas*
*Acredite e seja bem-sucedido*
*Nós nos tornamos aquilo que pensamos*
*Plano de ação de trinta dias*

Vivemos, hoje, uma época de ouro. É uma época pela qual as pessoas esperaram, sonharam e trabalharam por milhares de anos. Mas, uma vez estando aqui, damos tudo por certo. Nos Estados Unidos somos particularmente afortunados, pois vivemos na terra mais rica que já existiu sobre a face da Terra, a terra de oportunidades abundantes para todos.

Mas você sabe o que acontece?

Consideremos uma centena de pessoas de 25 anos de idade. Você tem ideia do que vai acontecer com elas quando tiverem 65?

Aos 25 anos, essas pessoas acreditam que serão bem-sucedidas. Se você lhes perguntar se querem ter sucesso, elas dirão que sim. E você percebe que elas estão otimistas em relação à vida, que têm certo brilho nos olhos, postura ereta, e a vida parece ser uma aventura muito interessante para elas.

Mas, aos 65 anos, uma vai ser rica, quatro serão financeiramente independentes, cinco ainda estarão trabalhando e 54 estarão falidas. Agora, pense um pouco: de cem pessoas, apenas cinco conseguiram! Por que tantas fracassam? O que aconteceu com o brilho dos olhos de quando tinham 25 anos? Que fim levaram os sonhos, as esperanças, os planos? E por que há uma disparidade tão grande entre o que essas pessoas pretendiam fazer e o que efetivamente realizaram?

## DEFINIÇÃO DE SUCESSO

Quando dizemos que cerca de 5% das pessoas alcançam o sucesso, precisamos definir sucesso. E aqui está a definição: "O sucesso é a realização progressiva de um ideal digno." Se uma pessoa trabalha por um objetivo determinado e sabe aonde vai, ela é um sucesso. Se não faz isso, é um fracasso. O sucesso é a realização progressiva de um ideal digno.

Em seu livro *O homem à procura de si mesmo*, Rollo May diz: "O oposto da coragem em nossa sociedade não é covardia [...] é o conformismo." E aí está o problema de hoje: o conformismo, pessoas agindo como todas as outras, sem saber por que, sem saber para onde estão indo.

Agora, pense nisso. Aprendemos a ler por volta dos 6 anos. Aprendemos a ganhar a vida por volta dos 25 anos, e, muitas vezes, a essa altura, não estamos só ganhando a vida, mas também sustentando uma família. No entanto, aos 65 anos, ainda não aprendemos a ser financeiramente independentes na terra mais rica já conhecida.

Por quê? Nós nos conformamos! E o problema é que estamos agindo como o grupo percentual errado, como os 95% que não conseguem ser bem-sucedidos.

Agora, por que nos conformamos?

Bem, não sabemos. A maioria de nós acredita que nossa vida é moldada pelas circunstâncias, pelas coisas que aconteceram, por forças externas. Somos pessoas dirigidas para o externo.

Foi feita uma pesquisa que analisava muita gente, muitas pessoas que trabalhavam, e fizeram a seguinte pergunta a elas: "Por que você trabalha? Por que se levanta todas as manhãs?"

Dezenove dos vinte não tinham ideia. Responderam: "Todo mundo se levanta para trabalhar de manhã." E essa é a razão para fazerem isso: porque todo mundo faz.

Bem, agora, vamos voltar a nossa definição de sucesso. Quem é bem-sucedido? O bem-sucedido é a pessoa que está progressivamente realizando um ideal digno. Ela diz: "Vou me tornar isto", e, então, começa a trabalhar na direção desse objetivo.

Vou lhe dizer quem são as pessoas bem-sucedidas.

Bem-sucedido é o professor que leciona, porque é isso que ele queria fazer.

Bem-sucedida é a mulher que é esposa e mãe, porque queria ser esposa e mãe, e está fazendo um bom trabalho.

Bem-sucedido é o gerente do posto de serviços da esquina, porque é isso que ele queria fazer.

Bem-sucedido é o bom vendedor, que quer se tornar um excelente vendedor e crescer e construir sua própria empresa.

Bem-sucedido é alguém que deliberadamente faz determinado trabalho porque é isso que decidiu fazer — deliberadamente.

Mas só um a cada vinte faz isso. É por isso que hoje não há concorrência, a menos que nós mesmos a façamos. Em vez de competir, todos nós temos de criar.

Durante vinte anos procurei a chave que determinaria o que aconteceria a um ser humano. Existiria uma chave, eu queria saber, que faria do futuro uma promessa que poderíamos, em grande medida, prever? Haveria um segredo que garantisse que uma pessoa se tornaria bem-sucedida se soubesse qual era e como usá-lo?

Pois bem, existe o tal segredo, e eu o encontrei.

## METAS

Você já se perguntou por que tantas pessoas trabalham tão duro e honestamente sem nunca conseguir nada em particular, e outras não parecem trabalhar duro e, ainda assim, parecem ter tudo? Eles têm o "toque mágico". Você já deve ter ouvido o ditado: "Tudo que ele toca, vira ouro." E já notou que uma pessoa que se torna bem-sucedida tende a continuar sendo bem-sucedida? Por outro lado, já reparou que uma pessoa fracassada tende a continuar fracassando? Isso é por causa das metas. Alguns têm, outros, não. Pessoas com metas são bem-sucedidas porque sabem aonde estão indo.

Agora, pense em um navio que deixa o porto, e pense em uma viagem completa, traçada e planejada. O capitão e a tripulação sabem exatamente para onde estão indo e quanto tempo vão demorar para chegar. Eles têm uma meta definida. Em 9.999 vezes, de dez mil, o navio vai chegar a seu destino planejado.

Agora, vamos pegar outro navio, igual ao primeiro, só que não vamos colocar uma tripulação nele, nem um capitão ao leme. Não vamos lhe dar nenhuma mira, nenhuma meta, nenhum destino. Ligamos os motores e o deixamos ir. Acho que você vai concordar comigo que, se conseguir sair do porto, ele vai afundar ou acabar em alguma praia deserta, abandonado. O navio não pode ir a lugar nenhum porque não tem destino, não tem orientação.

E é igual com o ser humano. Pense em um vendedor, por exemplo; há poucas pessoas no mundo de hoje com o futuro de um bom vendedor. Essa pode ser uma profissão muito bem paga para quem for bom nisso, para quem souber aonde está indo. Toda empresa precisa de excelentes vendedores, e os recompensam. O céu é o limite para eles. Mas quantos podemos encontrar?

## ACREDITE E SEJA BEM-SUCEDIDO

Vamos voltar ao segredo mais estranho no mundo, a história que eu queria lhe contar hoje. Por que pessoas que têm metas são bem-sucedidas na vida e as que não têm, fracassam? Permita-me dizer uma coisa que, se você realmente entender, vai mudar sua vida imediatamente. Se entender completamente o que vou lhe dizer, a partir deste momento sua vida nunca mais será a mesma. De repente, vai descobrir que parece que você atrai a boa sorte. As coisas que você quer simplesmente parecem cair do céu, e de agora em diante você não terá mais os problemas, as preocupações, a ansiedade que talvez tenha experimentado antes. A dúvida e o medo serão coisas do passado.

Eis aqui a chave para o sucesso e para o fracasso: nós nos tornamos aquilo que pensamos.

Agora, permita-me dizer mais uma vez: nós nos tornamos aquilo que pensamos.

Ao longo de toda a história os grandes mestres, filósofos e profetas têm discordado entre si sobre muitas coisas diferentes, mas só nesse ponto é que eles estão em completo e unânime acordo.

Veja o que Marco Aurélio, o grande imperador romano, disse: "A vida de um homem é o que seus pensamentos fazem dela." Disraeli disse o seguinte: "Tudo vem se o homem esperar. Graças à longa meditação, me tornei convicto de que um ser humano com um propósito estabelecido deve realizá-lo, e que nada pode resistir a uma vontade que vai apostar até sua própria existência em seu cumprimento."

Ralph Waldo Emerson disse o seguinte: "Um homem é o que ele pensa o dia inteiro."

William James disse: "A maior descoberta de minha geração é que os seres humanos podem mudar sua vida mudando suas atitudes mentais." Também disse: "Precisamos apenas, com sangue-frio, agir como se a coisa em questão fosse real, e ela se tornará infalivelmente real pela crescente conexão com nossa vida. Estará tão entretecida em nossos hábitos e emoções que nossos interesses serão aqueles que caracterizam a crença." E também disse: "Se você se preocupar bastante com um resultado, quase certamente o alcançará. Se desejar ser rico, será rico. Se desejar aprender, aprenderá. Se desejar ser bom, será bom. Você só deve desejar essas coisas, desejá-las exclusivamente, e não desejar ao mesmo tempo, com a mesma força, uma centena de outras coisas incompatíveis."

Dr. Norman Vincent Peale disse o seguinte: "Esta é uma das maiores leis do universo. Fervorosamente, eu gostaria de tê-la descoberto quando era jovem. Ocorreu-me muito mais tarde na vida, e entendi que foi uma das maiores descobertas, se não a minha maior, afora meu relacionamento com Deus. E a grande lei, breve e simplesmente estabelecida, é que, se pensarmos com negatividade, obteremos

## Trechos de *The Strangest Secret*

resultados negativos. Se pensarmos com positividade, obteremos resultados positivos."

Esse é o simples fato que está na base de uma lei surpreendente de prosperidade e sucesso. Em poucas palavras: "Acredite e seja bem-sucedido."

William Shakespeare coloca desta forma: "Não passam de traidoras as nossas dúvidas, que às vezes nos privam do que seria nosso se não tivéssemos o receio de tentar."

Por último, George Bernard Shaw diz: "As pessoas estão sempre culpando suas circunstâncias pelo que elas são. Eu não acredito em circunstâncias. As pessoas que progridem neste mundo são as que se levantam e procuram pelas circunstâncias que querem, e se não conseguem encontrá-las, elas as fazem."

Muito bem, isso é bastante óbvio, não? E cada pessoa que descobre isso, por um tempo acredita que foi a primeira a descobrir: nós nos tornamos aquilo que pensamos.

É lógico que uma pessoa que pensa em uma meta específica e digna vai alcançá-la, porque é nisso que está pensando. E nós nos tornamos aquilo que pensamos. Por outro lado, a pessoa que não tem um objetivo, que não sabe aonde está indo e cujos pensamentos devem, portanto, ser confusos e cheios de ansiedade, medo e preocupação, torna-se o que ela pensa. A vida dessas pessoas está cheia de frustração, medo, ansiedade e preocupação; e se elas não pensam em nada, não se tornam nada.

"Porque tudo o que o homem semear, isso também ceifará."

Bem, como isso funciona? Por que nos tornamos aquilo que pensamos? Eu vou lhe dizer como funciona, pelo que sabemos. Mas, para isso, quero falar sobre uma situação que se assemelha à mente humana. Suponha que um agricultor tem um terreno bom, de terra fértil. A terra dá ao agricultor uma escolha. Ele pode plantar tudo que quiser; a terra não se importa. Cabe ao agricultor tomar a decisão. Agora, lembre-se que estamos comparando a mente humana com a terra. Porque a mente, como a terra, não se importa com o que você plantar nela. Ela vai devolver o que você plantar, não importa o que seja.

Agora, digamos que o agricultor tem duas sementes na mão. Uma é de milho, a outra é de maria-preta, uma planta venenosa. O agricultor escava dois buraquinhos na terra e planta as duas sementes: uma, de milho, a outra, de maria-preta. O agricultor cobre os buracos, rega e cuida da terra, o que vai acontecer? Invariavelmente, a terra vai devolver o que ele plantou. Como está escrito na Bíblia: "Porque tudo o que o homem semear, isso também ceifará." Lembre-se, a terra não se importa. Ela vai devolver veneno com a mesma abundância magnífica que devolverá milho.

Pois bem, a mente humana é muito mais fértil, muito mais incrível e misteriosa que a terra, mas funciona da mesma maneira. Ela não se importa com o que plantamos — sucesso ou fracasso; uma meta concreta e digna, ou confusão, incompreensão, medo, ansiedade e assim por diante. Mas o que plantarmos, ela vai nos devolver.

Como você vê, a mente humana é o último grande e inexplorado continente da Terra. Contém riquezas além dos nossos sonhos. Vai nos devolver qualquer coisa que plantarmos. Bem, você pode dizer: "Se isso é verdade, por que as pessoas não usam mais a mente?" Eu acho que já se descobriu uma resposta para isso também.

Quando nascemos, a mente vem como equipamento de fábrica. É gratuita, e damos pouco valor ao que é de graça. As coisas que pagamos com dinheiro são as que valorizamos. O paradoxo é que exatamente o contrário deve ser verdade, porque tudo que realmente vale a pena na vida vem a nós de graça — a mente, a alma, o corpo, nossas esperanças, nossos sonhos, nossas ambições, a inteligência, o amor da família, dos filhos e amigos. Todos esses bens inestimáveis são gratuitos, e as coisas que nos custam dinheiro, na verdade, valem pouco e podem ser substituídas a qualquer momento.

Uma boa pessoa pode ficar completamente falida e enriquecer outra vez. Pode fazer isso várias vezes. Se nossa casa queimar, podemos reconstruí-la, mas as coisas que obtemos de graça nunca podemos substituir.

A mente humana não é usada da maneira que poderia só porque é tida como garantida. A familiaridade produz o desprezo. Nossa

## Trechos de *The Strangest Secret*

mente pode fazer qualquer tipo de trabalho que lhe atribuirmos, mas, de modo geral, nós a usamos para coisas pequenas, em vez de grandes e importantes. Universidades têm demonstrado que a maioria de nós opera com cerca de 10% de nossa capacidade.

Decida agora: o que *você* quer? Plante seu objetivo em sua mente. Essa é a decisão mais importante que você vai tomar na vida inteira. Você quer ser um vendedor excepcional, ou um profissional melhor em seu trabalho específico? Quer conquistar algo em sua empresa ou em sua comunidade? Tudo que você tem de fazer é plantar essa semente em sua mente; cuidar dela, trabalhar de forma constante em direção a seu objetivo, e ele se tornará realidade. Não há como isso não acontecer.

Isso é uma lei, como a da gravidade. Se você subir ao topo de um prédio e pular, sempre irá para baixo, nunca para cima. E é assim com todas as outras leis da natureza. Elas sempre funcionam; são inflexíveis.

Pense em sua meta de uma forma descontraída e positiva. Imagine-se como se já houvesse atingido o objetivo. Veja-se fazendo as coisas que fará quando atingir sua meta. Em uma época em que as pesquisas na área médica nos elevaram a um novo patamar de boa saúde e longevidade, muitas pessoas cavam antecipadamente sua sepultura tentando lidar com as coisas à sua maneira, sem aprender as grandes leis que cuidam de tudo para nós.

Medo e ansiedade são coisas que carregamos com nossa maneira habitual de pensar. Cada um de nós é a soma total de seus próprios pensamentos. Estamos onde estamos porque é exatamente onde queremos estar, quer admitamos ou não.

Você deve viver o fruto de seus pensamentos e do futuro, porque, o que pensa hoje e amanhã, no próximo mês e no próximo ano, vai moldar sua vida e determinar seu futuro. Você é guiado por sua mente.

Lembro-me de uma vez que eu estava atravessando o Arizona de carro e vi uma dessas escavadeiras gigantes rugindo na estrada; parecia carregar vinte toneladas de terra. Era uma máquina imensa, incrível. E havia um homenzinho empoleirado lá em cima com os controles nas mãos, guiando a máquina. E enquanto dirigia, fiquei impressionado com a semelhança entre a escavadeira e a mente humana.

Suponhamos que você está sentado, no comando de uma vasta fonte de energia. Você vai se sentar, cruzar os braços e deixar a energia ir parar em uma vala? Ou vai manter as mãos firmes no volante e controlar, dirigir a energia para um fim específico, que valha a pena? É você quem decide, você está no banco do condutor.

Veja você, a lei que nos dá o sucesso tem dois gumes. Temos de controlar nosso pensamento. A mesma regra que pode levar as pessoas a uma vida de sucesso, riqueza, felicidade, e todas as coisas que já sonharam para si e sua família, também pode levá-las à sarjeta. Tudo depende da forma como usá-la: para o bem ou para o mal.

## NÓS NOS TORNAMOS AQUILO QUE PENSAMOS

Esse é o segredo mais estranho do mundo. Mas por que digo que é estranho, por que o chamo de segredo? Na verdade, não é um segredo. Foi promulgado pela primeira vez por alguns dos primeiros homens sábios, e aparece várias vezes por toda a Bíblia. Mas poucas pessoas o aprenderam, ou compreenderam. Por isso, é estranho, e porque, por algum motivo igualmente estranho, permanece praticamente um segredo.

Eu acredito que você pode sair pela rua principal de sua cidade e perguntar às pessoas qual é o segredo do sucesso, e, provavelmente, não vai encontrar uma pessoa em um mês inteiro que possa lhe responder.

Bem, essa informação é extremamente valiosa para nós se realmente a entendermos e aplicarmos. É valiosa não só para nossa própria vida, mas para as pessoas ao nosso redor: família, empregados, sócios e amigos.

A vida deve ser uma aventura emocionante; nunca uma chatice. As pessoas devem viver plenamente, estar vivas. Devem sentir pra-

Trechos de *The Strangest Secret*

zer em sair da cama pela manhã; devem trabalhar no que gostam, porque o fazem bem. Certa vez, ouvi George Patterson (editor-chefe do *Toledo Daily Blade*) fazer um discurso, e quando ele terminou, disse algo que eu nunca mais esqueci. Foi algo assim:

*Meus anos no ramo dos jornais me convenceram de várias coisas, entre elas, que as pessoas são fundamentalmente boas, e que viemos de algum lugar e estamos indo a algum lugar, por isso, devemos fazer de nosso tempo aqui uma emocionante aventura. O arquiteto do universo não construiu uma escada que leva a lugar nenhum.*

## PLANO DE AÇÃO DE TRINTA DIAS

Quero explicar como você pode ter os enormes retornos possíveis em sua própria vida fazendo um teste prático com esse segredo. Quero que faça um teste que vai durar trinta dias. Não vai ser fácil, mas se você lhe der uma boa oportunidade ele vai mudar completamente sua vida, para melhor.

No século XVII, Newton nos deu algumas leis naturais da física que são aplicáveis tanto a seres humanos quanto ao movimento dos corpos no universo. Uma dessas leis é que para cada ação existe uma reação igual e oposta. De forma simples, aplicado a você e a mim, isso significa: não podemos conseguir nada sem pagar o preço.

O resultado da experiência de trinta dias terá proporção direta com o esforço que você aplicar. Para ser médico, você tem de pagar o preço de longos anos de muito estudo. Para ser bem-sucedido em vendas (e lembre-se que cada um de nós obtém sucesso na mesma proporção de nossa capacidade de vender), vender nossas ideias a nossa família, vender educação nas escolas, vender a nossos filhos as vantagens de viver uma vida boa e honesta, vender a nossos parceiros e funcionários a importância de ser pessoas excepcionais, tem de estar disposto a pagar o preço. Muito bem, que preço é esse?

Bem, são muitas coisas. Primeiro, é entender tanto emocional quanto intelectualmente que nós, literalmente, nos tornamos aquilo que pensamos; que devemos controlar nossos pensamentos para controlar a vida. É entender perfeitamente que colhemos o que plantamos.

Em segundo lugar, é eliminar todas as restrições da mente e autorizá-la a voar alto, como foi divinamente projetada para fazer. É a percepção de que suas limitações são autoimpostas e que as oportunidades para você, hoje, são inacreditavelmente enormes. É subir além da mesquinhez e do preconceito tacanho.

Em terceiro lugar, é usar toda a sua coragem para se forçar a pensar positivamente em seu próprio problema; é definir uma meta clara por si mesmo; é deixar sua mente maravilhosa pensar em seu objetivo de todos os ângulos possíveis; é deixar sua imaginação especular livremente sobre as muitas soluções diferentes possíveis; é se recusar a acreditar que há alguma circunstância suficientemente forte para derrotá-lo na realização de sua meta. É agir rápida e decisivamente quando o caminho é claro, e se manter constantemente ciente do fato de que você está, neste momento, parado no meio de seu próprio acre de diamantes, como Russell H. Conwell costumava dizer.

Em quarto lugar, é poupar pelo menos 10% do que você ganha. É também lembrar que não importa qual seja seu trabalho atual, ele tem enormes possibilidades se você estiver disposto a pagar o preço.

Vamos ver superficialmente os pontos importantes do preço que cada um de nós deve pagar para conseguir uma vida maravilhosa. E, claro, ela vale qualquer preço.

1. Você vai se tornar aquilo que pensa.
2. Lembre-se da palavra "imaginação". Deixe sua mente voar longe.
3. Concentre-se em sua meta todos os dias. Seja corajoso.
4. Economize 10% do que você ganha. E mãos à obra! Ideias são inúteis se não as pusermos em ação.

O que se segue é o esboço do teste de trinta dias que eu quero que você faça. Tenha em mente que você não tem nada a perder fazendo esse teste, e tudo a ganhar.

## Trechos de *The Strangest Secret*

Há duas coisas que podem ser ditas acerca de todo mundo. Cada um de nós quer alguma coisa, e cada um de nós tem medo de alguma coisa. Quero que você escreva em uma ficha aquilo que quer mais que qualquer outra coisa. Pode ser mais dinheiro — talvez você queira dobrar sua renda, ou ganhar uma quantidade específica de dinheiro. Pode ser uma bela casa; pode ser sucesso no trabalho; pode ser uma posição específica na vida; pode ser uma família mais harmoniosa.

Cada um de nós quer alguma coisa. Anote em sua ficha, especificamente, o que você quer. Certifique-se de que é uma meta única e claramente definida. Não precisa mostrá-la a ninguém, mas leve-a sempre consigo para poder lê-la várias vezes ao dia.

Pense nisso de uma forma alegre, descontraída, positiva, de manhã, ao se levantar, e imediatamente terá algo pelo que trabalhar, algo pelo qual sair da cama, algo pelo qual viver. Leia a ficha sempre que puder, durante o dia e antes de ir para a cama, à noite. Quando a ler, lembre que você *deve* se tornar aquilo que pensa, e como está pensando em seu objetivo, você vai perceber que logo ele será seu. Na verdade, ele já é seu no momento em que você o anota e começa a pensar nele.

Observe a abundância ao seu redor quando for fazer suas coisas diariamente. Você tem tanto direito a essa abundância quanto qualquer outra criatura viva. É sua, basta pedir.

Agora chegamos à parte difícil, porque significa a formação do que provavelmente será um novo hábito. E novos hábitos não são facilmente formados. Uma vez formado, no entanto, ele o acompanha pelo resto da vida.

Pare de pensar em seus medos. Cada vez que um pensamento terrível ou negativo surgir em sua consciência, substitua-o por uma imagem mental de seu objetivo positivo e digno. Haverá momentos em que você vai sentir vontade de desistir. É mais fácil para um ser humano pensar negativamente que positivamente, por isso só 5% são bem-sucedidos.

Você deve começar agora a se colocar nesse grupo. Durante trinta dias tome o controle de sua mente. Ela vai pensar só no que você lhe permitir pensar. Neste teste de trinta dias, todos os dias, faça mais do que tem de fazer. Além de manter uma perspectiva alegre, positiva, dê mais de si mesmo que nunca. Faça isso sabendo que seu retorno na vida deve guardar proporção direta com o que você dá. No momento em que você determina uma meta a ser atingida, imediatamente torna-se uma pessoa bem-sucedida. Passa a fazer parte dessa rara e bem-sucedida categoria de pessoas que sabem aonde estão indo. De cada cem pessoas, você está entre as cinco melhores.

Não se preocupe muito com o modo como vai atingir seu objetivo. Deixe isso nas mãos de um poder maior que você. Tudo que você tem a fazer é saber aonde está indo. As respostas vão chegar a você.

Lembre-se destas palavras. Mantenha-as sempre com você durante esse mês de teste: "Pedi, e dar-se-vos-á; buscai, e encontrareis; batei, e abrir-se-vos-á. Porque, aquele que pede, recebe; e o que busca, encontra; e ao que bate, abrir-se-lhe-à." (Mateus 7:7-8)

É maravilhoso e simples assim. Na verdade, é tão simples que em nosso mundo aparentemente complicado é difícil para um adulto entender que tudo que ele necessita é de um propósito e de fé.

Durante trinta dias, faça seu melhor. Se você for um vendedor, trabalhe como nunca antes, mas sem afobação, e sim com calma, ânimo e certeza de que o tempo bem gasto vai lhe proporcionar em troca a abundância que você merece e deseja. Se você é pai, dedique seu teste de trinta dias para se doar completamente, sem pensar em receber nada em troca, e vai se surpreender com a diferença que isso vai fazer em sua vida.

Não importa qual seja seu trabalho, faça-o como você nunca o fez, antes, por trinta dias. E se mantiver sua meta diante de seus olhos todos os dias, você vai se maravilhar com a nova vida que encontrará.

Dorothy Abrams, editora e escritora notável, descobriu isso sozinha e falou sobre isso em seu ótimo livro *Wake Up and Live*. Sua filosofia inteira pode ser reduzida às palavras: "Aja como se fosse impossível fracassar." Ela fez seu próprio teste com sinceridade e fé, e toda a sua vida mudou, tornando-se um sucesso avassalador.

Faça você agora seu teste de trinta dias. Não comece o teste enquanto não decidir concluí-lo. Sendo persistente, você demonstra fé. Persistência é simplesmente outra palavra para fé. Se não tivesse fé, você não persistiria.

Se fracassar nos primeiros trinta dias — com isso quero dizer que você pode se sentir oprimido por pensamentos negativos —, comece tudo de novo, por mais trinta dias. Aos poucos o novo hábito vai se formar, até que você se torne mais um dessa maravilhosa minoria para quem praticamente nada é impossível.

Não esqueça a ficha. Ela é de vital importância para começar esse novo jeito de viver. De um lado da ficha escreva seu objetivo, seja ele qual for. Do outro lado, escreva as palavras: "Pedi, e dar-se-vos-á; buscai, e encontrareis; batei, e abrir-se-vos-á."

Nas horas vagas, no período de teste, leia livros que o ajudarão, livros que inspiram, como a Bíblia; *Wake up and Live*, de Dorothy Abrams; *The Magic of Believe*, de Claude M. Bristol; *Pense e enriqueça*, de Napoleon Hill, e outros, que instruem e inspiram. Nada grande jamais foi conseguido sem inspiração. Note que durante esses primeiros trinta dias cruciais sua própria inspiração se manterá elevada.

Acima de tudo, não se preocupe. A preocupação traz medo, e o medo é paralisante. A única coisa que pode fazer que você se preocupe durante o teste será tentar fazer tudo sozinho. Saiba que tudo que você tem a fazer é manter sua meta diante de seus olhos. Todo o resto vai se arranjar sozinho.

Lembre-se, também, de manter a calma e a alegria. Não deixe que coisas mesquinhas o irritem ou o tirem do caminho.

Muito bem, visto que fazer esse teste é difícil, alguns podem dizer: "Por que eu deveria me preocupar?" Bem, olhe a alternativa. Ninguém quer ser um fracasso. Ninguém realmente quer ser um indivíduo medíocre. Ninguém quer uma vida cheia de preocupação, medo e frustração o tempo todo. Portanto, lembre-se que você deve "colher aquilo que plantar". Se semear pensamentos negativos, sua vida será cheia de coisas negativas. Se semear pensamentos positivos, sua vida será alegre, bem-sucedida e positiva.

Gradualmente, você vai tender a esquecer o que leu nestas páginas. Leia muitas vezes; lembre-se sempre o que deve fazer para formar esse novo hábito. Reúna toda a sua família e leia em voz alta, em intervalos regulares, o que se diz aqui.

Você sabe que a maioria das pessoas vai dizer que quer ganhar dinheiro, mas não entende a lei. O único lugar que fabrica dinheiro é a Casa da Moeda! O resto, tem de ganhar dinheiro. Isso é o que faz aqueles que querem tudo de graça fracassarem na vida. A única maneira de ganhar dinheiro é por meio de pessoas com serviços ou produtos necessários e úteis. Nós trocamos nosso produto ou serviço pelo dinheiro do outro. Portanto, a lei diz que nosso retorno financeiro terá proporção direta com nosso serviço prestado.

O sucesso não é o resultado de ganhar dinheiro; ganhar dinheiro é o resultado de sucesso. E o sucesso guarda proporção direta com nosso serviço. A maioria das pessoas ignora essa lei. Acha que alguém é bem-sucedido se ganha muito dinheiro. Na verdade, você só pode ganhar dinheiro depois de ser bem-sucedido.

É como a história do homem que estava sentado em frente a um fogão e disse: "Dê-me o calor e depois vou acrescentar a lenha." Quantos homens e mulheres você conhece, ou imagina que existam hoje, que têm a mesma atitude em relação à vida? Milhões.

Temos de pôr o combustível antes de poder esperar calor. Da mesma forma, temos de estar a serviço primeiro, antes de podermos esperar dinheiro. Não se preocupe com o dinheiro. Disponha-se a servir: construa, trabalhe, sonhe, crie. Faça isso e você vai descobrir que não há limite para a prosperidade e a abundância que chegarão.

A prosperidade se alicerça na lei da troca mútua: qualquer pessoa que contribui para a prosperidade deve prosperar também. Às vezes, o retorno não vem daqueles a quem servimos, mas surge de algum lugar, porque é lei. Para cada ação há uma reação igual e oposta.

Enquanto estiver fazendo o teste de trinta dias, lembre-se que seu sucesso será sempre medido pela qualidade e quantidade de serviço que prestar — e dinheiro é o parâmetro para medir seu serviço. Ninguém pode ficar rico sem enriquecer outros.

## Trechos de *The Strangest Secret*

Uma lei não tem exceção. Você pode dirigir por qualquer rua dos Estados unidos e de dentro do carro estimar o serviço que está sendo prestado pelas pessoas que vivem ali. Você já pensou nisso? É interessante. Algumas pessoas, como sacerdotes e outros devotos, medem seu retorno no reino espiritual, mas, novamente, seu retorno será igual a seu serviço.

Quando essa lei for totalmente compreendida, pessoas ponderadas poderão determinar sua própria fortuna: se quiserem mais, terão de prestar mais serviço àqueles de quem recebem; se quiserem menos, terão de reduzir o serviço. Este é o preço que pagamos por aquilo que queremos.

Se você acredita que pode enriquecer iludindo os outros, acabará só se iludindo. Tão certo quanto o ar que respiramos é que você vai ter de volta o que der. Nunca cometa o erro de pensar que pode evitar isso; é impossível. As prisões e as ruas onde caminham os solitários são ocupadas com pessoas que tentaram fazer novas leis só para si mesmas. Podemos evitar as leis da sociedade, mas há leis maiores, que não podem ser esquecidas.

Recentemente, um proeminente médico apontou seis passos que vão ajudá-lo a obter sucesso:

- Defina uma meta.
- Pare de se depreciar.
- Pare de pensar em todas as razões pelas quais você não pode ser bem-sucedido, e pense em todas as razões pelas quais pode.
- Observe suas atitudes na infância e tente descobrir onde nasceu a ideia de que não poderia ser bem-sucedido, se você estiver pensando isso.
- Mude a imagem que tem de si mesmo; faça uma descrição da pessoa que gostaria de ser.
- Aja como a pessoa de sucesso que você decidiu se tornar.

Faça o que todos os especialistas, desde os primórdios da história registrada, disseram que se deve fazer: pague o preço, torne-se a pessoa que deseja se tornar. Não é tão difícil quanto viver sem sucesso. Faça seu teste de trinta dias; a seguir, repita-o. A seguir, repita-o novamente. Cada vez que fizer isso, ele se tornará uma parte maior de você, e uma hora você vai pensar como pôde algum dia viver de outra maneira. Viva esse novo caminho e as comportas da abundância se abrirão e despejarão sobre você mais riquezas do que jamais sonhou que existiam.

    Dinheiro? Sim, muito. Mas o mais importante é que você terá paz. Você fará parte da maravilhosa minoria que leva uma vida calma, alegre e de sucesso. Comece hoje. Você não tem nada a perder, mas tem uma vida a ganhar.

# Trechos de *The Science of Success*

Julia Seton

CONTEÚDO

*O desejo de sucesso*
*Felicidade*

## O DESEJO DE SUCESSO

Sempre que se fizer a pergunta: o mundo está em busca de quê?, a resposta mais provável será que o mundo inteiro está buscando a felicidade. Não importa quão diverso ou obscuro seja o perfil dos respondentes, todos seguem em direção a esse ponto, e tudo na vida se combina para fazer disso uma emoção.

Para serem felizes, as pessoas devem determinar como definem o sucesso. Quando descobrimos o que um indivíduo chama de sucesso, dominamos o segredo daquilo que vai fazê-lo feliz.

Podemos perguntar a uma centena de diferentes pessoas o que querem dizer com sucesso, e obteremos uma centena de respostas diversas. O dicionário Webster define sucesso como "resultados favoráveis; prosperidade", e essa é a definição geralmente aceita. Sucesso, quando corretamente interpretado, significa simplesmente o poder de fazer o que queremos fazer. Não importa o que outra pessoa quer fazer, ou o que pode realizar, isso não é nosso sucesso. Ninguém pode assegurar o sucesso fora de seu plano próprio de compreensão. Há os que consideram o dinheiro e o poder de acumulá-lo como o único verdadeiro sucesso; podem ter qualquer outra coisa que o mundo lhes possa dar e, ainda assim, sentem-se fracassados e desanimados. Outro pode querer amor, e pode ter honra, fama, dinheiro, mas, sem o amor que falta, sente-se pobre, infeliz e fracassado. Sucesso é um domínio puramente pessoal, e não admite uma interpretação universal.

Admitindo que o sucesso significa conseguir o que queremos e fracasso é a falta de poder para isso, as próximas perguntas que se apresentam são: por que cada um de nós, em cada caminho da vida, não faz apenas o que quer, quando quer e pelo tempo que quer? Por que não somos todos bem-sucedidos de acordo com nosso plano de desejos? Esse é o ponto vital, e a resposta vital é que somos bem-sucedidos ou fracassados por causa de nossa própria lei.

O sucesso pode ser alcançado em cada vida, simplesmente como qualquer outro atributo da existência humana. É fato reconhecido que temos e expressamos em nós mesmos tanto ou tão pouco quanto temos o poder de reconhecer e julgar possível realizar. O sucesso vem para nós porque o compelimos. Ele não fica por aí esperando e depois vem correndo para nós sem nenhum esforço de nossa parte. Nós conseguimos porque acreditamos que podemos conseguir, e nós planejamos para esse fim.

É no mundo físico da concorrência que algumas pessoas observam o que chamam de sucesso e felicidade, e nesse plano muitos parecem ser particularmente sujeitos ao "azar". Estão sempre trabalhando, esforçando-se, e nunca alcançam. Estão sempre saindo de algum trabalho. Se montam um negócio, levam-no ao fracasso. Se arrumam um emprego, ficam doentes e o perdem. São sempre pobres; vivem em falta, e cada célula de seus corpos evidencia a falta. O mundo inteiro está cheio de pessoas que estão sempre reclamando de sua "falta de sorte". Nunca são bem-sucedidas. Essa é a expressão mundial de pessoas desafortunadas. Nunca conseguem nada que querem e sempre viveram como estranhos para a felicidade. Nunca lhes ocorreu que tudo isso se deve a seus próprios erros de posicionamento. Não sabem que se olharem para o mundo inteiro sem medo e pedirem o que querem, sem fazer concessões, vão conseguir.

Pessoas que fazem tudo com indiferença, aparentando e pensando que a sorte está contra elas, vão sempre encontrar a "sorte" contra elas mesmas; fazem isso só pelo posicionamento que assumem em relação a ela. Ninguém vai querer empregar alguém que é um irresponsável ou que está em fim de carreira. O executivo bem-sucedido quer funcionários "sortudos", e cujo zelo, coragem, ambição e crença em suas próprias realizações os torna um trunfo para quem os emprega. Todo tipo de trabalho no mundo clama pelos "vivos"; certamente, não há valor comercial para os "mortos" que saturam o mercado.

Há grande diferença entre quem "procura emprego" e quem procura trabalho. Muita gente gostaria de um tipo de emprego que não lhes desse muito trabalho. Estão à procura de um lugar legal e fácil onde possam ganhar seu salário sem muito esforço. Quem quer trabalhar não fica muito tempo parado. Se souberem como pedir, poderão conseguir algo que queiram e mantê-lo até que se cansem ou o superem, e, então, poderão encontrar outro, com a mesma facilidade.

Essas pessoas estão sempre felizes, pois sabem como obter e manter o que querem, e sabem que ninguém, além delas próprias, pode tirar isso delas. Mas as pessoas que estão só procurando um emprego qualquer frequentemente param de trabalhar quando conseguem, a menos que sempre haja alguém as ajudando.

A única coisa que marca a diferença entre as pessoas bem-sucedidas e as fracassadas está no reconhecimento das condições existentes, visíveis e invisíveis, e de sua própria relação com essas condições. Temos dentro de nós uma força vital contra a qual todo o resto é impotente, se a conhecermos e soubermos usá-la. É a casa de força do nosso ser, é onde atraímos e acumulamos força; e é governada por nossos pensamentos e nossa vontade.

Podemos atrair para nós qualquer coisa no universo que definamos com nossos pensamentos; e, então, podemos desejar que essa coisa seja transferida para nós. Os pensamentos são coisas, e tudo que pudermos pensar, poderemos criar. Podemos moldar nosso universo material pelo simples controle correto de nosso próprio pensamento.

Não podemos esperar conseguir nada, nem para nós nem para os outros, sem que a tocha da vida intensa e pulsante queime dentro de nós. A consciência de nosso próprio poder acende a vela da energia latente da alma e nos faz evoluir pelas pautas criativas e positivas da aplicação.

Quando tivermos aprendido profundamente a lição de nosso próprio poder e controlado a energia dentro de nós, vamos nos tornar senhores de todas as coisas externas. Teremos poder, então, sobre todas as forças negativas do universo. Somos a maior expressão de poder consciente, e comandar é natural para nós.

As pessoas dos mais baixos círculos têm dentro de si o fermento da força de pensamento que lhes permite crescer por meio de sua própria compreensão, cada vez maior. Na concentração, elas têm uma porta aberta que ninguém pode fechar. A concentração não é só para aqueles que estão em estados avançados de consciência, é o direito natural do trabalhador, bem como do místico. É a força do pensamento focado que produz as formas. A concentração cria não só a coisa em si, mas a maneira pela qual essa coisa pode ser realizada. Não há nada no céu ou na Terra, Deus ou humano, além de espírito-mente e espírito-forma. Por meio da concentração nós nos ligamos com a verdadeira vida, e em condições aparentemente impossíveis podemos gerar os frutos de nosso pensamento poderoso e tornarmo-nos governantes de nosso domínio terrestre.

É nossa culpa se a vida se estreita por limitações, e nossas esperanças por confins mesquinhos. É nossa culpa se nosso trabalho degenera em uma rotina mortal de tarefas chatas, na qual fazemos sempre o que os outros querem que façamos, a fim de construir o sucesso deles, em que podemos ter pouca participação. É nossa culpa se não reconhecemos nosso imortal e inato direito de liberdade, e continuamos por caminhos onde só ouvimos a sentença de morte do sucesso e da realização pessoal.

Todos nós não podemos ser igualmente grandes, ou isso deixaria de ser uma expressão de crescimento neste plano; mas é dado a todos nós saber a verdade de nossas próprias possibilidades latentes e desenvolvê-las ao máximo; ter altos ideais e ambições e realizá-los na forma mais elevada de energia.

## FELICIDADE

Há aquelas pessoas que estão sempre tristes, infelizes. Tudo ao seu redor traz melancolia e elas carregam essa carga de desespero que faz com que se tornem chatas para seus amigos e entes queridos. As oportunidades de negócios passam reto por elas, porque ninguém quer uma aflição ambulante, que a cada olhar conta sua vida negativa e fracassada a todos que passam por ela.

Se observarmos profundamente cada vida que toca a nossa, veremos que todos estão na mesma jornada; todos estão atrás do mesmo objetivo. É claro que todo mundo tem só um grande propósito, superior a todos os outros, que é o desejo de ser feliz, de encontrar a felicidade; não o contentamento fugaz que qualquer um pode sentir por uma hora, um dia, e sim o contentamento suficiente, certo e permanente, que dá paz, poder e abundância em todas as áreas de nossa existência humana.

Observando essa busca da felicidade, não podemos deixar de perguntar: "O que é felicidade? Onde deve ser buscada, como podemos reconhecer uma vida que a encontrou?"

Existem muitas definições para felicidade, mas parece que a única resposta é: "Felicidade é simplesmente conseguir o que queremos." Existem diferentes graus de felicidade, pois há diferentes graus de desejo. A alma que deseja e realiza seu desejo, e sabe que todos os outros sonhos que possa ter também serão realizados, é a única que pode dizer que encontrou a felicidade.

Nos tempos antigos as pessoas aprenderam que a autonegação era a primeira lei do ser humano, e que a vida começa com a "renúncia". Isso levou a humanidade a se concentrar infinitamente na falta e na perda. Metade do mundo acredita que não pode ter o que quer.

Hoje não acreditamos nisso, e sabemos que nunca se concebeu que o mundo quisesse isso. Hoje sabemos que podemos ser o que quisermos e que Deus quer que tenhamos tudo que quisermos, e que Ele vai nos dar tudo que quisermos na vida. Sabemos que a felicidade é a lei da vida e nossa condição natural; que a infelicidade é uma doença e sinal de uma vida extraviada da união infinita.

Acreditamos em Deus agora e cada vez mais porque acreditamos em nós mesmos mais e mais, e em cada ação vemos sempre algo que fala de Deus e de Seu infinito cuidado. Hoje não exprimimos nossos desejos e dizemos "seja feita a Vossa vontade", mas sabemos que nossa vontade é a vontade Dele, e podemos dizer com exaltação de espírito que é vontade Dele que conheçamos Sua vontade, e nós podemos conhecê-la sem medo.

A felicidade e a infelicidade são condições da mente e não têm nada a ver com a vida real. A vida é cheia de contradições curiosas; tudo é posto em marcha pela ignorância, nossa e de outras pessoas, e é a posição que assumimos diante dessas forças conflitantes que determina se seremos felizes ou não. Ninguém é culpado pela nossa felicidade, só nós mesmos; não é culpa de ninguém, só nossa, se estamos doentes, pobres ou necessitados. Todo o esquema da existência resulta em felicidade e uma vida plena, completa e serena, aguardando apenas nosso próprio despertar para esse fato.

Há sempre duas maneiras de ver as coisas que queremos e que achamos que são necessárias para nossa felicidade. Uma delas é determinar se, do nosso ponto de vista, nós as consideramos alcançáveis; e se tivermos certeza de que são, então, assegurá-las; mas se tivermos certeza de que não são (pelo menos sem que façamos um grande esforço e resistamos), então, devemos deixá-las por enquanto, desistir de querê-las até que a vida as traga à nossa realidade. Nunca devemos esquecer que a substância está sempre mudando, e também as posições; o inatingível de hoje pode se tornar tangível amanhã só pelo fato de que a lei da oferta e a da procura são iguais.

## Trechos de *The Science of Success*

Nunca podemos esperar possuir qualquer coisa enquanto não sentirmos e soubermos que está diretamente em nossa linha de transferência; seria loucura sentar e ficar infeliz por isso, embora reconheçamos a ausência dela em nossa vida. Assim que nossa vontade reconhecer que a coisa não é nossa, vamos deixá-la fora do alcance por algum tempo; jamais a conseguiremos enquanto não for a hora, e nossa própria vontade vai trazê-la para nossa atmosfera.

Não adianta correr atrás de nada, não faz sentido sofrer a perda. Isso é verdade, não importa quanto possa parecer contraditório em relação a nossos primeiros ensinamentos; simplesmente não podemos conseguir nada correndo atrás e forçando cada nervo a isso. Só asseguramos coisas atraindo e alinhando-nos acima do plano da concorrência, onde podemos nos tornar criadores conscientes. Quando descobrimos isso, aprendemos como tomar nossa verdadeira posição na substância universal, e nossos próprios desejos podem conseguir o que querem; por meio disso, demonstramos nossos próprios desejos no plano físico e manifestamos a verdadeira liberdade.

Para ser feliz é preciso aprender a não colocar um valor distorcido nas diferenciações da vida. Sendo influenciados por essas coisas, começamos a ficar infelizes. Não temos absolutamente nada a ver com as diferenciações de pessoas, lugares ou condições. Somos responsáveis por apenas uma coisa nesta vida, por *nós mesmos*; todo mundo é responsável por si e não precisa se preocupar conosco. Se aprendêssemos isso, e nos recusássemos a colocar em nossas mãos a vida de outra pessoa, e se não permitíssemos que dominassem nossa vida...

Não é nossa própria vida que nos faz infelizes, *é o medo do que os outros vão pensar de nós*. Nunca seremos felizes, nem conheceremos a verdadeira felicidade, enquanto não aprendermos que não importa o que qualquer um pensa de nós. Existe apenas um critério verdadeiro para nossas ações: *nós mesmos*. Nós somos responsáveis só por nós mesmos; é impossível dizer o que, além de nós mesmos, é necessário para nossa evolução; ninguém pode nos dizer o que fazer. Em última análise, temos de ficar sozinhos, e se aprendermos isso, nos colocaremos, e aos nossos assuntos, muito além do alcance da direção promíscua, no grande caminho da verdade, onde tudo é certo para nós, assim como para os outros.

A vida que encontrou seu próprio centro e que sabe que sua própria lei se destaca em meio a formas eternas, em meio a condições caóticas e variáveis, que caminha serenamente para os ensinamentos divinos com a mente viva, tem a lei do sucesso e a verdadeira postura perante as diferenciações da vida e as mudanças de substância. Está posicionada acima do plano da concorrência, onde tem apenas de desejar e falar a Palavra, e vai se vestir com manifestações físicas. Se quer riqueza, sabe da opulência da oferta, e pede. Se quer riqueza, amor, posses, qualquer coisa, sabe que há abundância em todos os lugares, e no calmo propósito da vida ela só tem de pedir, e lhe é dado. Isso é realização, isso é felicidade; uma percepção que só é concedida àqueles que fizeram uma união consciente com o infinito.

A vida que se sublima no plano acima do pensamento humano — plano de erro que entra na "perfeita paz que excede todo o entendimento", pois tocou o absoluto —, essa vida vê todas as expressões conflitantes desta vida terrena com os olhos que tudo veem, e sabe que não importa a expressão, a perda, a dor ou a remuneração, a mão do bem eterno a está guiando. Essa vida encontra a paz e a felicidade, e isso traz poder, e poder traz sucesso. Ela sabe que cada ídolo de nosso coração humano deve, de alguma forma, em algum lugar, ser derrubado, a menos que saibamos como levá-lo conosco quando passamos rumo à nossa própria realização. Ela sabe que temos de derrubá-lo com lágrimas e dor, e lábios mudos de sofrimento, e deixá-lo até que no grande dia de todos os dias nossa alma nasça no reino maior do pensamento, onde aprendemos a fazer a união por meio da consciência semelhante a Deus.

A verdadeira posse é a verdadeira felicidade. Não podemos perder tudo que é nosso. É verdade que tudo que realmente desejamos e vitalizamos na existência pode se tornar nosso, não só agora, mas também para toda a eternidade. Fracasso, perda, dor e sofrimento não são mais que palavras para a vida que despertou para esse conhecimento.

Ela mantém sua alma cheia da grandeza do crescimento; vê a realização de um grande pináculo de sentimento onde a dor, a angústia, o sofrimento, a perda e a infelicidade são desconhecidos, mas a felicidade de uma realização eterna é sua alma. E a felicidade é um ímã atraindo para si todas as coisas maravilhosas e livres do mundo.

# Trechos de *How to Grow Success*

### Elizabeth Towne

CONTEÚDO

*Como cultivar o sucesso*
*Fazendo dinheiro*
*De vez em quando*
*Juntos venceremos*
*Eu quero e eu sou*
*Como ser rico*
*Fatores de sucesso*
*Ser honesto*
*Uma coisa de cada vez*
*Palavras de alegria*
*Palavras de sucesso*
*O desejo disso e daquilo*

## COMO CULTIVAR O SUCESSO

Sucesso não é dinheiro nem fama. Na antiga fábula, o rei Midas transformava em ouro tudo que tocava, e morreu de fome. Uma pessoa pode ser abundantemente rica e mundialmente famosa, mas ter um medo tão abjeto que nunca pode ficar sozinha; nunca pode provar um prato que primeiro não tenha sido testado por um servical; e vive com molas nos pés e a pistola na mão se seu melhor amigo do outro lado da mesa fizer um movimento rápido. Essa pessoa pode ter dinheiro e poder, mas sucesso, não.

## SUCESSO — O QUE É

*O sucesso é liberdade de comando, juntamente com a consciência limpa e o coração amoroso.* Jesus de Nazaré foi um sucesso, embora a maioria das pessoas imagine que ele era "pobre". Mas não era. Ele usava vestes sem costura e linho fino e se regalava esplendidamente em muitas casas elegantes, onde tinha mais liberdade para comandar que seus próprios donos. Nada foi bom demais para Ele. *Possuir* todas aquelas casas seria um fardo que Jesus era sensato demais para assumir. Liberdade de comando não deve ser sobrecarga, para que não deixe de ser liberdade e se torne o trabalho penoso de *cuidar* das coisas.

Um homem bem-sucedido não é necessariamente rico, mas é um homem que pode comandar *tudo o que deseja.* Dinheiro não é sucesso, mas o sucesso *inclui o poder de comandar o dinheiro.*

Sucesso inclui liberdade para comandar dinheiro suficiente para satisfazer todas as nossas aspirações de melhorar nossas próprias condições e as daqueles que dependem de nós. Isso não quer dizer que o sucesso inclui dinheiro suficiente para nos permitir ofuscar nosso vizinho. *Nenhuma pessoa com esse objetivo na vida será bem-sucedido para sempre, ou nunca será.*

Não ofuscar e sim *brilhar sobre* nossos vizinhos, essa é nossa missão.

## O SUCESSO É VIVO

Sucesso germina, floresce e cresce. Cresce primeiro no subsolo. No devido tempo, aparece e continua se desenvolvendo.

É tão fácil cultivar sucesso quanto plantar batatas. É até mais fácil, pois o sucesso vai crescer mais que as batatas, *vai crescer até onde elas não vão.* Não há um lugar na Terra, nem no céu, nem no inferno, que não sirva para que o sucesso germine. Nenhum! O sucesso pode crescer demais e precisar ser transplantado, mas vai brotar em qualquer lugar e em qualquer momento.

A batata deve ser plantada em determinado momento. O tempo de plantar e cultivar o sucesso é *agora*.

Você planta batatas e *sabe* que elas vão crescer. Você sai e faz outra coisa enquanto elas germinam e brotam. Não pode *vê-las* crescer, mas *sabe* que estão crescendo, e enquanto você está trabalhando com outras coisas sente um brilho caloroso em seu coração pela colheita que está vindo naquela plantação de batatas. Você *ama* essa plantação. Você plantou o melhor que pôde, com as melhores sementes, e tem orgulho dela, mesmo antes de surgir a primeira folhinha verde. Quando ela aparece, seu amor aumenta. Você limpa cada pedacinho com cuidado e elimina bem os insetos. No devido tempo, você colhe as batatas e as vende na feira. E, por fim, *recebe mais dinheiro* de suas batatas do que os outros ganham com elas.

Então, você imagina que não teve sucesso enquanto não conseguiu dinheiro com essas batatas? Pois está muito enganado. Você *plantou sucesso* em cada cantinho abençoado de terreno. Você amou e emitiu luz sobre a plantação, arrancou as ervas daninhas, tirou os insetos e *festejou* o sucesso durante todo o verão. Você viveu o sucesso *durante todo o verão*.

Talvez você diga: "Ah, é uma imagem muito bonita, mas *minha* plantação de batatas foi um fracasso." Então você plantou fracasso com suas batatas. Enquanto você lavrava, semeava e capinava, estava dizendo a si mesmo o tempo todo que não havia *nenhuma utilidade* naquilo — *nada* nunca deu certo para você. Parecia ser uma plantação para trabalhar feito escravo e se preocupar, e nunca receber nada como recompensa. Aí você vê um indivíduo bem-sucedido e pensa: "Ele *pode* descansar e ter uma colheita, e contratar gente para fazer o trabalho enquanto fica por aí mandando." Ao mesmo tempo, tudo conspira contra você. "Malditas pedras nesse terreno!" Suas sementes nunca brotam: "A terra não é boa"; "Porque eu não posso descansar, como as outras pessoas?" E assim por diante, *ad infinitum*, sua mente fica pensando, enquanto você, sem ânimo nenhum, faz o trabalho penoso do jeito de sempre. Só para sobreviver.

Trechos de *How to Grow Success*

Batata não foi a única coisa que você plantou. Você plantou *pensamentos* em cada buraquinho. *Amaldiçoou* cada semente que plantou; amaldiçoou-as com maus pensamentos. Você plantou *fracasso*, e é isso que vai colher. Cada pensamento ruim trará sua recompensa de fracasso e subtrairá o dinheiro que poderia ter sido seu.

Para garantir uma boa colheita e bons preços são necessárias as melhores sementes de batata, terra boa e *o pensamento adequado*.

Pessoas bem-sucedidas colocam seu pensamento no trabalho. As fracassadas voltam seus pensamentos para longe dele: como se virassem a mangueira para a rua quando deveriam regar a plantação, deixando as plantinhas secas e ofegantes.

## VOCÊ DEVE AMAR SEU TRABALHO

Você deve amar seu trabalho e *pensar* nele se quiser ser bem-sucedido e fazer que valha a pena. "Bem-aventurado o homem que encontrou sua obra." Se você estiver trabalhando com o que não gosta, não vai ter sucesso, e nada poderá ajudá-lo.

Alinhe-se com um trabalho que você ame, algo pelo qual possa se expressar. Se acha que deve permanecer onde está, então ponha seu interesse, seu amor, *a si mesmo* em seu trabalho. Um toque de *si mesmo* vai fazer o negócio andar para a frente. Um jovem se abasteceu de carvão, abriu uma loja, anunciou em um jornal local e se sentou à espera de clientes, que não apareceram. Certa noite, quando ele foi para casa jantar, sua esposa comentou que estava com dor de cabeça e que havia piorado pelo barulho da descarga de carvão na casa ao lado. O jovem foi até o escritório do jornal e acrescentou uma linha em seu anúncio: "Carvão entregue sem barulho!" Ele entregava seu carvão em sacos. Sim, entregava. Um toque de *si mesmo* fez com que ele não ficasse mais sem clientes.

O sucesso das pessoas é medido, no lado invisível, pela quantidade de *amor* com que alimentam seu trabalho; e no lado visível, pelo dinheiro. Não digo que a quantidade de dinheiro que as pessoas conseguem fazer por meios justos ou sujos, seus próprios ou de seus pais, é a medida de seu sucesso. De jeito nenhum. Mas a quantidade de *amor verdadeiro* que as pessoas colocam em seu trabalho determina exatamente a quantia de dinheiro que vão ganhar com ele. Se a pessoa respeita a si mesma e à humanidade, se sabe que a justiça impera *agora* — se realmente *sabe* isso —, vai ter o dinheiro. Se "sabe somente como as pessoas ruins, gananciosas e mentirosas são", atrairá pessoas que roubarão o dinheiro de seu trabalho. Mas, em qualquer um dos casos, esse tipo de pessoa está na parte inferior de toda empresa.

Os indivíduos são senhores de suas próprias circunstâncias; as circunstâncias e os outros são marionetes em suas mãos. Quando as pessoas percebem isso, movimentam as circunstâncias e as pessoas à vontade, *puxando as cordinhas certas em si mesmas.*

## VOCÊ DEVE AMAR AS PESSOAS

Você deve amar as pessoas a fim de ser capaz de mobilizá-las. Deve ser capaz de vê-las *como elas se veem*, e deve conhecê-las *com entusiasmo*. O amor não é um rompante sentimental; o amor não se autoanuncia. O amor é uma emoção divina, que *sai* do ponto em que o universal encontra o pessoal. O amor se manifesta nas pessoas como boa vontade pura. Brilha no rosto das pessoas, irradia de seus olhos e impele todas as suas ações. Pessoas bem-sucedidas são pessoas de boa vontade pura.

Lembre que o sucesso é a liberdade de comando, *junto com uma consciência limpa e um coração amoroso*. Sua consciência é limpa na proporção de sua boa vontade. Boa vontade é o poder que impulsiona um coração amoroso.

Só esse coração tem liberdade para comandar a proporção do sucesso da pessoa que o possui, *deixando* fluir a boa vontade em relação a cada ser, coisa ou circunstância com que entra em contato; nessa proporção, ela será capaz de *influenciar* pessoas, coisas e circunstâncias segundo sua vontade — sua *boa vontade*, que é para todos.

A arte de ser bem-sucedido é a arte de *concentrar boa vontade*, e *usá-la* para fins definidos. Aquele que *duvida* e ainda assim faz, mas de *má vontade*, não de boa vontade, está condenado em sua própria alma. E não só isso: ele vai colher o que semeou: *má vontade*.

## BOA VONTADE

A boa vontade deve chegar a toda a humanidade, coletiva e individualmente. Um único rancor é um "verme na raiz" de seu sucesso. Emanando boa vontade positiva, definida e *pessoal*, um rancor não encontra espaço para crescer e corroer seu coração e seu sucesso. Mas seu rancor tem o poder de destruir seu sucesso — seu rancor por uma pessoa, um lugar, um trabalho ou "destino". Borrife sua alma todo dia, toda hora, com boa vontade, e borrife também o próximo.

## OS FUNDAMENTOS DO SUCESSO

Os fundamentos do sucesso são os seguintes:

- Boa vontade para com todos. Isso inclui justiça, honestidade, consciência limpa e coração amoroso.
- Um objetivo; uma meta a ser atingida.
- Perseverança interminável.
- Concentração de pensamento e esforço nos *detalhes* para alcançar o todo.

Os objetivos das pessoas na vida são *reflexos* de suas opiniões sobre si mesmas. Indivíduos que não pensam coisas boas sobre si mesmos não têm objetivos. Eles se sentem apenas como galhos caídos e impotentes, carregados no seio da vida. Acorde, exalte a si próprio e defina sua meta *tão alta quanto puder ousar*. E, então, quando achar que pode encarar sua meta com a sensação de que está indo realizá-la, parabenize-se, do alto de sua alma, e *eleve ainda mais a meta*.

Veja o que alguém conhecido como Buxton disse sobre o terceiro fundamento do sucesso:

> *Quanto mais eu vivo, mais tenho certeza de que a grande diferença entre os homens, entre os fracos e os poderosos, os grandes e os insignificantes, é* energia, determinação invencível *— um propósito fixado, e, então, vencer ou morrer! Essa qualidade vai fazer tudo que possa ser feito neste mundo; e, sem ela, nenhum talento, nenhuma circunstância, nenhuma oportunidade fará de uma criatura de duas pernas um homem.*

E Ella Wheeler Wilcox disse: "Não existe oportunidade, nem destino, nem sina, que possa contornar, impedir ou controlar a firme resolução de uma alma determinada."

Outro disse: "Tudo é possível àquele que crê."

E eu digo: entre nessa para ganhar e cumpra o combinado. Concentre seu pensamento nos detalhes de como chegar lá. Você não pode se dar o luxo de desperdiçar pensamentos com resmungos e ressentimentos contra pessoas, circunstâncias ou "destino". Você pode achar que tem cérebro suficiente para dividir entre seu trabalho e esses fracassos mesquinhos e ressentimentos, mas não tem. Cada pensamento ocioso subtrai uma quantidade *definida* de seu sucesso e de seu dinheiro. Coloque seu pensamento no trabalho.

Isso não significa que você nunca vai pensar em nada além do trabalho, mas significa que *nunca vai separar o pensamento da boa vontade*. Tudo que puder pensar com boa vontade vai ajudá-lo em sua autoexpressão, vai aumentar seu poder.

Concentre-se nos detalhes de como chegar lá. Uma vez, eu estava perdida, acima da linha de neve, em uma grande montanha, e tive que refazer meus passos, subir de novo até o ponto onde havia entrado na trilha errada. Eu estava tão ansiosa para chegar a esse ponto que parecia que minha alma havia saído e pulado em direção a esse lugar, deixando-me tão completamente paralisada que, na verdade, eu era incapaz de dar um passo. Quando me recolhi e coloquei meu pensamento na escalada, cobri a distância com facilidade e rapidez. Quando o pensamento corre à frente, assim, a vontade, a verdadeira força motriz do corpo sai, deixando-o incapaz de realizar o que se espera dele. Quando estiver *fazendo* algo, coloque seu *pensamento* nisso. A vontade segue o pensamento, portanto, você trabalhará com facilidade e eficácia. Quando estiver relaxado e descansando, pode, sem prejuízo, deixar o pensamento voar. "Tudo quanto te vier à mão para fazer, faze-o conforme as tuas forças." (Eclesiastes 9:10); isto é, *inteiro*, com pensamento e vontade, bem como com as mãos. Trabalho realizado dessa forma *rejuvenesce* o corpo, ao passo que uma mente dispersa o desintegra. Você é uma *unidade* — Uno. *Trabalhe* como Uno.

Trechos de *How to Grow Success*

## NÃO TEMA O MEDO

O medo é apenas uma sombra. Nenhuma quantidade de medo vai atrapalhar seu sucesso se você *mantiver os olhos na meta que definiu*, e se mantiver *mentalmente aderido a ela*, com ou sem medo. Quando estou andando de bicicleta, vejo pedras das quais devo desviar. Se eu olhar para uma e pensar "Estou com medo, acho que vou cair", cairei sempre. Mas talvez eu tenha *mais* medo, pode ser uma pedra maior; porém se eu disser a mim mesma "Vou *desviar* dela", invariavelmente desviarei.

É a *Palavra*, a instrução mental que determina se eu vou desviar ou bater naquelas pedras. Já comprovei, por meio de centenas de observações cuidadosas, que o *medo* não tem absolutamente nada a ver com isso. Eu posso ter um medo doentio de alguma coisa; posso não conseguir tirar os olhos do obstáculo; mas se eu *afirmar* resolutamente "Vou desviar", desviarei *sempre*.

Nosso corpo é apenas um feixe de declarações mentais que o tempo todo está sendo *revisado e aumentado* por mais declarações. São essas declarações mentais que *incitam* o movimento. *Cada pensamento* envia vibrações claras para as pontas dos nervos e dali para as auras pessoal e universal. *Cada pensamento incita atividade muscular correspondente.* "Ler a mente" é, na verdade, "ler os músculos".

O medo, literalmente, *não tem poder* sobre seu corpo, a menos que você diga *a si mesmo* que ele tem. *Negue.* Negue que o medo tem poder. Faça declarações mentais persistentes daquilo que deseja; faça isso encarando o medo, até que ele enfie o rabo entre as pernas e desapareça.

Kate Boehme apresenta este trecho a seus alunos, para que eles se concentrem nele: "Estou aberto, em meu lado interior, para o oceano inesgotável de amor e poder divino. Eu fluo dele e sou uno com ele. Todo o sucesso é meu, por meio da atuação desse poder. Terei sucesso em todos os meus empreendimentos."

Aquiete-se e saiba.

## FAZENDO DINHEIRO

"Por favor, faça que eu possa ser útil para o mundo. Confio que o dinheiro virá." Tudo bem, você vai descobrir que o dinheiro virá, mas por um caminho tão longo que nunca vai vê-lo, exceto em posse de outras pessoas.

"Faça que eu possa ser útil para o mundo" é um grito de *autodepreciação*; pressupõe que você agora é um fraco, um pedaço inútil de qualquer coisa.

*O mundo pensa de você aquilo que você pensa de si mesmo.* Enquanto carregar essa oração em seu coração, você vai permanecer fraco e inútil *a seus próprios olhos,* e o mundo vai continuar refletindo isso.

O mundo fica de olho nas melhores possibilidades. Se você acha que tem pouco valor para o mundo, ele não vai apostar em você. Ele vai levar tudo que você possa dar, e quando você não tiver mais nada, vai despejar seus restos no cemitério. Possivelmente, o mundo vai embelezar seus campos e aliviar a consciência com um monumento e uma inscrição para você, quando você estiver fora do caminho. Talvez mande rezar uma missa, e vai se parabenizar por ter acabado com você.

Mas recompensar você? Nunca! Nem um centavo você terá além do que acredita, do fundo de seu coração, que vale para o mundo.

Ingrato? Duro? Errado? De jeito nenhum. O mundo é regido pela imutável *lei* que diz: "Como um homem pensa ser, ele é." E o mundo é sábio demais para dar ouro em troca de nada.

Cada homem recebe tanto ouro do mundo quanto *coloca* nele. Todas as coisas são feitas pelo pensamento. Todo homem deve *pensar em seu próprio ouro realizado.* Ou, para que possamos ter uma visão mais clara, existe dinheiro suficiente na existência, mas cada indivíduo *faz sua reivindicação e trabalha por ela.*

Quem escreveu "por favor, faça que eu possa ser útil para o mundo" nunca fez sua reivindicação. Ele "confia" que o mundo lhe *dará* dinheiro na mão em troca de serviços que ele *acha* que têm pouco ou nenhum valor, mas que insiste em prestar.

Esse é o espírito mendigo puro e simples, e leva às profundezas da pobreza. É o espírito de autodepreciação, de autoanulação;

o espírito que considera o indivíduo um simples micróbio entre milhões; o espírito do pequeno "eu" e grande "você".

Em nosso país, não são as corporações ou indivíduos "grande eu" a causa da sordidez e da desventura. *É o "pequeno eu" da pessoa*. A única cura para a pobreza da mente ou do corpo é a *educação* do indivíduo "pequeno eu" até que ele cresça.

Essas condições de miséria são necessárias para despertar o indivíduo para seu próprio *"Eu sou"* — seu "grande eu". Cada pessoa recebe a reivindicação mental que estabelece, pela qual trabalha e à qual *se atém*.

Quem já ouviu falar de uma pessoa rica que nunca teve como *meta* ser rico? Muitos têm a meta e ficam aquém; fazem sua reivindicação e depois desistem porque "dá muito trabalho", ou "o destino está contra mim". Mas ninguém nunca recebeu sua parte sem *primeiro determinar* que parte era essa. Tudo está na mente da pessoa, mas o que está na mente pode, *por meio de esforço perseverante*, tornar-se visível.

Algumas pessoas no mundo parecem ser exceções a essa regra. Mas só *parecem*. Toda realização abençoada evidenciada por qualquer ser humano veio da mesma forma: pelo *desejo* de algo definido, e, depois, pela aplicação de esforço inteligente e persistente nele. Se você encontrar pessoas para quem as coisas "vêm fáceis", pode estar certo de que em algum momento passado elas fizeram a reivindicação e aplicaram todos os esforços inteligentes e repetidos necessários para conseguir essas coisas. Elas aprenderam e dominaram sua arte em alguma encarnação anterior. Nesta encarnação conseguem as coisas facilmente, e o mundo se espanta. Isso é verdadeiro tanto para um grande empresário quanto para um gênio musical ou artístico. Não existe nenhuma estrada real para nada.

Em algum lugar, de alguma forma, em algum momento, todas as pessoas devem aprender todas as coisas por seu próprio esforço persistente. E o *financeiro* é uma dentre *todas essas coisas*. Sim, elas *devem* aprender a ganhar dinheiro — literalmente, *ganhar* dinheiro fora de si mesmas.

Não gostou do "devem"? Bem, você pode, se alguém o compelir. Mas é a *lei de seu ser que diz "eu desejo isto"*. E o desejo é a lei. Você *deseja* riqueza — dinheiro — e *poder satisfazer seus desejos*. Mas você se apega à velha afetação e diz que o dinheiro é "obsceno" e não um "nobre" objeto de esforço para "o bem da humanidade".

Ah, caro leitor, o *dinheiro* é a *medida* do "bem" que você pode fazer à humanidade. Sem dinheiro você não pode fazer nada, além de trabalhar para outra pessoa por comida e roupas.

Com dinheiro você pode fazer *qualquer coisa*. Seu dinheiro permite que *você* dê ao mundo aquilo que ele não pode dar diretamente. Ele lhe dará tempo para se dedicar a ideias e ao amor pelo mundo.

Se o desejo por dinheiro nasceu no meio de sua pobreza, abençoe-o, aprecie-o e deixe-o crescer. Não passe fome dizendo besteiras como "Ah, eu *gostaria* de não precisar de dinheiro. Preferiria estar fazendo bem para o mundo em vez de trabalhar para ganhar dinheiro!"

Se você estivesse "fazendo o bem" que o mundo *quer* que lhe faça, ele lhe pagaria em dinheiro.

Esse é o problema das pessoas que estão sempre se lamentando por não "fazer o bem". Elas querem fazer o bem à maneira *delas*, nunca pensando que o mundo pode se opor ao seu jeito. O mundo está perfeitamente disposto a que você faça o bem no *seu* espaço, tanto quanto quiser, mas enquanto seu espaço não estiver em condições perfeitas o mundo rejeitará sua intromissão. Se insistir, você vai se encontrar em uma estrada cheia de pedras.

Quando seu próprio canto estiver aconchegante e bonito, como um exemplo do que você pode fazer, o mundo vai ver e lhe pedir que revele como conseguiu. O mundo vai até lhe oferecer uma boa quantia de dinheiro para que publique um artigo em uma revista falando de como fez isso, ou como gostaria de aconselhar os outros a fazer. O mundo quer as ideias de uma pessoa que provou algo a si próprio.

Não, isso não é porque o mundo venera o dinheiro, nada disso. Ele adora ideias, e vai dar todo o ouro que tem para ideias *concretizadas*.

Enquanto as ideias permanecem na imaginação, não valem as roupas de segunda mão e a gororoba que come o imaginador.

Deixe que o sonhador comece a se mexer e externar seus pensamentos que o mundo não demorará para investir dinheiro. O capital que você atrair é a medida exata do valor das ideias que conseguiu exteriorizar.

Se você inventou uma coisa ou outra e vendeu a ideia por uma ninharia para outra pessoa, não tem que reclamar por ela estar ganhando dinheiro. Ela merece. É como se você houvesse doado ou vendido seu bebê na hora do parto. O comprador *criou* seu filho. O comprador fez mais do que você jamais fez para tornar sua ideia útil ao mundo. Assim, ele recebe uma medida maior de dinheiro.

Se você der suas ideias — um pedaço literal de sua mente — ao mundo toda vez, nunca vai ter mais que roupas de segunda mão. Outras pessoas podem pegar suas ideias e fazer dinheiro com elas. Mas você não deve se sentir roubado. Você estava com preguiça de fazer qualquer coisa além de falar.

Algumas pessoas — o tipo "quero fazer o bem para o mundo" — talvez sejam cheias de ideias, mas deixam que outros as desenvolvam e as ponham no mercado.

Aprenda a pensar por dinheiro. Valorize suas ideias. Cuide bem delas. Em boca fechada não entra mosca. Quando tiver uma nova ideia, mantenha seus olhos nela. Não a deixe escapar enquanto não estiver pronta para ser vista. E, então, apresente-a ao mundo e receba por ela. Essa é uma arte sutil, que retribui todo o cuidado, persistência e inteligência.

Para ganhar dinheiro você deve ter ideias práticas para o mundo. Ter ideias práticas é *autoexpressão*. A autoexpressão é o modo de vida externa, crescimento, saúde, sucesso, *alegria*. Entre para ganhar. Não há nada maior, mais grandioso e divino a fazer que *ganhar dinheiro*.

## DE VEZ EM QUANDO

O desânimo se deve a apenas uma causa: deixar a mente correr solta enquanto se está fazendo outra coisa. Nesses momentos, você é uma casa dividida, e está desabando.

Você é um fluxo de energia correndo em dois canais, em vez de um, e está, portanto, muito enfraquecido para realizar qualquer coisa, em qualquer um dos canais. E se *sente* fraco e desanimado. Você está esbanjando a mente, o que é uma maneira de não viver. Você está vivendo na parte morta de sua consciência e seu corpo está *realmente* se desintegrando enquanto isso. Você está deixando sua vida, sua individualidade escorrer. Está deixando seu desejo e sua vontade, que são ambos uma força só — a única —, espalhados por toda a criação. Está se permitindo ser disputado por conflitantes centros de atração externos a você até ser destroçado. Está se tornando um fantoche do ambiente em que vive.

É claro que você não se sente bem. Esse é um estado não natural, doloroso. E você não deve estar ali nem um minuto sequer. Só sua própria ignorância pode mantê-lo ali.

*Você* é um centro de atração, com mais força que todo o seu entorno. Você pode, de fato, *se recompor* e se tornar mestre, em vez de fantoche. E isso é a coisa mais fácil do mundo para se fazer, e mais natural. Tão natural que uma criança pode fazer, e o faz normalmente.

Viver é a arte de se ajustar ao *agora*. Você curte aquilo a que se ajusta. Sempre que não estiver curtindo é porque está com uma das mãos no *agora* e a outra no passado fugaz, ou se esticando em direção ao futuro.

O *agora* é o único ponto ao qual você pode se ajustar completamente, o único lugar onde pode aproveitar de verdade. E a única maneira de aproveitar o *agora* é dar *tudo* de si mesmo a ele, de modo que não haja grandes esforços em direções diferentes.

Você mal se ajusta ao *agora*, e ele muda. Bem, deixe-o mudar, e mude também. Reajuste-se, como o *agora* se reajusta. *Deixe de lado* o que está ficando no passado, aceite o que está chegando, e *interesse--se* por se aconchegar nele. Caro leitor, *tudo está em sua mente*. Ajuste sua mente às coisas *como elas vêm*.

É claro que você desejará muito que certas coisas específicas aconteçam. Bem, cada uma dessas abençoadas coisas desejadas virá. O desejo é o sumário do livro da vida. Basta ler o sumário e sorrir diante das coisas boas que estão chegando nesse grande livro, e, então, *aproveitar* cada capítulo, conforme ele vem.

Trechos de *How to Grow Success*

Eu sei que muita gente acha que deve mergulhar no último capítulo primeiro, e depois perde o interesse no que vem antes e pula tudo, com desprezo. Elas não sentem metade do prazer com o livro. Mas o livro da vida é um seriado, e você não pode ver o último capítulo primeiro, felizmente. Portanto, nem tente. Olhe o sumário, seus desejos, e depois aconchegue-se em cada capítulo que vier. *Curta.* E a seguir curta o próximo e o próximo.

Qual é a utilidade, enfim, de eternamente resumir o conteúdo de nossa vida? Muitos de nós olham para trás constantemente e ficam obcecados com os momentos difíceis. Por quê? Só porque queremos nos lastimar, porque queremos que alguém se junte a nós e fique lamentando as coisas terríveis que já passaram. Ou, se passamos por coisas boas, queremos que as pessoas chorem conosco porque o atual capítulo que estamos vivenciando não é tão bom.

É surpreendente quão determinados estamos a chorar e fazer que os outros chorem em nosso livro da vida. Estamos tão no modo "piedade" que não vemos sequer um décimo da alegria, da diversão, das brincadeiras e da graça que tanto colorem cada livro da vida. Passamos por cima das coisas boas porque não lemos metade do capítulo *agora*.

Então, se por acaso nos cansamos de olhar o sumário de nossa vida passada, vamos tropeçando para o futuro. Estudamos nossos desejos assiduamente, mas não *acreditamos* neles. Nós nos afligimos e nos preocupamos com eles o tempo todo, com medo de que o livro não nos dê o que o sumário prometeu. Viu? Assim, deixamos de aproveitar ao máximo o que veio antes e adiamos o dia de receber as coisas desejadas prometidas, ou, quando chegamos lá, não aproveitamos nem metade, porque não conseguimos prestar *atenção* ao que veio antes.

Muito bem, caro leitor, isso não é brincadeira nem nenhuma figura de linguagem sem sentido. É um fato literal, tão sólido quanto qualquer rocha que já existiu. Você nunca batalha nem se esforça pelo conteúdo do sumário de qualquer livro impresso — você *nunca duvida* que tudo vai estar no livro. Você se senta, fica bem à vontade, e lê um capítulo de cada vez, até chegar ao supremo clímax. Seus desejos são tão precisos e confiáveis quanto um sumário. Então, *dei-*

*xe* que venham e *curta as mudanças*. Aconchegue-se para ler o capítulo *agora* e *preste atenção* em tudo que ele trouxer.

Esse é o caminho para chegar lá. Entendeu?

## JUNTOS VENCEREMOS

Se eu acredito em dar *toda* a atenção a cada detalhe do trabalho diário? Sim. Coloque *todo* o seu pensamento no trabalho até poder fazê-lo com perfeição e *com alegria*. Se você tem tarefas enfadonhas ou "trabalho penoso", pode estar certo de que é porque ainda não colocou interesse suficiente nisso.

Esse é o melhor treino de "concentração" do mundo: colocar toda a sua alma naquilo que está fazendo. Depois de usar esse treino por bastante tempo você vai fazer o trabalho de uma forma maravilhosa e com alegria.

A essa altura você vai ver que a força de seu pensamento fluiu para esse trabalho e o *encheu* de energia, e está *transbordando*. Você vai dar pequenos e felizes voos mentais para longe do trabalho; pequenas inspirações chegarão a você, e seu pensamento sempre vai voltar para o trabalho, com alegria.

Suponha que seu trabalho agora é "exercícios com cinco dedos": aprender a usar os dedos no piano. Se você colocar *todo* o seu pensamento em cada movimento, vai fazê-lo com *precisão*. Se deixar a mente vagar, mesmo que só um pouco, seus dedos a seguirão. Seus exercícios serão desleixados, porque seu pensamento estará dividido e você *não terá o suficiente para suportar a divisão*. Se você treinar com uma mente dividida, levará cinco vezes mais tempo para dominar a arte de usar os dedos, e *nunca* vai usá-los com o melhor proveito. Ouço diariamente alguém do outro lado da rua ensaiando escalas. Ela faz uma escala muito bem, porque *pensa* nela. Depois, posso ler metade de sua mente vagando em uma sucessão negligente e irregular de notas. Sei quando ela está satisfeita, e sei o exato instante em que ela pensa em algo bom que vai fazer quando terminar aquela hora de "trabalho chato". Dá para ver que os dedos estão tentando expressar uma mente dividida, de modo que sua

Trechos de *How to Grow Success*

ação é incerta. E será sempre assim, a menos que ela conserte sua mente e a coloque *toda* em seus dedos, até que eles *estejam a ponto de transbordar*.

Quando isso acontece, o pensamento flui, transborda em belos adornos que os dedos estão prontos para expressar. E *tudo* é prazer.

Viu agora o que a "concentração" faz para as tarefas diárias? Ela *preenche* seus membros, as diversas partes de seu corpo, *com inteligência amorosa, na expressão do pensamento*. As tarefas diárias da escola da vida são as "escalas" e os "exercícios com cinco dedos", nos quais você deve colocar sua *alma* para dominá-los, antes que a alma seja capaz de expressar algo mais belo no caminho das sinfonias da vida.

Há uma grande diferença entre colocar *todo* o seu pensamento em uma ação até poder fazê-la inconscientemente e seu pensamento ser liberado para um plano superior e a maneira comum de colocar metade — ou menos — da energia do pensamento no "trabalho chato", feito de um jeito desleixado, deselegante, enquanto o corpo principal do pensamento fica flanando por aí, *onde não tem nada para fazer*.

O pensamento é vitalizador, energizante. Quando você tenta trabalhar com metade do pensamento desligado e fora de suas atividades, rouba energia e desvitaliza seu corpo. Para um corpo totalmente vitalizado cada ato é *alegria*. Sempre que seu trabalho for "chato", pare, chame seu pensamento de volta, faça três ou quatro respirações completas bem lentas de *ar fresco* — fique ereto e respire! —, e então volte *tranquilamente todo seu pensamento* às suas ações. Toda vez que você o pegar vagando, leve-o novamente em silêncio, mas com firmeza, de volta ao trabalho. Esse é o tipo de "concentração" que dá autocomando e o prepara para pensamentos mais altos e para *ocupar lugares mais altos*. E quando você estiver *pronto*, a lei onipresente da atração vai levá-lo ao lugar.

## EU QUERO E EU SOU

"Eu quero tantas coisas, ou melhor, eu quero ser tantas coisas — ser completamente saudável, bonito, magnético, culto, ter uma conversa brilhante etc. Quero muitas roupas bonitas, coisas bonitas ao meu redor, dinheiro para satisfazer as minhas ambições. Fico atônito tentando saber o que fazer primeiro. Eu trabalho, e tenho pouco tempo para cuidar dessas coisas."

Você não sabe que toda a raça humana quer essas coisas e não sabe que toda a raça humana as está cultivando? E todos os poderes invisíveis, os poderes reais do universo estão trabalhando *com* a raça humana para a realização de tudo isso. E todos os poderes visíveis e invisíveis estão trabalhando para que *você* as realize, e trabalhando com a alma, de forma constante e efetiva, como se *você* fosse a única criatura em toda a criação. É o funcionamento desses poderes invisíveis em você e por meio de você que lhe dá o desejo por essas coisas. Não é *seu* desejo sozinho que está chamando essas coisas, é o universo todo as chama *por meio* de você. E todos os poderes da Terra e do céu, sim, e do inferno também, vão trabalhar com você para manifestá-los. Todos os poderes *estão* trabalhando por meio de você *agora* para manifestá-los.

Você não é uma criação separada e diferente rolando solta no mundo. Você é parte do todo, uma parte que tem sua posição específica, e sua utilidade na economia do todo, e em toda a criação não existe, nunca existiu e nunca existirá uma duplicata sua. Se você ficar perdido no mundo, ou se não estiver devidamente polido e arrumado, não é só você que sofre. Todo o trabalho é sofrido até que *você* esteja satisfeito e satisfatório; até que você se encaixe em sua forma física e beleza, e as glorifique.

Todo o universo se movimenta para ajudá-lo a se encaixar e ser feliz. Toda a beleza do universo está pressionando para se expressar por meio de você. Todas as coisas que você deseja estão brotando em seu interior, pressionado por um desejo incessante e todo-poderoso, que *não pode* ser negado. Porque, caro leitor, não há nada que você tenha sonhado, esperado ou desejado, até mesmo em seus mais selvagens momentos de imaginação, que não esteja pressionando, pressionando, urgindo, para, por seu intermédio, vir à tona — que não esteja fazendo seu melhor para brotar e transformar você e todo o seu entorno com seu fluxo radiante, belo. "As coisas que o olho não viu, e o ouvido não ouviu, e não subiram ao coração do homem, são as que Deus preparou para os que o amam." (1 Coríntios 2:9) Há mais beleza, arte, brilho, inteligência e sabedoria, finas vestimentas e *dinheiro* tentando e tentando vir para fora por meio de você, leitor, mais do que este mundo abençoado jamais viu.

Acredite ou não, é *verdade*. Além disso, todas essas coisas bonitas e desejadas *estão vindo* por seu intermédio. Estão pressionando para sair agora, com ímpeto cada vez maior.

*É verdade*, leitor, é verdade. Você *quer* acreditar? Quer ajudar o universo a se expressar? Ah, sim!

Mas são tantas coisas, e você não sabe por onde começar. Você não tem tempo para "essas outras coisas". Bem, comece exatamente onde está, com aquilo que está fazendo *agora*. Você não precisa sair para deixar que as coisas belas do universo venham por seu intermédio. Você não precisa ter horários especiais para cultivar a beleza, a saúde, a sabedoria ou o dinheiro. Já viu uma roseira com horários especiais para crescer, ou uma rosa que precisasse de momentos especiais para melhorar sua aparência ou seu perfume? Não mais do que você precisa de momentos e lugares para essas coisas. Todas as coisas desejáveis brotam dentro de você e irradiam, assim como a beleza da rosa irradia.

Uma das maiores razões pelas quais alguns indivíduos e lugares deste mundo não são bonitos agora é porque eles permanecem calados e continuam se virando com o velho jeito de cuidar da vida. Prometem a si mesmos descontração e lazer para serem bonitos e se divertirem em algum tempo distante no futuro. Ou, talvez, adiem até as seis horas, quando o escritório fecha. Elas tentam viver o dia todo cuidando dos negócios com a promessa de um pouco de beleza e lazer mais tarde. O resultado é que, quando chegam as seis horas, elas estão completamente famintas, cansadas demais para se mexer, e têm de usar esse tempo precioso em que queriam ficar bonitas para descansar. Ou seja, precisam deitar e *deixar que as belezas invisíveis* as descansem.

Beleza é harmonia. Harmonia pode ser vista, sentida, experimentada, cheirada, ouvida. Pode nos afetar por meio de um ou de todos os sentidos, consciente ou inconscientemente. À noite, enquanto dormimos, as belas harmonias do universo se manifestam por meio de nós e nos sintonizam novamente. Tudo isso acontece inconscientemente para nós. Ou podemos ouvir bela música e, assim, entrar conscientemente em harmonia novamente. Ou ver um lugar bonito e tranquilo e nos *deixar* "capturar" a harmonia ali expressa.

Em qualquer um desses casos, ou qualquer outro que possamos pensar, nós simplesmente *paramos de nos sobrecarregar*; paramos de prometer a nós mesmos beleza e harmonia mais tarde. Nós nos soltamos e *desfrutamos* a harmonia que é *agora*. Nós "vibramos" com as coisas que são e esquecemos essa sensação de cansaço.

Essa sensação de cansaço vem de *viver de promessas*. Promessas apontam para algo fora do alcance, e para salvar sua vida você não pode evitar se empenhar por essas prometidas coisas boas. Sua *energia* flui direito para fora, na direção das prometidas coisas boas.

*Existem* coisas boas à frente, melhores que qualquer coisa jamais contemplada. Mas, caro leitor, se você continuar observando-as, elas estarão sempre *à frente*. Seu pensamento as *fixa* no futuro e as mantém em movimento, assim como todo "amanhã" é mantido em movimento. Gostaria de poder fazer você se sentir como eu me sinto, mostrar como o mundo e tudo que há nele é plástico, *inclusive o tempo e o espaço*.

É *literalmente* verdade que você é o que pensa e *quando* pensa. Não existe futuro, *só quando você pensa nele*. Algumas pessoas estão, literalmente, inventando o futuro — vivem eternamente de promessas. E há muita gente *pobre*, infeliz, que da mesma forma vive quase inteiramente de *passado*. Raramente encontramos pessoas construídas no *presente*. Quando encontramos alguém assim, vemos um indivíduo radiante.

O conhecimento que salva é a certeza de que tudo que é, foi e sempre será é *agora*.

Quando sabemos *disso*, nós nos soltamos e vibramos com todo o amor o *agora*. Somos o epítome das harmonias universais. Nossa vida não é só uma canção, é uma requintada mistura de acompanhamento. Para nós e por meio de nós, as estrelas da manhã cantam juntas *agora*; o céu se alegra conosco e esquecemos o inferno.

Portanto, não é de "tempo para as outras coisas" que você precisa, leitor, mas de tempo *agora* para ser o que prometeu a si mesmo.

O que você necessita é segurar firme a linha da vida e obter essas coisas bonitas diretamente no *agora*.

Seu eu visível é uma "declaração de crenças". Pare de afirmar coisas no tempo futuro. Diga "*Eu sou* beleza, alegria, tudo que quero — *Eu sou! Eu sou!*" Insista até que você aceite a declaração. Essa declaração sozinha, vivida de manhã, à tarde e à noite, isso sem mencionar o tempo todo no meio, vai operar em você a revolução mais poderosa que seu mundo já viu. Essa declaração, *sustentada*, fará de você uma nova criatura; vai levá-lo a novas ideias e atividades, vai abrir caminho para *todas* as belezas invisíveis que tão ardentemente você deseja, literalmente, para o *agora*. Isso não é um floreio da verdade: é a própria verdade. Prove a verdade como prova um pudim. Viva a beleza *agora* e vai ver que toda a beleza é *agora,* que você *é* o que deseja ser. Você vai encontrar tudo que deseja diante de seus olhos, de *todos* os seus sentidos.

Lembre que o que você deseja não vem *para* você, nem agora nem nunca. Ele vem *por meio* de você, do invisível para o mundo visível. Enquanto está na loja esperando que um cliente apareça, as coisas que você deseja estão se *formando em seu interior*. Você não pode *ver* a beleza que deseja, mas pode *senti-la* se estiver consciente dela, se a procurar; poderá senti-la calma e quente no seu centro. *E seu cliente poderá vê-la brilhando em seu rosto e sentir emoção dela em sua atenção calma e plena.* Talvez isso acalme as águas turbulentas de sua alma. E, certamente, ajudará sua alma na expressão das belezas que você almeja. Aquiete-se, leitor, e deixe que as harmonias invisíveis sejam vistas através de você.

Toda ação já realizada é, na verdade, um veículo para permitir que a harmonia do mundo invisível entre no visível. A verdadeira arte de viver é a arte de *permitir* — a arte de estar quieto.

Aquiete-se e saiba que *eu sou* Deus dentro de você.

Aquiete-se e permita o que você é *nesse* ato, *agora*. Curta quem você *é*, assim como no que tem.

Leitor, esta é uma descrição exata de cada passo do caminho que vai *para qualquer lugar que você possa determinar*.

Entre para ganhar. Mantenha-se calmo e doce e seja *agora* o que deseja.

## COMO SER RICO

"Se você tem medo de usar seu dinheiro, se é avarento e mesquinho, em palavras, pensamentos e ações está lançando as bases para a infelicidade e a pobreza. O avarento é pobre, pobre, *pobre*."

Não é o que você gasta, nem no que gasta, que faz a diferença entre riqueza, opulência e avareza. A avareza repousa na atitude mental que está constantemente se esforçando para fazer 1 dólar comprar mais do que ele vale. A barganha conduz à avareza, mas é um resultado, não a causa.

As pessoas que, desejando determinada coisa, e tendo o dinheiro para pagá-la, ainda assim, "odeiam gastá-lo", e pensam em uma dúzia de outras coisas que gostariam de ter com esse dinheiro, são avarentas. Não gastam como um nobre.

As pessoas que, desejando determinada coisa, e tendo o dinheiro para pagar, *de boa vontade* usam o dinheiro, mesmo que seja o último, e curtem a nova aquisição, gastam como deveriam. Elas estão *dispostas* a pagar o preço *total*, e *curtem* suas compras.

Avarentos são mimados com visões de uma dúzia de outras coisas que *gostariam* de ter, *tirando o máximo* desse dinheiro. Naturalmente, eles expressam isso assim: "Eu gastei dinheiro com isso, mas há uma dúzia de outras coisas que eu 'deveria' ter também." "Dever" é uma grande palavra para os avarentos. Eu já fui avarenta, e conheço o vernáculo. Eles pensam que "devem" ser "parcimoniosos" e "econômicos".

Quando são avarentos convictos, eles sempre pensam que a outra pessoa "deve" baixar seu preço, e gastam esse dinheiro só porque *devem*, a fim de obter a coisa. Às vezes, gastam um sapato de couro caro para rodar a cidade tentando encontrar um de 99 centavos. Avarentos são sempre míopes. Olham tão de perto esse dinheiro na mão fechada que não conseguem ver o desperdício de tempo e energia tentando economizar com mixaria. Eles "não gostam de gastar"; não importa quanto dinheiro tenham, "odeiam" pagar por alguma coisa.

Tudo isso "leva à pobreza", e, de modo geral, igualmente atende à pobreza; mas existe gente rica avarenta que está no caminho da penúria.

Trechos de *How to Grow Success*

A maioria de nós é avarenta em alguns pontos, especialmente quando nossa renda está encolhendo e o combustível subindo vertiginosamente. Eu era bem avarenta, porque achava que tinha que ter tudo. E quanto mais perto eu mantinha meu dinheiro, mais ele ficava "apertado" comigo.

No fim, eu aprendi a gastar como uma nobre rainha o que tivesse de gastar, e a partir desse dia as coisas começaram a melhorar. Não quero dizer que passei a gastar de forma imprudente com todos os tipos de coisas que me dava na veneta — uma vitamina, ou uma bolsa que eu visse na vitrine, uma blusa que achasse bonita. Eu ainda me negava qualquer "luxo".

O que quero dizer é que esses pequenos *desejos momentâneos* são os verdadeiros furos que deixam nossas carteiras vazias. Não só isso, mas a satisfação de cada capricho momentâneo esgota nosso estoque de desejos. Consertar esses pequenos vazamentos permite que a onda de desejo suba mais alto dentro de nós, para a realização de coisas que valem a pena. Da mesma forma, permite a subida da maré de dinheiro em nosso bolso.

Entenda bem isso. Eu não só não me entreguei a todo tipo de agrado momentâneo, como também comecei a colocar mais pensamento que nunca em cada gasto que fazia. Não comprava nada que não fosse necessário, e sempre "deixava a ideia amadurecendo" antes de decidir se era necessário. Então, consultava meu saldo e decidia que quantia eu poderia usar para essa finalidade. A seguir, pensava em todas as coisas que eu não poderia ter se comprasse isso. E, *definitivamente*, liberava *cada uma delas*. Eu dizia: "*Vade retro!* Eu escolhi *essa* coisa, e você pode sumir. Eu não quero você." Depois, ia para o centro e olhava tudo, até que encontrava a coisa certa. Às vezes, era na banca de ofertas, outras vezes, entre os novos produtos, de preços mais elevados; mas quando eu descobria que estava *satisfeita* com aquilo, pagava *com prazer*, e o levava para casa e *curtia para sempre*.

Antes eu sempre ficava decepcionada com minhas compras, mas desse novo jeito nunca fiz uma compra que não curtisse plenamente, até a última gota.

Esse foi o início da opulência para mim. Depois de algum tempo, meus desejos eram cada vez mais fortes, mais definidos e *menos numerosos*. E, ao mesmo tempo, comecei a encontrar mais dinheiro em minha bolsa, e *menos vazamentos nela*. Eu sei, por experiência própria, que esse é o caminho da riqueza. E sei que o que eu fiz cada um de vocês pode fazer, se quiser. Pode demorar um pouco para você conseguir, depende do tempo que dedicar a isso — se trabalhar fielmente ou apenas de vez em quando.

É tudo questão de estabelecer um hábito correto de pensamento. Alguns pensamentos, vez ou outra, não vão fazer isso, mas o esforço persistente *vai*. Todas as pessoas com determinação suficiente para aprender a ler podem aprender a pensar com opulência. E assim que o *hábito* estiver formado, vão ter em abundância para *todos* os seus desejos. Mais que isso, gastar será um prazer para elas, e a coisa comprada, uma alegria para sempre.

## FATORES DE SUCESSO

O sucesso real e contínuo é um resultado matemático que todas as pessoas podem obter se estiverem dispostas a trabalhar com cuidado e tempo suficientes. Quando as pessoas somam 6 + 6, têm plena certeza de que o resultado é 12 — *se não cometeram nenhum erro*. Têm certeza do mesmo resultado se multiplicarem 4 x 3 ou 2 x 6. Mas se elas se descuidarem e pularem um numeral, não encontrarão 12 como resultado. Se eles escreverem 5 x 4 = 12, poderão se enganar por um instante, ou uma hora; poderão enganar algumas crianças por uma hora ou um dia; mas não enganarão o professor, que impiedosamente apagará os dois fatores e o resultado e as mandará tentar novamente.

Há outra coisa que quero que você perceba sobre aqueles que não atingem o resultado com os fatores certos — aqueles que escrevem 5 x 4 = 12. Por que escreveram 5 x 4 em vez de 3 x 4? Porque não aprenderam com a experiência que 5 "não cabe x vezes em 12", porque não sabiam os fatores de 12. Tinham que chutar. Consequentemente, sentiram a dúvida e a incerteza durante todo o tempo em que foram ostentando seu 5 x 4 = 12 diante dos ignorantes. Eles não estavam felizes, mesmo que alguns ignorantes mostrassem admiração por sua esperteza. Dentro deles havia tensão e medo, afinal, sua conta não estava certa e não resistiria ao teste do tempo e do professor. Eles haviam *chutado*, em vez de *provar* o problema até que entendessem que cada fator afetaria o resultado.

É claro que eles teriam sentido o mesmo medo se houvessem encontrado os fatores corretos por sorte. Só *conhecendo* os fatores e sua relação um com o outro, por demonstração real, eles poderiam ter a doce paz da certeza do resultado.

Lembro-me de minha primeira experiência com a tabuada e com uma professora que devia pensar (se é que pensava alguma coisa) que estava treinando papagaios. Eu havia aprendido a somar, claro. Então, de repente, eu estava decorando a tabuada do 2. Decorei, mas continuei tremendo por dentro, com medo de que minha memória falhasse e eu desse a resposta errada. Então, um dia, eu me dei conta de que a coisa toda era simplesmente *adição*. Coloquei o 2 duas vezes e deu 4. Coloquei o 2 três vezes e somei, e deu 6, como na tabuada. Passei a tabuada toda assim, até que *entendi* a multiplicação.

A partir de então, tudo foi fácil, e não havia mais tremor e tensão dentro de mim. E, de alguma forma, eu parei de ligar para o que as outras crianças diziam sobre minha capacidade matemática. Eu *sabia* quando estava certa ou não, e suas observações não me afetavam de forma alguma.

A vida é uma caça aos fatores de sucesso. Se usarmos os fatores errados, a experiência — a grande professora — vai apagar nosso trabalho e teremos que fazer tudo de novo. Esse processo se repete até que nossa inteligência fica afiada o suficiente para encontrar os fatores certos. E, então, o sucesso permanece conosco.

Mas o que você pensaria de uma pessoa que fosse a uma curandeira e lhe pedisse que fizesse 5 x 4 dar 12? Você pensaria que ela é meio estúpida, não é? Pois eu ainda recebo pedidos como esse quase diariamente.

Existem fatores que simplesmente não "entram x vezes" no sucesso, não mais do que 5 entra x vezes em 12.

Por exemplo, um homem me escreveu recentemente pedindo que o "tratasse" para que mantivesse seu emprego e conseguisse um salário maior. Ele trabalha para o governo. Diz que uma acusação foi forjada contra ele por "uma mulher sem nenhum caráter"; uma falsa acusação. Mas ele diz que se aproveitou do prestígio conquistado por sua posição no governo para vender bens particulares, e que com isso fez muito dinheiro, e teme que isso conte contra ele. Ele diz que *não* negligenciou nem corrompeu seu trabalho no governo fazendo isso, e que teve o cuidado de atender fielmente a todos os detalhes. "Mas, é claro", comentou ingenuamente, "é contra as regras vender produtos como tenho feito." Ele quer que eu influencie o governo para manter seu emprego e lhe mostre a falsidade das acusações da "mulher sem nenhum caráter". Em outras palavras, ele quer que os funcionários do governo sejam hipnotizados para acreditar que 5 x 4 = 12, que ele é legal, quando não é. É claro que 4 cabe três vezes em 12 — a acusação da mulher pode ser totalmente falsa; mas o 5 *não* cabe x vezes em 12 — ele infringiu uma regra na esperança de que ninguém soubesse. A falsa acusação apenas chama a atenção para seu problema, e, então, *todas* as imprecisões aparecem.

Agora, se esse homem *aprendeu* a lição e isso é realmente o único fator errado, ele, *provavelmente,* será perdoado e terá outra chance — com poderosos olhos bem atentos observando seu próximo deslize. Pois este é realmente um velho mundo, maravilhosamente gentil e capaz de perdoar, e um homem que aprendeu a lição e realmente pretende fazer sua próxima conta *direito,* em *todos* os detalhes, sempre pode obter perdão e conseguir uma nova oportunidade.

Mas se os olhos desse homem hesitarem quando falar — se ele estiver só tentando evitar as consequências sem mudar o fator 5 mais do que é obrigado —, então, as chances são de que ele será demitido imediatamente. Depois disso, ele vai passar a explicar a todo mundo como foi "injuriado" por uma "mulher sem caráter", e deposto de seu cargo injustamente por homens de sangue-frio que não pensam em ninguém além de si mesmos. Em vez de corrigir o 5, ele vai tentar adicionar um 13 azarado em seu pequeno problema, vai dizer aos outros que foi a mulher e os homens de coração duro que lhe tiraram o cargo, quando, no fundo de seu coração, ele sabe que foi o descumprimento da regra que causou seus problemas.

Trechos de *How to Grow Success*

Quando você vê as pessoas andando por aí com um ar depreciativo, contando como foram injuriadas e defraudadas de seus "direitos" por uma pessoa ou outra, pode escrever que elas estão simplesmente atraindo a atenção do público para mantê-la longe de suas verdadeiras deficiências. Em algum lugar há um 5 onde deveria haver um 3, e elas estão carregando um grande, sombrio e azarado 13 para manter os olhos longe do 5. Se você for sensitivo, e não pensador, provavelmente vai derramar lágrimas por essas pessoas, e talvez lhes empreste algum dinheiro. Com o passar do tempo, sem que seu dinheiro retorne, talvez você possa abrir os olhos e ver o falso fator 5 nas declarações delas.

Existem muitas coisas neste mundo que simplesmente não combinam com sucesso. Desobediência à letra ou ao *espírito* dos regulamentos do empregador é um deles. E todos os empregadores têm um monte de regulamentos mentais, além dos expressos, que você deve respeitar de bom grado se quiser fazer sucesso com eles. Eles não são totalmente cientes de todos esses regulamentos mentais, portanto, como podem colocá-los preto no branco? Mas se seu *desejo atento* estiver voltado para agradá-los, você vai *sentir* seus desejos como oportunidades oferecidas. Você vai agradar seu patrão e ser bem-sucedido.

A preguiça, é claro, a falta de pontualidade, a desatenção aos detalhes, a falta de organização, vestimenta desleixada, expressão triste, má postura, andar arrastado, pensamento longe, olho no relógio, nariz ou língua na vida dos outros, imprecisão de declarações ou "mão-leve" — todos esses não são fatores que combinam com o sucesso. Nem o tipo de ridicularização e crítica a que alguns funcionários se entregam quando o patrão está de costas.

E não faz diferença quem é seu patrão. Você pode ser seu próprio patrão e, ainda assim, continua sendo verdade que nenhuma dessas coisas combina com sucesso. Quando chegamos às bases das coisas, descobrimos que todos somos empregados do espírito que dirige este universo. Não adianta tentarmos nos enganar com a ideia de que não temos que agradar ninguém além de nosso pequeno ego.

A fim de agradar a nós mesmos, a fim de realizar o sucesso que queremos, temos que *agradar o espírito que está acima de todos nós*.

Consagração é o primeiro requisito do sucesso — consagração ao espírito da verdade que *fala com o indivíduo*. Não é *seguro*, nem sábio, fazer ou *pensar* aquilo que o faria corar se fosse revelado em público.

Aquilo que é absolutamente fiel ao espírito da verdade não evita nem procura exposição. Quando eu digo 3 x 4 = 12 não há nada do que me envergonhar. Se eu disser 5 x 4 = 12, vou querer esconder isso com *medo* de estar errada; ou, então, vou querer ostentá-lo para a aprovação daqueles que são ingênuos demais para perceber minha falácia.

"Bem-aventurado aquele que não condena a si mesmo naquilo que aprova." (Romanos 14:22) Ou pratica.

Em caso de dúvida, *não faça*. Espere até ter certeza de que não vai se arrepender da ação, e, então, vá em frente, rumo à vitória. Aquiete-se e o espírito da verdade vai lhe ensinar.

Não prossiga em algo duvidoso nem tente *transformá-lo* em certo "afirmando" isso.

Veja o problema desta mulher: ela diz que entrou no negócio da angariação de fundos esperando ser bem-sucedida, e vinha se portando de acordo, e constantemente afirmava que alcançaria sucesso. Mas fracassou. Ela odeia bater na porta das pessoas e detestava falar com estranhos. Ela nunca faria esse tipo de trabalho se não fosse pelo dinheiro.

É de se admirar que ela não tenha ganhado dinheiro nesse ramo? Odiar seu próprio trabalho é outro fator que simplesmente não combina com sucesso. *Deve* haver certo grau de amor ao trabalho, senão, não renderá nenhum dinheiro. E o amor pelo trabalho deve ser valorizado e persuadido a crescer, ou o sucesso não vai crescer.

Quando entendemos o fundamento das coisas, vemos que existe apenas *uma* lei do sucesso, que é a mesma lei que regula toda a criação: *a lei do amor*. Pessoas que gostam de cada pedacinho de seu trabalho vão dedicar sua *alma* a ele. Vão fazer dele algo tão bonito e glorificado que o mundo vai correr para ver, e vai pagar por ele quase qualquer preço que peçam.

O sucesso é uma certeza para aqueles que estão alinhados com seus próprios ideais e aptidões.

## SER HONESTO

Se você tivesse um belo cavalo, de cuja rapidez dependesse sua fortuna, como o trataria? Você o abrigaria de qualquer jeito e o trataria como burro de carga? Ou o alimentaria com todos os tipos de alimentos, o deixaria parado no estábulo durante semanas e depois esperaria que ele ganhasse a corrida para você? Você o faria correr por toda a cidade a noite toda e depois esperaria que ganhasse no dia seguinte? É claro que não.

Mas você trata *a si mesmo* assim, e depois sai por aí vestindo farrapos, com uma expressão triste, porque perdeu a corrida para o sucesso.

Nas corridas da vida há "categorias" suficientes para todos. Todas as pessoas podem ganhar suas corridas e receber prêmios — se cuidarem adequadamente de si mesmas e *prestarem atenção às regras da corrida*. Com uma preparação adequada e boa compreensão, todas as pessoas podem ganhar suas corridas. Nunca é tarde demais para *entender* o princípio do sucesso. É isso, literalmente, o que se tem de fazer para vencer as corridas.

Todas as pessoas *nascem* na escola que necessitam para prepará-las para o sucesso na vida. Se elas não forem "honestas" consigo mesmas e com a classe na qual nasceram, talvez fiquem a vida toda nessa turma. Talvez caiam, caiam até o fundo da classe. Tudo porque não são "honestas" nas abordagens que as lições de vida lhes apresentam. Elas se esquivam.

O que significa ser "honesto"? Significa uma coisa diferente para cada povo da Terra; no entanto, significa sempre *uma coisa*: fazer o que *seu próprio* espírito diz que é certo, *e manter sua palavra*, real ou implícita.

Ser honesto exige um *propósito firme*; em outras palavras, autocontrole.

*Para ser honesto você deve controlar seus sentimentos, em vez de deixá-los fugir com você.* O aluno mata aula quando sente que não está alinhado consigo mesmo nem com o mundo. *Há um "dever" no coração do aluno para com o qual ele não está sendo honesto.*

A vida é cheia de indivíduos preguiçosos que normalmente matam aula quando *sentem* vontade. Eles *sentem* desprezo por tudo aquilo, e matam aula. Eles *sentem* vontade de ficar deitados na cama de manhã, embora um pequeno senso de "dever" dentro deles, e talvez um patrão fora, os incite a levantar, mesmo sem que eles *sintam* que querem. Algo se *espera* deles, mas eles se esquivam. Tacitamente, deram sua *palavra* de chegar na hora, mas não chegam. Eles não são honestos.

O pequeno senso de "dever" no interior é a pista segura sobre a qual a vida desses indivíduos pode correr com segurança. Quando eles pulam essa pista e correm *sentindo-se sozinhos*, não são honestos com o mundo, e há perigo à frente. E eles forçam na direção errada, ferindo a si e *aos outros*.

Eles continuam *sentindo,* deitados na cama. Estão atrasados para o trabalho e com sono quando chegam lá. Seus patrões *sentem* que não são tratados de forma justa. Se eles agirem de acordo com o que sentem, os dorminhocos terão seus salários reduzidos.

Depois, eles vão contar às pessoas como seus patrões são velhos rabugentos e mesquinhos. Eles nunca vão ver que sua própria falta de honestidade tem a ver com sua falta de dinheiro ou de sucesso. Se existe alguma coisa em que as pessoas que só seguem seus sentimentos são boas — qualquer coisa em que mostrem sua gloriosa genialidade —, é em *encontrar desculpas* para si mesmas. Elas nunca correm na pista lisa do "dever", a menos que haja um grande bicho-papão atrás delas. Mas seu bicho-papão nunca vai depor em favor delas no tribunal; ele é uma desculpa grande e válida só na própria mente delas. Os "seguidores de sentimentos" têm uma imaginação artística, são engenhosos.

Se usassem seu engenho para se manter na linha, teriam aumento de salário.

Claro que o sentido de "dever" é consciência. *Você* deve controlar *sua* consciência se quiser vencer. E deve cuidar de sua consciência *como ela é*, não como você gostaria que fosse. Se sua consciência lhe diz para pular da cama *agora,* ela não vai ficar filosofando sobre isso e explicando o "dever", nem evocar uma desculpa para segui-la.

Enquanto não puder educar sua consciência a ponto de ela o deixar fazer o que quer, é melhor deixar que ela mande em você, mesmo que não *sinta* vontade de fazer isso.

A verdadeira preparação para o sucesso na vida acontece em qualquer lugar, na escola ou na favela, na guerra ou na paz. Todas as experiências da vida são só oportunidades para que você crie o *hábito* de ser honesto com o Deus em você *e os deuses fora de você*. Isso é caráter.

Você já assistiu a uma corrida de cavalos? Deve haver uma meia dúzia de inscritos, cada um alimentado, exercitado e preparado para o mais elevado estado de perfeição, cada um de acordo com o melhor julgamento de seu treinador. Eles aparecem prontos para a corrida. Quando é dado o sinal para começar, os cavalos são girados com a finalidade de mantê-los lado a lado, esperando a largada. Mas, muitas vezes, alguns jóqueis não são honestos. Eles estão tão ansiosos para chegar *à frente* de todos os outros que vão muito para a frente, e todos têm de recomeçar. Várias vezes essa falsa partida é repetida, tudo porque alguns jóqueis estão *tentando* obter uma largada *não justa*; estão tentando tirar a largada dos outros; eles querem obter toda a vantagem que puderem. Eles não são honestos. E você já viu um desses jóqueis desleais ganhar a corrida? Eu nunca vi.

Jóqueis que não conseguem controlar seus sentimentos começam a sacudir e agitar seus cavalos com tanto entusiasmo que os animais "freiam" e "colapsam". Então, quando os jóqueis sabem que perderam a corrida, forçam os pobres cavalos, que finalmente chegam ofegantes e cobertos de espuma entre os últimos colocados.

*Os mesmos cavalos, com jóqueis controlados, poderiam ter vencido a corrida.* Jóqueis controlados dominam seus sentimentos e se mantêm na pista do "dever" — que é a pista da sabedoria e do sucesso.

É fácil para as pessoas fazer o que "devem" nas pequenas coisas. E se tiverem o cuidado de fazer isso nas pequenas coisas, descobrirão que têm poder para fazer o que "devem" com as coisas grandes. É agir como se deve, como a própria alma diz que se deve, que permite que as pessoas aprendam as lições em suas aulas da vida.

E é o aprendizado das lições nas aulas que lhes permite passar para uma classe superior. É por isso que o indolente, que não é honesto, come o pão que o diabo amaçou, e nunca é promovido. O "dever" de uma pessoa é a voz do princípio de seu ser.

O sucesso é o resultado da obediência a essa voz. Seus *sentimentos* são o cavalo de corrida de cuja rapidez e correto manuseio dependem as corridas de sua vida.

Você não é seus sentimentos. Você é a inteligência e a vontade que governam e informam seus sentimentos. Você é o tratador que cuida e o jóquei que dirige o cavalo de corrida dos sentimentos.

Você vai dirigir os sentimentos ou vai deixar que fujam?

Lembre-se que o sentimento é seu cavalo de corrida. Como você vai tratá-lo? Vai treiná-lo para os grandes eventos da vida? Vai deixá-lo correr solto, sem um propósito? Vai usá-lo como burro de carga, para carregar pequenos e desnecessários fardos para todos ao seu redor?

Bons treinadores tomam muito cuidado com os sentimentos de seus cavalos. Nunca puxam as rédeas nem gritam com eles. Nunca os deixam sem comida em um estábulo sujo, com uns vira-latas latindo para atormentá-los. Nunca os fazem carregar fardos desnecessários nem os açoitam morro abaixo e morro acima.

Mas isso é o que as pessoas fazem *consigo mesmas*. Elas negligenciam o próprio cérebro, o corpo e a alma, amaldiçoam a si e sua "sorte" e permitem ser carregadas com aborrecimentos desnecessários; e, então, revoltam-se, por nunca conseguirem fazer o que querem, e pensam que, afinal, nenhuma vida é boa mesmo.

Bons treinadores nunca mimam seus cavalos também. Não lhes dão livre acesso à lata de aveia. Nem os escovam diariamente até conseguirem o último brilho, não os cobrem com um cobertor nem os mantêm sempre debaixo de um telhado.

As pessoas se enchem o tempo todo de qualquer tipo de alimento que provoque seu paladar; vestem-se exageradamente e se exercitam pouco; e amaldiçoam o mundo em geral porque seus sentimentos são indisciplinados.

Bons treinadores não enchem seus cavalos no jantar e depois os perseguem por todo o campo, até as 2 horas da manhã, como uma preparação para a corrida do dia seguinte. Não. Mas as pessoas fazem coisas assim *consigo mesmas* e, depois, esperam o sucesso.

Se quiser ser um verdadeiro sucesso na vida, você deve ter um propósito, ao qual todos os outros sejam subordinados. Deve ter um objetivo, e todas as ações de sua vida devem ser governadas para auxiliar nessa única direção.

Isso não significa que uma vida toda deve ser dedicada a um único propósito; nem que você não deve ter outras atividades enquanto tenta alcançar sua meta. Significa que não haverá outras metas *antes* da primeira, que não deve ter outras antes dessa.

Se você negligenciar o trabalho em nome da arte, ou a arte em nome do trabalho, vai acabar fracassando em ambos. Se buscar a arte como *recreação*, para melhor prepará-lo para o trabalho; se buscar a arte quando não precisar trabalhar; se ao menor chamado do trabalho você for imediatamente com toda a sua alma, você vai ter sucesso nele, e a arte irá *ajudá-lo* nisso. Mas se o trabalho for a meta presente, *tudo* deve ser descartado imediatamente e de *boa vontade* a seu mais leve apelo. Só então o trabalho vai ser um sucesso. Isso é concentração.

Um cavalo de corrida nem sempre está correndo; nem as pessoas mais bem-sucedidas em qualquer área estão *sempre* pensando e trabalhando nela. Mas estão sempre pensando e trabalhando em áreas *subordinadas* à principal.

Bons atores encontram recreação na arte, na história, na literatura, na vida ao ar livre, coisas não necessariamente ligadas com a vida no palco, mas que tendem à ampliação e ao aprofundamento do personagem, e contribuem para que tenham uma ótima saúde, aumentando, assim, o poder de seu trabalho no palco. Mas pianistas profissionais não fariam trabalho manual pesado por lazer para não endurecer seus dedos ágeis. Nem artistas de sucesso entram em farras e festas à meia-noite. Para eles, todas as coisas que não vão ajudá-los em sua meta *principal* são impiedosa e totalmente descartadas.

É esse autocomando e intencionalidade que lhes permite ganhar suas corridas. A *ausência* disso é *uma* das causas de *todos* os fracassos.

Acho que vendo este ensaio como um todo ele contém algumas metáforas mistas. Mas, sem problemas. É como a própria vida, que é decididamente uma metáfora mista, contudo, interessante.

## UMA COISA DE CADA VEZ

Quando recebo uma carta na qual a pessoa afirma ter "tantos desejos que é impossível enumerá-los", meu coração ameaça disparar. Essa pessoa é realmente um caso difícil. O *desejo* é o criador; mas quando o desejo se espalha sobre uma série de coisas já não é desejo, é mera *vontade*, e realiza pouco. Se você espalhar seus desejos e tentar uma infinidade de coisas vai ser tão bem-sucedido quanto se tentar limpar uma dúzia de quartos de uma só vez.

Uma coisa de cada vez. Seja definido. O que você quer? Inspecione todas as coisas que você deseja. O que vai ter primeiro? *Escolha* uma coisa e depois *descarte* os outros desejos, até que o primeiro se realize. Faça sua demanda mental por uma coisa. Aquiete-se e deixe que o espírito lhe diga o que fazer, e como.

*Afirme isso. Seja fiel* a uma coisa até que a *realize*. Quando conseguir, reúna seus desejos novamente e faça outra seleção. Então, descarte todos os outros e deseje fortemente, e *afirme* com mais força, e trabalhe *fielmente* por ele.

Uma coisa de cada vez e *bem-feita* é o caminho para todas as realizações. E cada coisa bem-feita aumenta sua capacidade. Uma coisa devidamente demonstrada abre caminho para uma melhor e *mais rápida* demonstração da próxima vez.

Quando estiver aprendendo a fazer as coisas, é sábio começar com as mais fáceis. Assim, na escolha de a qual dos seus desejos dar *toda* a sua atenção agora, em geral é melhor escolher não o mais difícil e maior, e sim o mais ao alcance da mão e mais razoável e fácil. Em geral, esse é o caminho *mais rápido* para realizar um *grande* desejo, bem como os menores.

Agora, prepare-se e analise os desejos de forma crítica. Decida. *Escolha*. Agora entre para ganhar e mantenha a *calma e a confiança*. O *sucesso é seu*.

Trechos de *How to Grow Success*

Eu lhe disse para focar em um desejo de cada vez e trabalhar só para esse. Mas, às vezes, é difícil decidir qual o mais importante. Mesmo peneirando, ainda parece que há várias coisas igualmente urgentes. Agora, você *pode* trabalhar diariamente por várias coisas, desde que se dedique.

Quando você estava na escola e estudava geografia, gramática e aritmética, se dava bem em todas as matérias. Não só isso, mas você se saía *melhor* em cada uma do que se estudasse uma só. Quando você dedica tantas horas, todos os dias, digamos quatro, ao estudo, logo isso se torna hábito e você passa a fazer isso com rapidez e facilidade; e talvez uma hora por dia dificilmente permitiria que você se interessasse antes de a hora acabar. Mas se você dedicasse as quatro horas a uma matéria só, sua mente se cansaria do esforço constante em uma só direção, ao passo que se dividisse o tempo entre as três matérias seu interesse se renovaria e sua mente se aceleraria a cada mudança.

Mas que resultado seria de se esperar se você se sentar com os três livros à sua frente e durante quatro horas seguidas mergulhar por um momento em um livro, depois pular para outro e vice-versa inúmeras vezes? Quão interessante poderia ser tal exercício para a mente? Quanto poderia realmente absorver? Quantos problemas você pode resolver se tentar responder sobre os limites do mar Vermelho e fazer a análise de uma sentença ao mesmo tempo? Você seria um fracasso em todos os estudos, por falta de *concentração*.

Mas isso é o que todos nós tendemos a fazer com nossos problemas na vida. Nós misturamos todos eles, e fracassamos. Enquanto estamos consertando o encanamento, nossa mente está tentando estudar piano, ou ganhar dinheiro, ou "crescer espiritualmente", ou nos "curar" de "doenças", ou fazer *tudo* de uma vez. Nossos pensamentos voam e se perdem de um lado para o outro com "Ah, eu desejo isso" e "desejo aquilo", e o tempo todo o encanamento é menosprezado e estamos realizando quase nada, se não *absolutamente* nada, com as outras coisas.

Agora, se você reduziu seus desejos à sua última essência e ainda existem vários, em vez de um, divida seu tempo entre eles da forma mais sábia possível. Quanto mais bem-sucedido for com qualquer um deles, maior será sua capacidade de sucesso nos outros. Suponha que você tenha um problema de encanamento do qual não pode se livrar *agora*. E você *quer* muito oportunidades musicais. E você *deve* ter saúde e dinheiro. Pois bem, há três coisas que você quer: oportunidades musicais, saúde e dinheiro; e aquele problema do encanamento que você *deve* resolver. E *os últimos serão os primeiros*. Dedique todo o tempo e pensamento necessários ao problema do encanamento. Ignorá-lo é reduzir a potência para os outros. Defina um tempo para isso. A seguir, defina outro tempo, para estudar música, outro, para a saúde, exercício físico e concentração, e outro, ainda, para se concentrar no dinheiro.

Estipule, por exemplo, que cuidar da saúde será a *primeira coisa a fazer* de manhã. Levante meia hora antes, se necessário, e faça exercícios das 6h30 às 7 horas, talvez, ou mais cedo. Comece com exercícios de respiração e ginástica leve, suficientes para acordar. Siga com uma chuveirada fria. A seguir, sente-se por vinte minutos ou mais e se concentre na saúde e *nada mais*. Mantenha sua mente na palavra "saudável", "Eu sou saudável". Imagine como você é saudável, forte e lindo. Imagine-se como você *quer* ser.

Agora é hora de mudar de foco e encarar o problema do encanamento. Então, concentre todo o seu corpo e sua mente nisso. Convoque seu pensamento e interesse e ponha-os no trabalho.

Depois de alguns dias assim, você vai encontrar seu problema de encanamento perfeitamente resolvido. Vai ver novas coisas para *deixar*, e novas maneiras de fazer as coisas, e vai ver que o problema do encanamento se tornou um verdadeiro prazer e *toma muito menos tempo*.

Em outro momento, tire uma hora, ou meia hora, para o *dinheiro*. Sente-se ereto e alerta. Faça respirações lentas e completas e *visualize o dinheiro se derramando dentro de sua bolsa*. Entusiasme-se com a imagem e repita que é *real* e que o dinheiro é *seu*. Mas nunca se permita querer saber *como* o dinheiro vem, ou por meio de quem. Basta imaginá-lo vindo para você do "bem circundante". Sinta-se o mais deliciado possível com isso.

Quando essa meia hora de estudo do dinheiro acabar, tire-o totalmente da mente e mantenha-o fora cada vez que ele tentar entrar.

Trechos de *How to Grow Success*

Quando sua hora de estudar música chegar, coloque toda a sua mente, alma, *imaginação* e *afirmação* nela. Veja-se como solista preparando-se para uma carreira única, e derrame *sua* alma em sons para a alegria do mundo todo. Ensaie *exatamente* durante o tempo que determinou, e use o *mesmo tempo todos os dias*.

Siga a mesma regra com todas as suas outras atividades. Fique atento aos segundos. Mas se algum imprevisto acontecer e interromper sua programação, lembre-se que a coisa mais importante é se *manter doce mentalmente*; e pegue o primeiro minuto que puder para seus exercícios. Todos os tipos de sentimentos ruins deixam sua mente fora de sintonia, de modo que você terá de usar *mais tempo* para se afinar novamente antes que seus exercícios mentais atinjam seu melhor.

Se fizer *uma* coisa de cada vez, como se isso fosse *a única coisa que você tem para fazer, com toda a eternidade para isso*, você pode se esforçar por várias coisas ao mesmo tempo. Lembre-se de seus dias de escola e use o mesmo princípio. A vida é feita de dias letivos. E o sucesso é seu.

Por último, mas não menos importante, lembre-se de ter abundância de *recessos* do trabalho, da concentração e dos treinos. Se você enchesse seus pulmões de ar e os mantivesse cheios, em pouco tempo morreria. É por meio da expansão, e a seguir do relaxamento, expansão e relaxamento, que mantemos o sopro da vida. Tentar manter os pulmões cheios o tempo todo seria a morte. A mesma lei serve para tudo o que fazemos. Trabalhar direto sem um momento de descontração e sem descansar nos intervalos teria o mesmo efeito que prender a respiração. Trabalhar com toda a sua mente, alma e corpo, e, a seguir, *deixar ir* com toda a sua mente, alma e corpo, é completar uma verdadeira respiração de vida. Só trabalho sem lazer, ou só lazer e nenhum trabalho nos torna estúpidos e fracos. Mas muito trabalho com toda a alma alternado com abundante descanso com toda a alma nos faz fortes e sábios, e nos mantém *crescendo*.

Então, faça muitos pequenos intervalos todos os dias. Saia e tome um pouco de sol, um banho de alma, e respire lenta e plenamente o amor, a sabedoria e a vontade do universo que tudo permeia. Deixe que a vida viva você. Relaxe até ficar mais solto e deixe que as forças do mundo e as forças invisíveis atuem por meio de você um pouco.

E, então, você vai se sentir trabalhando novamente quando chegar a hora.

## PALAVRAS DE ALEGRIA

"Por toda a minha vida pesquisei a felicidade de muitas maneiras diferentes, mas nunca encontrei a felicidade real."

Você caça a felicidade fora de si mesmo. Você espera que a felicidade flua das *coisas* para dentro de si. Espera a felicidade como resultado da adaptação de seu entorno a você. Todos os seus esforços são formulados nesse sentido, e você sempre encontra decepção e infelicidade. Como todo mundo que tem a felicidade presa às condições das pessoas.

Condições, como as pessoas, são coisas que *crescem*; nunca dois minutos estão exatamente no mesmo estado. Se você prender sua felicidade a uma coisa, ou a um amigo, provavelmente terá que desprendê-la antes de a noite chegar.

A felicidade, a felicidade *verdadeira*, do tipo duradoura e crescente, nunca resulta da adaptação das circunstâncias às suas noções. Ela vem da *adaptação das pessoas* às circunstâncias. De nenhuma outra forma ela pode ser encontrada.

Depois de tudo isso, fica muito mais fácil. Somente *um* dos *dois* precisa se ajustar, enquanto todo o restante da criação criar seu entorno. Seu poder sobre si mesmo é praticamente ilimitado, ao passo que seu poder sobre seu entorno, mesmo mais próximo, é quase nenhum. Que poderes têm os prisioneiros entre as paredes de sua prisão e os guardas? Mas eles têm todo o poder sobre a própria mente; e têm todo o poder sobre o próprio corpo, dentro dos limites fixados pelos muros da prisão e pelas regras de seus guardas.

Condenados podem ser tolos e se afligir dentro daquelas paredes; podem estar mentalmente amuados, e se recusar a usar suas faculdades físicas na medida do permitido. Se fizerem isso, adoecerão e morrerão infelizes. Infelizes porque se afligiram com o que não podiam fazer, em vez de fazer o que podiam.

Trechos de *How to Grow Success*

Ou os presos podem usar quanto quiserem a parte de si que não pode ser confinada por nenhuma quantidade de parafusos e barras de ferro. Podem pensar tão alto, bem e bravamente quanto escolherem, e podem usar a energia física tão bem e bravamente quanto possível. Eles podem fazer o melhor com suas oportunidades de aprender um ofício, e animar e ajudar os outros como puderem, mesmo em uma prisão. Se fizerem isso, nesse ambiente sombrio, serão pessoas mais felizes que 75% daqueles que estão fora dos muros da prisão. Não só isso, mas vão *receber* de seus guardas bondade e consideração não concedidas a prisioneiros indiferentes ou desafiadores; e vão *encurtar sua sentença*. Ainda mais que isso, vão sair da prisão mais fortes, mais sábios, pessoas mais felizes do que jamais foram, pessoas mais bem-equipadas para o sucesso por terem estado na prisão; pessoas mais felizes e mais bem-sucedidas do que teriam sido sem esse pouco de educação.

Muito bem, todos os seres humanos estão na prisão das circunstâncias. Estão lá porque merecem estar. Atraíram a prisão para si mesmos. São tipos particulares de prisões de que precisam agora. Essas prisões são abastecidas só com as coisas que elas precisam para exercitar a mente, a vontade e os músculos, para prepará-las para a classe imediatamente superior na linha dos seus desejos.

Vão se ajustar a tudo isso e trabalhar de forma feliz, fiel e de boa vontade, e, assim, encurtar sua sentença? Ou vão chutar as paredes e amaldiçoar seu trabalho, e alongar sua sentença? Vão aceitar as coisas e trabalhar felizes? Ou vão resmungar e chutar e ser infelizes?

Tudo depende *delas*. O entorno será amigo se trabalharem *com* ele; e inimigo se elas se voltarem contra. Algumas são felizes com seus amigos, não importa como se vistam; outras estão descontentes com aqueles com quem se associam, não importa quão ricamente estejam vestidos ou quão justos possam parecer.

Você *quer* mesmo ser feliz? Quer felicidade suficiente e pagar o preço? A felicidade é um deus ciumento. Ela não vai viver no mesmo coração com fracasso, reclamações e aversões. Você quer muito a felicidade, a ponto de se livrar de todas essas coisas, não importa o que aconteça? Então a felicidade virá para você e *crescerá* em você até que encha cada brecha e fissura de seu ser e o faça se sentir tão bem que você vai se esquecer totalmente de se queixar, de encontrar fracassos e de não gostar das coisas.

Felicidade e boa vontade são inseparáveis. Você deve ter as duas, ou viver sem nenhuma. Reclamações e aversões sempre mandam a boa vontade para o armário escuro, e, então, a felicidade voa para longe. Você deve *escolher* a boa vontade e continuar escolhendo, até que ela o preencha e você irradie essa energia positiva, e as queixas e aversões simplesmente vão murchar, sem poder entrar em sua mente ou seu coração.

Vou lhe pedir para imaginar alguma coisa (mas não é tão fora da realidade como se poderia supor). Imagine que há queixas e aversões voando pelo ar, procurando *auras escuras* onde permanecer. Você tem um centro de energia que se destina a fazer por seu corpo e atmosfera aquilo que o Sol faz para o Sistema Solar. Ele irradia boa vontade, amor, para encher você de luz e de verdadeiro calor da alma, do tipo que é a morte instantânea para reclamações e aversões, como a luz traz a morte instantânea das trevas.

Mas há um pequeno ponto onde uma queixa ou resmungo pode entrar e apagar o brilho da alma, e deixar seu rosto, corpo e atmosfera escuros, de modo que todas as outras queixas e aversões virão também e reivindicarão uma posição onde não deveriam estar. Como Aquiles, que tinha só um lugarzinho no calcanhar onde o inimigo poderia feri-lo, você tem só um lugarzinho onde uma reclamação pode entrar e apagar toda a sua radiação de luz e felicidade. Um lugarzinho chamado *escolha*.

Se você *escolher* uma reclamação quando ela mostra sua cabeça feia e eriçada, ela pula o peitoril e entra. E a primeira coisa que faz é apertar o botão e desligar suas radiações de boa vontade. A seguir, ela abre as portas e janelas de sua mente e convida todos os semelhantes dela.

Para impedir a entrada de reclamações basta colar um grande aviso: "Proibida a entrada de reclamações! Nem sobre trabalho!"

Se a reclamação for descarada a ponto de entrar quando você não estiver olhando, jogue-a pela escada, e você verá que nem todos os cavalos do rei, nem todos os homens do rei poderão erguê-la novamente.

Trechos de *How to Grow Success*

Queixas são tão inteligentes quanto qualquer um. Se elas têm uma recepção invariável e decididamente fria, desistem e vão caçar alguém que tenha o hábito de deixá-las entrar. Tudo que você tem a fazer é cultivar o hábito de expulsá-las. Assim, seu centro de energia solar vai brilhar mais e mais, e a boa vontade e a felicidade vão abrir a casa para todos os pensamentos legais. E sua sentença será comutada e você vai entrar em um lugar maior e melhor. E a felicidade vai continuar crescendo.

*Sorria*. Sorria com ou sem razão. Mostre interesse por ver quão feliz você pode ser.

Dedique alguns minutos todas as manhãs, antes de qualquer outra coisa, para cultivar a felicidade *verdadeira*, que é alegria. Sente-se com um lápis e papel na mão, em uma cadeira boa, confortável e de *espaldar reto*. Coloque o papel em cima da mesa e segure o lápis pronto para escrever. Agora, diga a si mesmo: "Alegria", e ao dizer faça um ponto firme com o lápis. Repita. Faça o ponto seguinte *exatamente em cima* do primeiro, ou seja, faça o ponto ir ficando mais forte e mais firme. E mentalmente coloque essa única palavra, *alegria*, em cima do ponto feito a lápis. Coloque a verdadeira *alegria* nele. Veja quão perfeitamente você consegue fazer a marca a lápis e a palavra mental. Coloque a *alegria* no pontinho. Faça isso 25, trinta vezes, dizendo *alegria* de forma muito positiva com cada ponto.

Faça tudo muito *deliberadamente*, com calma, de forma positiva e decidida. A seguir, vá fazer suas coisas com calma. Você ficará surpreso ao ver como seu trabalho correrá de forma suave e agradável.

Sempre que as coisas parecerem confusas, ou quando você se sentir desanimado ou sobrecarregado, largue o que estiver fazendo, vá para outra sala e faça esse pequeno exercício de alegria por alguns minutos. É mágico. Apenas faça isso, e verá. Você ficará surpreso ao ver quão pouco tempo toma e quanto tempo *economiza*; tempo poupado do estresse e de preocupações para ser usado em *alegria*.

É isso que a Bíblia quer dizer na passagem "Põe fim aos teus pecados, praticando a justiça." (Daniel 4:27) Ponha fim às preocupações pondo alegria sobre um pontinho.

## PALAVRAS DE SUCESSO

Atenção, por favor! A atenção é para você o que a lente é para a câmera. Ela foca o poder para você. Mantenha sua atenção no *sucesso*, na opulência, até que o *sucesso* esteja impresso em cada célula do cérebro — *Eu sou sucesso*.

Quando você leva sua câmera em um passeio, aponta-a para aquilo que quer guardar. Mas você deliberadamente concentra sua atenção naquilo que *não quer* que seja guardado. Que absurdo! Volte-se para o *sucesso*, para *tudo* que você deseja, como a agulha da bússola para o Norte. *Recuse-se* a ver o oposto, negue. Esmague o negativo. Encha-se de fotos de *"Eu sou sucesso"*. Mantenha a calma; continue *focando*. A Palavra está com você diariamente, e o sucesso é certo como o nascer do Sol para cada um que prestar atenção no que *quer*, em vez de no que *não quer*. *Pense* o sucesso; *aja* o sucesso; *sinta* o sucesso.

Agora, mostre-se feliz. Como pretende atrair clientes, amigos ou dinheiro com um rosto sombrio? A natureza abomina desânimo, e todo ser vivo foge ao ver gente mal-humorada e que só sabe reclamar.

Não pense que você pode ser uma exceção à regra. Você não é. "Semelhante atrai semelhante." Se quiser pessoas e coisas agradáveis e muito dinheiro, você deve se fazer semelhante a eles. Pessoas legais têm uma aparência agradável. Faça o mesmo. Não importa como você se sinta por dentro, *mostre-se feliz! Sorria!*

Um sorriso não só atrai todas as coisas boas do universo, como também é o que há de mais poderoso em autossugestão para o que você deseja. Um sorriso não brilha só para fora de seu rosto, aquecendo e atraindo amigos e dinheiro, mas também brilha *para dentro*, atingindo seu centro solar, seu sol. O sorriso nascido na superfície vai vibrar para dentro; seu sol interno vai captar seu ritmo e sorrir de volta. E o sorriso de seu sol é para você o que o sorriso do Sol acima de nós é para a Terra — vida e *alegria*.

É o brilho de seu centro solar que cultiva o *sucesso*.

Portanto, mostre-se feliz, por favor, enquanto eu lhe falo a Palavra. Mostre-se feliz, aja de maneira feliz, e você *estará* feliz. Mantenha a calma, mantenha-se gentil, continue focado. *O sucesso está crescendo!*

## Trechos de *How to Grow Success*

Como você *pensa*? Como você *está*? Como você se *sente* é irrelevante, portanto, não vou perguntar.

Suspenda seus esforços agora por alguns minutos e oriente-se novamente. Qual é o seu *objetivo*? *Sucesso nos negócios*, que é simplesmente o resultado da autoexpressão. A autoexpressão tem um valor em dinheiro, e os que mais livremente se expressam, expressam seus pensamentos no mundo visível e *prático*, recebem mais dinheiro do mundo.

Você tem dentro de si uma força ilimitada que só precisa de expressão para lhe trazer riqueza ilimitada e *visível*. *Como trazê-la para fora* tem sido a questão.

Eu digo que a maneira de trazê-la para fora é *colocando-a em cada coisa que for fazer. Acorde!* E veja quanto pensamento você pode colocar em uma coisa. Quanto mais força de pensamento você colocar no que faz, mais terá se expressado, manifestado fora de si mesmo. Entendeu? *E mais dinheiro você vai atrair.*

E algo feito dessa forma é sempre um degrau para algo melhor, e cada um o coloca mais perto do objeto de seu desejo.

A meta é fixada e cada experiência o leva para mais perto dela, mas fazer as coisas pela metade é ficar vagabundeando no caminho. *Não* porque a coisa *deve* ser feita (o que é uma questão de escolha), mas porque você perde a oportunidade de se expressar, e existe uma *quantidade fixa de autoexpressão* que deve ser demonstrada antes que você possa atrair dinheiro em grande medida. A *autoexpressão* é o ímã.

Bem, vejamos onde estamos. Desejamos sucesso; sucesso é nossa meta. Sucesso real, *dinheiro*. Estamos chegando lá, *colocando-nos* em tudo que aparece com entusiasmo e com vontade.

Mas há uma coisa a levar em conta: quando nos colocamos em qualquer coisa, temos que estar tranquilos e ter o cuidado de não desperdiçar energia. Devemos ser bastante confiantes para que possamos colocar em cada coisa só a *quantidade certa de nós mesmos*, de energia de pensamento, e não *desperdiçar*. Vejo que você está entendendo.

*Agora*, estamos prontos para um novo e melhor mês. A Palavra está com você.

Firme, agora. Mantenha-se tranquilo. Mantenha-se gentil. Mantenha. *O sucesso é nosso.* Solte; fique parado e *concentre seus esforços*. Um dia de cada vez é tudo que você pode viver. Viva e deixe a lei cuidar do futuro. A Palavra está com você, e tudo que você deseja está se *manifestando*. Não importa como se sente, está se manifestando. Mantenha a calma, mantenha-se gentil, mantenha. *O sucesso é certo.*

Recentemente, recebi a seguinte carta:

> Estou tão feliz por você ter dito que prefere curar a pobreza a qualquer outra doença, porque ela é o tronco do qual as outras 99 doenças são só os galhos. Isso ecoou em mim mais do que qualquer outra coisa que já li. Eu trabalho das oito da manhã até depois das seis, esforçando-me para ter sucesso, e às vezes é desanimador. Se eu pudesse deixar de lado as coisas irritantes que preocupam a vida fora de mim... Diga-me como parar com isso, como jogar isso fora, por favor.

Pare de lutar com seus melhores amigos e você vai realizar o sucesso que deseja mais rapidamente. Seus melhores amigos são as pequenas coisas que o incomodam agora. Acorde e veja que essas pequenas coisas só lhe trazem coisas boas. Cada uma delas é uma pequena oportunidade. Pense nas oportunidades que você tem desperdiçado por impaciência! Sem falar do tempo perdido depois se preocupando com o que aconteceu! Pense na força de pensamento desperdiçada em todos esses pequenos acontecimentos! Sim, pense nisso. E vire a página. Cada uma dessas coisinhas é uma oportunidade de ouro para treinar a concentração. Concentre-se e veja como você pode enfrentar cada emergência e tirar o melhor proveito dela. Orgulhe-se de ver quão alegremente pode aceitar as consequências que *parecem* estar contra você. Mais tarde você vai descobrir que foi a melhor coisa que podia ter acontecido. Logo vai deixar de ter esses aborrecimentos, *porque vai amá-los com prazer.*

Também recebi esta carta:

> Junho foi, de longe, o melhor mês que tivemos desde que começamos os negócios aqui. Mas, desde então, o trabalho tem sido maçante e meu sócio não tem mais a confiança que tinha antes. Será que sua falta de fé tem efeitos em sua conduta?

Não me importa quanta ou quão pouca fé ele tem, ou se tem alguma. Há marés altas e baixas nos ganhos de cada ser humano que não é empregado de outras pessoas. Milionários vão dizer que suas fases boas sempre foram sucedidas por retração. Mas cada nova maré é mais alta. Quando a maré baixa, surgem novos esquemas, para tirar proveito da próxima maré alta.

Com ou sem fé, se deseja, mantenha a calma; mantenha-se gentil; mantenha sua inteligência acordada e *prepare-se* para a maré alta, pois ela virá.

Meu conselho é *pensar no que você deseja. Afirme-o.* Bata o pé e afirme novamente. Mantenha-se tranquilo e sossegado; mantenha-se gentil; mantenha-se constante como o Sol; mantenha. *Você está conseguindo.* A Palavra está com você, e o *sucesso cresce.* Basta *ter objetivo*, e nunca reclamar — nem para dentro nem para fora.

*Concentre-se.* Ponha as coisas no pontinho preto. Mantenha a calma; mantenha-se gentil; continue *visando o objetivo.* Deixe seu centro solar brilhar sobre justos e injustos. Ambos são elementos de *sucesso*. Fique firme.

Agora, endireite-se, e *atenção*. Feche os olhos e olhe para cima. Agora, *sinta em* você o poder invisível, fino e poderoso demais para se sentir com os olhos abertos. Leve para dentro de seu ser esse poder sutil, inspirando fundo e devagar. Mantenha o peito expandido enquanto o poder o renova e o preenche. A seguir, *delicadamente*, carinhosamente, constantemente, expire sobre o objeto que você *está buscando*. Faça três respirações de poder, de Deus, antes de parar, e faça isso sempre que pensar no assunto. A seguir, volte toda a sua atenção para a próxima coisa a fazer, e veja quanta engenhosidade e pensamento amoroso você pode colocar na tarefa. A Palavra está em cada respiração, e tudo que você deseja está crescendo.

Você tem se dedicado muito ao trabalho. Tem expirado mais que inspirado. Quase drenou sua força vital. Isso é o que faz com que você veja as coisas através de lentes cinza. É por isso que você pensa "Para que tudo isso?" Sempre que você se sente assim, saiba de imediato que está gastando mais força do que recebendo.

Não há necessidade disso. O fornecimento de energia vital é *ilimitado* para cada um de nós. Tudo que você tem a fazer é inspirar com os pulmões e o cérebro. Você pode ter toda a força que necessita para *qualquer* coisa que queira fazer, mas não pode inspirar força suficiente de manhã para mantê-lo funcionando durante o dia todo sem aquela sensação de cansaço, assim como não pode tomar fôlego de uma vez só para correr um dia ou uma semana inteira. Seu cérebro é como um par de pulmões que você tem que *usar*. Você tem que *inspirar* declarações de poder, e verter a força em seu trabalho. E tem que fazer isso muitas e muitas vezes ao dia, até que aprenda a ser, literalmente, consciente de seu poder o tempo todo.

Sempre que começar a ver tudo cinza, pare, endireite-se e use os pulmões e o cérebro. Volte-se para o *Sol*, com os olhos *para cima*, e faça três profundas, lentas e completas respirações do poder que você possa administrar. Pense *Poder, poder, poder*, de maneira lenta e enfática. Não é necessário estar de frente para o Sol visível sempre, mas sim de frente para o *"Eu sou o Sol"* em você. E com os olhos para cima, porque todo o poder vem de cima. Entende?

Agora você se sente um ser novo e está pronto para dar seu poder de novo, pronto para colocar *Eu sou* no *Eu faço*.

Além disso, se for possível, mude um pouco o tipo de trabalho. Quando você fica fazendo apenas uma coisa, tende a ficar só *expirando*. Sua força começa a se esgotar e você continua só pela força do hábito. É necessário *pensar* para fazer qualquer mudança. E para pessoas tensas como nós é necessário muito pensamento deliberado para que nossos nervos se mantenham abertos para *receber* toda a energia vital que perdemos. Continuamos gastando até que nossos nervos colapsam, assim como um tubo de borracha entrará em colapso quando todo o ar for sugado para fora. Isso é, *literalmente*, verdade. Começamos pondo nossa energia em alguma parte do trabalho, e a *atração* que ele exerce nos suga, seca e provoca o colapso dos nossos nervos.

É preciso *pensamento* para nos impedir de sermos governados por nosso trabalho. E arruinados também. Mas podemos impedir isso, ah, sim! Não há nada que não possamos fazer com propósito e entrando para *ganhar*.

E nós não só podemos fazer essas coisas, como também nos *glorificamos fazendo*. Somos felizes por ter o poder e por mostrá-lo! Quan-

Trechos de *How to Grow Success*

do entendemos a noção de usar nosso poder em *nós mesmos*, estamos no caminho elevado para as maiores conquistas que o mundo já sonhou! E estamos nessa estrada *agora*. E estamos progredindo rápido. Alegramo-nos com nosso crescimento, e nosso apetite por mais autocomando e mais crescimento aumenta. Oh, somos o povo e herdamos a Terra! E o Sol também! Glória ao *Eu sou* em nós!

Sua realização de sucesso está crescendo. Ah, *está sim*. Você tem altos e baixos, e quando olha para baixo, *sente-se* para baixo e lhe *parece* que o sucesso não está crescendo. Tudo porque você olha para *baixo* em vez de *para cima*. Imagine que você está ganhando 1 milhão de dólares por ano. Se você não parar de olhar para isso e de compará-lo com o que *poderia* ter tido, ou com o que alguém tem, vai se sentir tão pobre e fracassado quanto poderia ter sido, mesmo nessas condições. E se você é o dono da Terra, compara-a com Júpiter e reclama porque não pode anexá-lo. Isso porque você se deixa cair de volta no antigo hábito de pensar que o sucesso consiste em coisas. O sucesso consiste na capacidade de se *divertir* no processo de *conquistar* coisas.

*A alegria de fazer* é o verdadeiro sucesso. A abundância de dinheiro aflui para os fazedores alegres que *acreditam* nas regras da justiça: o que é deles vem para eles. As pessoas bem-sucedidas dizem que trabalham até tarde, e em casa, sempre que vêm algo a ser feito, recebendo hora extra ou não. E dizem que *o tempo todo sabem* que, de alguma forma, em algum lugar, com alguém, vão ganhar um bom salário por cada minuto que dedicaram. Pois bem, leitor, esse é o segredo do sucesso em poucas palavras: aplique seus melhores esforços com alegria *agora* e glória no *que vem*. Defina sua meta o mais alto que possa ousar, e *saiba* que é sua. O sucesso está *dentro* e se manifesta fora, em *ações*. *Aja* como se ele fosse verdade. Mantenha-se gentil e alegre trabalhando por seus ideais. *Eu estou* com você para o sucesso *agora*. Você *é* tudo que deseja ser. Lute por isso.

O sucesso é o resultado natural do esforço inteligente. O fracasso é o resultado natural do esforço não inteligente. O *grau* de sucesso na vida de qualquer pessoa é determinado pela quantidade exata de inteligência que ela *coloca* em seus esforços.

Analise cuidadosamente os esforços de hoje. Quanto você faz superficialmente, resmungando, por hábito ou compulsão, e não por ter *acordado*, em condições e ideais, e ter decidido que, nessas circunstâncias, e *agora*, isso é o mais elevado, o melhor que você pode fazer? A menos que você tenha *decidido isso*, esse seu esforço particular não é um empenho inteligente, portanto, *não* contribui para seu sucesso. É um esforço impensado, trabalho chato, e está *desperdiçando sua energia e seu sucesso*.

Agora pare. Se você não pode colocar inteligência, vontade e entusiasmo nesse esforço e fazê-lo servir a um propósito, então pare e sente-se, ou deite-se perfeitamente relaxado até que possa se esforçar de verdade. É muito melhor *não fazer nada* que desperdiçar energia com um esforço inútil. Pelo menos fique *quieto* e deixe *energia acumular*.

Depois de algum tempo você será novamente capaz de colocar inteligência em seus movimentos. Quando não souber exatamente o que fazer, nem como, *aquiete-se*. Fique quieto, veja quão quieto consegue ficar. A inteligência e a força de vontade vão *preenchê-lo* de novo, a ponto de transbordar. *E, então,* você vai saber o que fazer, e como, e será uma alegria fazer. Enquanto isso, se você colocar inteligência no esforço ou mesmo se ficar quieto, *o sucesso cresce. Eu estou com você.*

Acorde agora, largue a carga de sentimentos, sintomas e responsabilidades, dedique-se de coração e alma àquilo que você decidir que é a melhor coisa a fazer nas condições existentes. Faça isso como uma criança faria: sem pensar, ou *antes de pensar*. Veja quanta diversão e liberdade você pode empenhar! Depois, faça a próxima coisa que quer fazer, com vontade. Coloque sua imaginação no trabalho e curta! Faça o mesmo quando descansar. Relaxe o corpo totalmente e entre no reino da imaginação. Veja como pode voar livre e feliz. Imagine-se como *deseja* ser. Estenda sua imaginação para essa direção! A seguir, *afirme* todas essas coisas boas para si mesmo, no tempo presente. Diga: "*Eu sou* todas essas coisas! E vou provar isso!"

A seguir, entre para ganhar mais um pouco (para provar um pouco mais), para *criar* um pouco mais dessas coisas deliciosas que estão dentro de você. Você não sabia que sua imaginação está aí

Trechos de *How to Grow Success*

dentro? E o que você vê na imaginação está dentro de você. E qualquer coisa que está dentro de você pode ser criada. Vou sussurrar alguma coisa para você: a imaginação é a *única fonte de poder ou de não poder*. Uma imaginação cheia de coisas desejáveis é inspiração, a coisa real que permite que você não faça nada. E uma imaginação cheia de coisas indesejáveis é paralisante. Pense nisso agora e veja se não é assim.

A imaginação é o único lugar onde você pode fazer *qualquer coisa*. Você pode imaginar coisas boas ou más à vontade. Portanto, seja sensível e imagine coisas boas, e, a seguir, *crie as coisas boas*. É divertido criar coisas boas! Se você acha que trabalhar não é divertido, pare e veja quão longe pode levar sua imaginação de novo, em direções desejáveis. É daí que vem o poder. Vá com frequência à sua casa de força.

Aquiete-se e saiba. Aquiete-se e saiba. *Aquiete-se e saiba.*

Saiba o quê? Saiba que você *é* o que deseja ser. Aquiete-se e *deseje* sucesso. Aquiete-se. Relaxe. *Solte* definitivamente tudo que você não quer. Balance a mão e *largue* cada item. A seguir, *solte* cada coisa que você quer. *Solte*. Você estava cansado e tenso por segurar essas coisas. Você estava tão tenso que a força da vida não conseguia fluir por você, preenchê-lo e deixar *avançar seu trabalho*. Agora você está descansando, todo mole e frouxo, e a vida está jorrando de seu corpo e *recarregando-o* com o magnetismo que *atrai para você o que deseja*. Agora você está descansado e cheio de calma, bons sentimentos e *desejo*.

Levante-se agora e veja quão bem pode *usar* sua energia renovada. *O sucesso é seu e eu estou com você.*

Muito bem! Prepare-se novamente e entre para ganhar. Você está tendo sucesso; mais do que imagina. Minha Palavra está sempre com você. Ande em linha reta até a marca de seus desejos e você vai ver que todo leão não é mais que um cordeiro. Mantenha. Você vai ganhar confiança a cada tentativa e vencer além de suas expectativas.

*Eu estou com você e o sucesso é seu.* Tudo coopera para trazer o que você deseja.

## O DESEJO DISSO E DAQUILO

Você nunca vai chegar ao ponto de ter tanto quanto quiser gastar se não ordenar a si mesmo gastar, e se *quiser* gastar — menos do que ganha —, seja com o que for. Pois ter tanto quanto se quer gastar é um *estado da mente*, não uma questão de centenas, milhares ou milhões de rendimentos.

Você nunca vai ter o suficiente para suas necessidades se não *controlar suas necessidades*. Pois isso também é um *estado da mente*, não uma questão de quanto você ganha. Você "precisa" do que *pensa* que precisa; e a fim de ter o suficiente para suas necessidades você deve *mudar o pensamento* em relação às suas necessidades.

Esse é o único jeito. Aumentar sua renda não vai adiantar, porque suas "necessidades" vão crescer com seus rendimentos se seu estado mental se mantiver inalterado, sempre ultrapassando seus ganhos. Suas "necessidades" vão continuar sugando a vida de sua renda, e pedindo mais. Experimente, se quiser, mas você vai provar que o que eu digo é verdade. E eu sei por experiência própria.

Tentar aumentar sua renda para cobrir suas necessidades é seguir um fogo-fátuo que vai levá-lo a atoleiros de insatisfação, se não de dívidas. Assim se encontra a derrota.

Todo ser humano é um jardim de desejos, onde um desejo ou um conjunto deles deve prosperar, em detrimento de outro desejo ou conjunto de desejos; assim como o pé de morango deve prosperar em detrimento das ervas daninhas que se esforçam para crescer junto com o morangueiro. Assim como você arranca as ervas daninhas pela raiz, a fim de dar ao pé de morango chance de crescer e dar frutos, no jardim de seu coração você deve constantemente cortar pela raiz os desejos que quer evitar, a fim de permitir que os desejos bem-vindos ganhem estatura e deem frutos.

Todas as nossas belas flores começaram no mato. Um matinho ganhou um lugar especial no jardim; recebeu terra rica e muita umidade; foi abrigado dos ventos frios e de outras ervas daninhas; nem mesmo as plantas mais selecionadas foram autorizadas a crescer perto dele e minar sua energia, e incontáveis brotinhos e botões dessas ervas foram cortados tão rapidamente quanto apareceram,

## Trechos de *How to Grow Success*

deixando só *um* broto para amadurecer, deixando só o suficiente para dar a esse broto muita capacidade de respiração. Assim, a seu tempo, surgiram raízes suficientes para uma grande erva daninha se alastrar, com dezenas de brotinhos retorcidos; mas havia só um fino caule, com uma única flor. E que flor! Nenhuma erva daninha jamais havia dado tal flor. Depois, as sementes dessa flor foram plantadas, e as plantinhas tenderam ao que a primeira havia sido; e eis que deram uma flor ainda maior e mais bonita. E, então, depois de muitas gerações de cuidados e podas, a planta conseguiu suportar várias flores, todas tão grandes e bonitas que você jamais sonharia que a bisavó delas havia sido uma simples erva daninha toda retorcida que tentava acabar com todo o resto do jardim.

O desejo de viver dentro do limite de sua renda é uma plantinha caseira que precisa ser cultivada e protegida de todos os perigos. Sempre que esse desejo não for racional e forte, você vai achar que está cercado por ervas daninhas tentando crescer à sua custa — ervas daninhas de desejo disso e daquilo (todas as coisas boas em si, mas *não* boas em seus efeitos, a menos que sejam adquiridas sem sacrificar sua renda), que se permitiu deitar raízes e acabará amadurecendo e dando as flores retorcidas e frutos amargos da decepção.

E muitos de nós estamos no caminho errado sem perceber. A pessoa que acumulou uma grande dívida no cartão de crédito está cultivando a erva daninha do desejo disso e daquilo, em detrimento do desejo de se manter dentro do limite de sua renda; ela está empurrando a plantinha da honestidade, deixando que as ervas daninhas a sufoquem. Se ficar nessa situação por muito tempo, e tiver coragem e oportunidade suficientes, vai ter sérios problemas. As ervas daninhas de desejo disso e daquilo vai possuí-la.

Mas, na maioria, nós somos covardes demais e nossas oportunidades muito limitadas (provavelmente, porque *somos* covardes) para que possamos brilhar tão conspicuamente como possuidores disso e daquilo, que não podemos pagar. Nós não ousamos ir *muito* longe. O medo da punição, quer pelas autoridades públicas ou por um Deus irado, ou pelos fogos do inferno dentro de nós, impede--nos de definitivamente roubar isso e aquilo. Então, podamos algumas das nossas ervas daninhas — fazemos dívidas à medida que ousamos ter isso, aquilo e aquilo outro, e prometemos pagar, quando sabemos perfeitamente que, a menos que um milagre aconteça, não poderemos; quando sabemos que a menos que nossas esperanças mais profundas sejam realizadas (e que raramente são), não poderemos pagar quando chegar a hora; quando sabemos que as emergências surgem constantemente para nos impedir de cumprir as promessas. Podamos nossas *mais altas* ervas daninhas do desejo disso e daquilo, mas *deixamos as raízes* e os brotos "mais necessários". Só compramos a crédito coisas quando é "absolutamente necessário", o que é um mero sofisma para 999 vezes a cada mil.

Pode haver, em qualquer vida, um momento em que seja "absolutamente necessário" comprar coisas a crédito ou emprestar dinheiro — o que é a mesma coisa —, assim como uma erva daninha pode brotar durante a noite. Mas *nunca* há uma necessidade continuada para comprar o que não se tem dinheiro para pagar.

Claro que isso não se refere ao uso de cartões de crédito como uma questão de conveniência, quando *já se tem no banco o dinheiro* para pagá-lo. Refiro-me ao hábito de comprar hoje o que se espera pagar com o trabalho de amanhã; viver esta semana com o dinheiro que se espera ganhar na próxima; gastar o dinheiro que ainda não se recebeu, ou até gastar na semana o dinheiro que se espera receber no sábado à noite. Todos vivendo à frente do dinheiro na mão. Não importa quando esse dinheiro seja "devido", ele é feito à custa da plantinha caseira, do desejo de viver dentro dos limites de sua renda, da essência da *honestidade*. E é só *dessa* planta que podemos destilar a essência da honestidade. É por isso que desejo tão fortemente que a cultivemos.

O hábito de usar o crédito é uma erva daninha feia, retorcida e distorcida, cuja raiz é o desejo disso e daquilo; desejo que foi autorizado a entrar e se espalhar até se transformar em uma forma justa de matar de fome a plantinha caseira da qual destilamos honestidade.

A única coisa a fazer é deixar morrer aquela velha raiz do desejo disso e daquilo; matá-la *recusando*-se a alimentá-la.

Dizem que o amor cresce com aquilo que o alimenta. É assim que todo desejo cresce; até que ele absorve tudo ao redor e morre, por falta de outros mundos a conquistar.

## Trechos de *How to Grow Success*

Você não sabe como, mas quando finalmente compra a nova cadeira que desejava, imediatamente seu quarto parece pobre e você se encontra desejando uma nova almofada, ou duas, para combinar, e novas cortinas, e, depois, um tapete novo, para tomar o lugar do velho, que parece antiquado agora ao lado da nova cadeira, *e* várias outras coisas. E quando você abre a porta para a outra sala, *ela* parece pobre e você deseja coisas novas nela. E assim seu desejo disso e daquilo vai funcionar como uma erva daninha em um jardim descuidado, por toda sua casa e pelo terreno, e em você mesmo e seus filhos e cônjuge, até sugar toda a vida de sua renda e a paz de seu coração, e daqueles que o cercam.

Coisas são adoráveis por si só, mas quando compradas ao preço de sua consciência e da paz de espírito sua e de sua família, não servem; não aceleram a expressão de sua alma; não o ajudam a expressar o melhor de si mesmo. Em outras palavras, elas retardam seu desenvolvimento.

É pelo melhor uso *do que temos* que aprendemos nossas lições e nos preparamos para mais coisas em uma classe superior. O que você pensaria de um aluno do terceiro ano que insistisse em assistir às aulas do ensino médio? No entanto, é o que cada um de nós faz quando insiste em ter aquilo que não pode pagar; e quem persiste nisso tem um final péssimo e tem que voltar para sua sala de aula. Muitas vezes encontramos essa sala de aula no tribunal; mais frequentemente, na desconfiança das pessoas próximas, que aprenderam por experiência (própria e com a dos outros) a *não confiar em nós*. Então, forçosamente descemos para a nossa sala de aula e paramos de usar crédito, porque ninguém mais nos dá.

Mas, ainda assim, nós não vivemos dentro de nossas possibilidades, porque não queremos; a ação correta estará incompleta se não estiver enraizada no forte *desejo*. Nosso coração/jardim é invadido por essas ervas daninhas de desejo disso e daquilo, mas agora nos posicionamos de forma a acabar com a maioria delas, permitindo, assim, o crescimento do desejo de viver dentro de nossas possibilidades. Quando todas as tentativas de usar o crédito são friamente rejeitadas, a pessoa tem um incentivo para erradicar o desejo de comprar tudo que quer. Assim, o desejo disso e daquilo não é ape-

O guia do sucesso e da felicidade

nas podado na ponta, mas também deixado à míngua na raiz, paralisado pelo medo de rejeições.

Certa vez, li uma história notável sobre dois homens que tiveram o coração/jardim coberto de desejo disso, daquilo e daquilo outro, de tal forma que a honestidade era uma simples plantinha ofegante, sem raiz nem sinal de vida. Um desses homens foi condenado a cinco anos de prisão, e os cumpriu, depois de confortavelmente guardar sua metade do dinheiro roubado. O outro escapou por pouco.

O homem que foi preso bolou um belo esquema para ficar quite com o mundo. Ele havia sido preso por se apropriar de meros 10 mil dólares, ao passo que alguns banqueiros haviam roubado milhões e se safado. Então, para ficar quite, ele se propôs a roubar meio milhão do mundo.

Após ser libertado, foi atrás de seu velho amigo, que depois de gastar seus 5 mil dólares estava em dificuldades porque ninguém lhe dava crédito e tinha medo de contratá-lo. Smith, era seu nome. O nome do outro homem, depois de sair da prisão, era Johnson.

Johnson achou que Smith estava pronto para o novo esquema, que era o seguinte: Smith iria para outra cidade, onde ninguém o conhecia; mudaria de nome; alugaria um escritório modesto e o pagaria com o dinheiro de Johnson, do qual mil ou 2 mil seriam depositados no novo nome de Smith, e Johnson depositaria mais quando necessário; ele compraria móveis bons, mas simples, e faturaria a compra. E quando chegasse a conta, pagaria com cheque. Isso seria feito para impressionar as pessoas, para mostrar que Smith comprava coisas e pagava imediatamente. Se ele não faturasse a compra, Smith não ficaria tão prontamente conhecido pelas pessoas como um homem de recursos e honesto. Assim que o crédito de Smith estivesse estabelecido, ele começaria a tomar dinheiro emprestado; primeiro, pequenas quantias, e, a seguir, maiores, conforme seu crédito fosse aumentando; e sempre tendo o cuidado de pagar antes do prazo, recebendo o desconto regular. Em suma, Smith viveria por cinco anos como um homem rigorosamente honesto, que tinha excelente crédito e pagava quando dizia que o faria, e que estava ficando rico rapidamente.

## Trechos de *How to Grow Success*

Johnson calculou que, fazendo isso, em cinco anos o crédito de Smith seria bom para meio milhão de dólares em dinheiro. Ao fim dos cinco anos, Smith tomaria emprestado tudo que pudesse e partiria com Johnson para local desconhecido.

O esquema funcionou como por encanto. No fim do período de cinco anos Smith podia receber mais de 1,5 milhão de dólares em dinheiro, além de seu negócio em expansão, que, claro, não poderia ser transformado em dinheiro sem despertar suspeitas e prejudicar seu crédito. E durante todos esses anos Smith viveu bem, mas sem extravagância, para ajudar no crescimento de seu crédito.

Então, antes da data do golpe final, ele foi falar com Johnson, a quem mantinha secretamente informado de seu progresso. E o que você acha que Smith disse? Suas primeiras palavras foram: "Johnny, não posso fazer isso; cinco anos vivendo como um homem honesto me deram honestidade acima de tudo. Não posso jogar fora o crédito limpo que consegui, nem abandonar a boa empresa que construí. *Meu coração e meu orgulho estão nela*, e desertar agora me mataria."

E como você acha que Johnson reagiu? Ele respirou fundo e sorriu. "Smitty, concordo com você. Esses cinco anos ajudando você a ser honesto, tendo orgulho de seu sucesso, me fizeram ver coisas que eu nunca sonhei antes: Smitty, é mais fácil levar uma vida honesta que desonesta, não é? E você se sente muito melhor assim, não é?", disse.

Então, Smith e Johnson apertaram as mãos solenemente e passaram a levar uma vida honesta. Johnson foi para casa com Smith, e eles trabalharam juntos para expandir ainda mais os negócios e construir um crédito honesto, que mantinham como a menina dos seus olhos.

Smith e Johnson haviam cultivado uma erva daninha — o desejo de ficar quites. A fim de satisfazer essa erva daninha, precisavam ter muito crédito. Para ter muito crédito, tiveram que viver *estritamente dentro de suas possibilidades*, tendo o cuidado de manter seus recursos sempre bem à frente de seus desejos por isso e por aquilo. Vivendo dessa maneira por cinco anos, eles aprenderam a querer, acima de todas as coisas, viver dentro de suas possibilidades; descobriram que a erva daninha do desejo de ficar quite com o mundo tivera uma vida curta (todas as ervas daninhas são de curta duração) e morrera de morte natural.

Leitor, cultive cuidadosamente sua planta caseira; deseje viver dentro de suas possibilidades. Não deixe que nada atrapalhe, pois, na verdade, não há limites para a renda e o crédito que você pode ter se mantiver bem subjugadas as ervas daninhas do desejo disso e daquilo.

E há milhares de outras virtudes que vão crescer junto com o desejo de viver dentro dos limites de sua renda, que vão fazer murchar e morrer as ervas daninhas do desejo disso e daquilo. Mas essa é outra história.

# Trechos de *Character-Building Thought Power*

Ralph Waldo Trine

Inconscientemente, estamos formando hábitos a cada momento da vida. Alguns são de natureza desejável; outros, de natureza mais indesejável. Alguns, embora não sejam tão ruins em si mesmos, são extremamente ruins em seus efeitos cumulativos, e nos levam, por vezes, a muita perda, dor e angústia, ao passo que seus opostos trariam muita paz e alegria e um poder em crescente aumento. Temos o poder de determinar, a cada momento, que tipos de hábitos tomarão forma em nossa vida? Em outras palavras, a formação de hábitos, ou a construção do caráter, é uma questão de mero acaso ou está sob nosso controle? Sim, está inteira e absolutamente sob nosso controle. *"Eu serei o que quiser ser"* pode ser dito, e deve, por toda alma humana. Mas depois que isso foi dito, com coragem e determinação — e não apenas dito, mas totalmente conscientizado internamente —, percebeu-se que ainda faltava alguma coisa. Algo continua a ser dito a respeito da grande lei subjacente à formação de hábitos e a construção de caráter, pois não há um método simples, natural e completamente científico que todos deveriam saber.

Este é um método pelo qual hábitos antigos, indesejáveis e que nos prendem à terra podem ser quebrados, e hábitos novos, desejáveis, que nos elevam aos céus podem ser adquiridos. Um método pelo qual a vida, em parte ou em sua totalidade, pode ser modificada, desde que a pessoa encare com seriedade suficiente conhecer e aplicar a lei.

*O pensamento é a força por trás de tudo.* E o que queremos dizer com isso? Simplesmente isso: cada ato seu, cada ato consciente, é precedido por um pensamento. Seus pensamentos dominantes determinam suas ações dominantes. No reino de nossa própria mente temos o controle absoluto — ou deveríamos ter —, e se em algum momento não o temos, existe um método pelo qual podemos adquirir o controle e o domínio da mente e nos tornarmos verdadeiros mestres.

A fim de chegar ao fundamento da questão, observemos essa verdade por um momento. Porque, se o pensamento é sempre pai de nossas ações, hábitos, caráter e vida, então, é necessário, primeiro, que saibamos totalmente como controlar nossos pensamentos.

Vamos nos referir a essa lei da mente, que é a mesma que rege o sistema nervoso autônomo do corpo. É a lei que determina que sempre que se faz uma determinada coisa de certa forma, será mais fácil fazer a mesma coisa, da mesma forma, da próxima vez, e será ainda mais fácil da próxima, e todas as outras vezes depois. Isso continua até que não seja necessário mais nenhum esforço, ou nenhum do qual valha a pena falar. E, então, fazer o oposto é que exigiria esforço. A mente carrega consigo o poder que perpetua seu próprio tipo de pensamento, o mesmo que o corpo carrega por meio do sistema nervoso autônomo, o poder que perpetua e torna constantemente mais fáceis seus próprios movimentos corporais. Assim, um simples esforço para controlar os pensamentos, uma simples tentativa de começar pode, no início, resultar em fracasso, que pode durar algum tempo. Mas, mais cedo ou mais tarde, esse esforço nos levará ao ponto de controle fácil, pleno e completo. Cada um de nós, então, pode ter aumentado seu poder de determinar e controlar os pensamentos, o poder de determinar que tipos de pensamentos vamos ou não abrigar. Tenhamos sempre em mente este fato: todo esforço sério para qualquer fim faz a realização desse fim se tornar um pouco mais fácil a cada esforço bem-sucedido, mesmo que não

## Trechos de *Character-Building Thought Power*

se tenha conseguido nada além de fracasso em esforços anteriores. *Esse é um caso em que até o fracasso é um sucesso,* pois o fracasso não está no esforço, e todos os esforços sérios promovem o aumento do poder que vai, por fim, atingir o objetivo final. Portanto, podemos ter o poder total e completo de determinar que tipo de caráter, de pensamentos vamos abrigar.

Vamos voltar nossa atenção a dois ou três casos concretos. Tomemos o exemplo do caixa de um banco. Em seu jornal matutino ele lê que um homem ficou subitamente rico, fez fortuna em poucas horas por meio da especulação no mercado de ações. Talvez ele também tenha visto um caso ou outro que fez praticamente a mesma coisa. Ele não é sábio o suficiente, no entanto, para compreender que ao mesmo tempo que ele lê sobre um ou dois casos desse tipo, se analisasse o assunto com cuidado, poderia encontrar uma ou duas centenas de casos de pessoas que perderam tudo que tinham da mesma forma. Ele acha, no entanto, que vai ser mais um dos afortunados. Ele não percebe com perfeição que não há atalhos para a riqueza feita honestamente.

Assim, nosso amigo pega parte de suas economias, e como acontece em praticamente todos os casos desse tipo, perde tudo que investiu. Então, ele pensa que sabe por que perdeu, e que se tivesse mais dinheiro, conseguiria recuperar o que perdeu (e talvez também fazer uma bela soma rapidamente). O pensamento que lhe vem é de usar alguns dos recursos sob sua custódia. Em nove a cada dez casos — se não todos os dez —, os resultados que inevitavelmente acompanham isso são suficientemente bem conhecidos para tornar desnecessário prosseguir.

Onde foi que o homem encontrou segurança, à luz do que analisamos? Simplesmente aqui: no momento em que a ideia de usar os recursos pertencentes a outros para seu próprio propósito entrar em sua mente, se ele for sábio, imediatamente afastará o pensamento. Mas, se for tolo, vai abrigá-lo. Em proporção ao abrigo que lhe der, o pensamento vai crescer; vai se tornar absorvente em sua mente; vai, por fim, se tornar mestre de sua força de vontade. E por meio de passos rapidamente sucessivos a desonra, a vergonha, a degradação e o remorso irão dominá-lo.

Seria fácil para ele afastar o pensamento quando ele entrasse na mente pela primeira vez; mas, se o abrigar, ele crescerá em proporções tais que se tornará cada vez mais difícil tirá-lo da cabeça; e com o tempo, será praticamente impossível. A chama do fósforo, que com um simples suspiro a princípio teria sido extinguida, espalhou sua chama furiosa por todo o edifício, e agora é quase — se não totalmente — impossível dominá-la.

Vejamos outro caso concreto. Um caso banal, talvez, mas no qual podemos ver como um hábito é formado, e também como esse mesmo hábito pode ser superado. Eis aqui uma jovem, que pode ser filha de pais pobres ou de pais ricos. Pode levar uma vida comum, ou estar em alta posição social, seja o que for que isso signifique. Ela tem bom coração, e, de modo geral, altos padrões. Ela saiu com alguns amigos de seu mesmo nível para passar uma noite agradável e se divertir. Eles tendem, às vezes, a agir de forma impensada, até mesmo descuidada. A sugestão é feita por um deles: não ficar bêbados, mas só beberem alguma coisa juntos. A jovem, querendo ser gentil, mal ouve a sugestão de sua consciência: que é melhor ela não entrar nessa com os outros. Ela não para tempo suficiente para perceber que a maior força e nobreza de caráter residem sempre em assumir uma posição firme do lado do bem e não se permitir influenciar por nada que possa enfraquecer essa decisão.

Portanto, ela vai com seus amigos para o bar. Isso se repete agora, e depois, com as mesmas ou com outras companhias. E cada vez que se repete, seu poder de dizer não diminui gradualmente. Assim, cresceu um pouco seu gosto por bebidas alcoólicas, e ela bebe, talvez de vez em quando, sozinha. Ela nem sonha, nem de longe percebe sua tendência, até que chega um dia em que desperta para a consciência do fato de que não tem o poder, nem mesmo o impulso, de resistir à bebida, o que gradualmente cresceu em uma forma menor de desejo por álcool. Achando, porém, que será capaz de parar quando estiver realmente em perigo de contrair o hábito de beber, sem pensar e sem cuidado ela segue adiante.

Passaremos pelos diversos passos intermediários até o momento em que a encontraremos como alcoólatra. É apenas a mesma velha história, contada mil ou até mesmo um milhão de vezes.

## Trechos de *Character-Building Thought Power*

Nossa jovem, por fim, desperta para sua verdadeira condição; e por conta da vergonha, da angústia, da degradação e da pobreza que lhe sobrevêm, ela anseia pela volta dos dias em que era uma pessoa livre. Mas a esperança quase desapareceu de sua vida. Teria sido mais fácil para ela nunca ter começado, e mais fácil ter parado antes de chegar à sua condição atual. Mas mesmo em sua condição presente, a mais baixa, mais impotente e sem esperança que se possa imaginar, ela tem o poder de sair dela e ser uma pessoa livre de novo.

Vejamos. O desejo de beber surge novamente. Se ela acalenta o pensamento, o desejo, perde-se novamente. Sua única esperança, seu único meio de escapar é o seguinte: no momento — sim, no próprio instante em que o pensamento surgir ela tem que tirá-lo da cabeça. Assim, ela estará colocando para fora a pequena chama do fósforo. Se ela abrigar o pensamento, a pequena chama vai se alastrar, e quase antes de ela estar ciente um fogo consumidor rugirá furioso, e, então, o esforço será quase inútil.

O pensamento deve ser banido da mente no instante em que entra; abrigá-lo significa fracasso e derrota, ou uma luta que será indescritivelmente mais feroz do que seria se ele houvesse sido expulso no início.

E aqui temos que dizer uma palavra a respeito de certa grande lei que podemos chamar de "lei da distração". Com isso queremos dizer que um pensamento pode ser posto para fora da mente mais facilmente e com mais sucesso não com esforço nessa direção, e não pela tentativa de expulsá-lo diretamente, e sim levando a mente para outro objeto, colocando outro objeto de pensamento na mente. Pode ser, por exemplo, o ideal de pleno e perfeito autodomínio, ou pode ser algo de uma natureza completamente distinta do pensamento que se apresenta, algo que a mente aceita fácil e naturalmente. Essa outra vontade, com o tempo, torna-se o pensamento de absorção da mente, e o perigo passa. Essa linha de ação, repetida, vai gradualmente aumentar o poder de expulsar da mente, com mais facilidade, o pensamento de beber, assim que ele surgir, e aumentar o poder de colocar na mente esses objetos de pensamento ou desejos.

O resultado será que, com o passar do tempo, o pensamento de beber vai aparecer cada vez menos, e, quando surgir, poderá ser posto para fora da mente mais facilmente a cada vez, até que chegue o momento em que poderá ser expulso sem dificuldade, e, então, virá o tempo em que o pensamento não vai nem entrar na mente.

Vejamos ainda outro caso. Você pode ter uma natureza mais ou menos irritável, cuja ira é facilmente provocada. Alguém diz alguma coisa ou faz algo que não lhe agrada e seu primeiro impulso é mostrar ressentimento, e, possivelmente, dar lugar à raiva. Na medida em que você permitir que esse ressentimento se expresse, que se permitir dar lugar à raiva, ficará mais fácil fazer a mesma coisa quando qualquer motivo, ainda que leve, surgir. Além disso, será cada vez mais difícil para você se abster de seus velhos hábitos, até que o ressentimento, a raiva e possivelmente até o ódio e o desejo de vingança se tornem características de sua natureza, roubando-lhe seu esplendor, seu charme, seu brilho aos olhos de todos aqueles com quem você se relacionar.

Por outro lado, digamos que no instante em que o impulso de ressentimento e a raiva surgem você os identifica e leva sua mente para outro objeto de pensamento. O poder de fazer isso facilmente vai aumentar gradualmente, sozinho. Aos poucos, chegará um tempo em que quase nada poderá irritá-lo, nada poderá impulsioná-lo à raiva, até que o brilho e o encanto incomparáveis de sua natureza e disposição se tornarão normalmente seus — um brilho e um encanto que você nem julgaria possível hoje.

E assim poderíamos pegar caso por caso, característica por característica, hábito por hábito. O hábito de ver fracasso em tudo e seu oposto são cultivados de forma idêntica, assim como a característica do ciúme e seu oposto, do medo e seu oposto. Da mesma forma nós cultivamos amor ou ódio; dessa mesma forma adotamos uma visão pessimista e sombria da vida, que se traduz em uma natureza e disposição desse tipo, ou cultivamos uma natureza ensolarada, esperançosa, alegre e animada, que traz consigo alegria, beleza e poder para nós mesmos, tanto quanto esperança, inspiração e alegria para todo mundo.

Não há nada mais verdadeiro em relação à vida humana do que a afirmação de que crescemos à semelhança daquilo que contemplamos. É literal, científica e necessariamente verdade que, "como

## Trechos de *Character-Building Thought Power*

imaginou no seu coração, assim ele é." (Provérbios 23:7) O que definimos assim é nosso caráter, a soma total dos nossos hábitos. Nossos hábitos são formados por atos conscientes, mas cada ato consciente é, como descobrimos, precedido por um pensamento. Então, temos: pensamento de um lado, caráter, vida e destino do outro. Isso fica simples se tivermos em mente que o que estamos dizendo é simplesmente o pensamento do momento presente, e, então, do momento seguinte, e do seguinte e assim por diante, até o fim dos tempos.

Podemos, desta forma, realizar qualquer ideal que desejarmos. São necessários dois passos: primeiro, com o passar dos dias, temos que formar nossos ideais; e, segundo, devemos segui-los constantemente, independente do que surja, independente de aonde possam nos levar. Lembre-se sempre de que o caráter grande e forte é aquele que está sempre pronto a sacrificar o prazer presente pelo bem futuro. Nós, que desse modo seguimos nossos mais altos ideais, como eles se apresentam, dia após dia, ano após ano, vamos nos ver como Dante, seguindo sua amada de um mundo a outro, finalmente encontrando-a nos portões do Paraíso. Nós vamos nos encontrar, um dia, nos mesmos portões. A vida não é, podemos dizer, por mero prazer passageiro, mas para o maior desdobramento que possamos alcançar, o caráter mais nobre que possamos cultivar, e para o maior serviço que possamos prestar a todos.

Nisso, no entanto, encontraremos o maior prazer, pois é onde reside o único prazer verdadeiro. Nós, que o encontraremos por todos os atalhos, ou por quaisquer outros caminhos, inevitavelmente descobriremos que nosso último estado é sempre pior que o primeiro; e se tomarmos outros caminhos que não esses, vamos descobrir que nunca encontraremos prazer real e duradouro em absoluto.

A questão não é "Quais são as condições em nossa vida?" e sim "Como vamos enfrentar as condições que encontrarmos?". E, sejam quais forem as condições, é insensato e inútil ignorá-las, mesmo que, em atitude de queixa, quiséssemos que fossem diferentes. A queixa só vai trazer depressão, e a depressão vai enfraquecer e, possivelmente, matar o espírito que geraria o poder que nos permitiria trazer para nossa vida um conjunto inteiramente novo de condições.

Para ser específico, mesmo correndo o risco de ser pessoal, vou dizer que em minha própria experiência houve, em vários momentos, circunstâncias e condições das quais eu teria fugido sem pensar na época; condições que causaram humilhação, vergonha e angústia. Mas, invariavelmente, conforme o tempo passou, pude olhar para trás e ver claramente o papel que cada experiência do tipo que acabamos de mencionar teve em minha vida. Vi as lições que foram essenciais que eu aprendesse; e o resultado é que agora eu não permitiria nem uma sequer dessas experiências em minha vida, humilhantes e difíceis de suportar como foram na época. E eis aqui também uma lição que aprendi: quaisquer que sejam as condições de minha vida, hoje, que não sejam as mais fáceis e mais agradáveis, e sejam quais forem as condições desse tipo que o futuro possa me trazer, vou aceitá-las como vierem, sem reclamar, sem me deprimir, e encará-las da maneira mais sábia possível. Agora eu sei que foram as melhores condições possíveis que poderiam estar em minha vida naquele momento, caso contrário, eu não estaria lá. Percebo o fato de que, embora no momento eu possa não ver porque elas estão em minha vida, que, embora eu não possa ver exatamente o papel que lhes cabe, a hora vai chegar, e, quando chegar, vou ver tudo isso, agradecer a Deus por todas as condições do jeito que elas são.

Cada um de nós tende a pensar que suas próprias condições, suas próprias provações, problemas e tristezas, ou suas próprias lutas, se for o caso, são maiores que os da maioria das pessoas, ou, talvez, maiores que os de qualquer outra pessoa no mundo. Esquecemos que cada um tem suas próprias provações, problemas ou dores a suportar, ou hábitos a superar, e que isso é só o destino comum de toda a raça humana. Tendemos a cometer um erro nisso, pois vemos e sentimos sutilmente nossos próprios julgamentos, ou condições adversas, ou características a serem superadas, enquanto não vemos tão claramente os dos outros; portanto, tendemos a pensar que não são como os nossos. Cada um de nós deve cuidar de seus próprios problemas, cultivar o entendimento que nos permitirá ver quais são as causas que levaram a condições desfavoráveis; cada um deve cultivar a força que lhe permitirá enfrentar essas condições e utilizá-la, o que trará um conjunto diferente de condições.

## Trechos de *Character-Building Thought Power*

Podemos ajudar uns aos outros por meio da sugestão, revelando um ao outro o conhecimento de certas leis superiores e forças — leis e forças que vão facilitar que façamos o que temos que fazer. Mas o fazer, no entanto, deve ser feito por cada um isoladamente. E, assim, o caminho para sair de qualquer condição em que estejamos, consciente ou inadvertidamente, intencionalmente ou não, é ter tempo para olhar as condições diretamente no rosto, e para encontrar a lei por meio da qual elas surgiram. E quando descobrimos a lei, a única coisa a fazer é não se rebelar, não resistir a ela, e sim trabalhar em harmonia com ela. Se trabalharmos em harmonia com ela, ela vai trabalhar para nosso bem maior, e vai nos levar aonde desejarmos. Se nos opusermos a ela, se resistirmos a ela, se não formos capazes de trabalhar em harmonia com ela, ela acabará nos despedaçando. A lei é imutável em seu funcionamento. Aceitemo-la, e ela trará todas as coisas em nosso caminho; resistamos, e ela trará sofrimento, dor, perda e desolação.

Alguns dias atrás, eu estava conversando com uma mulher que vive em uma pequena fazenda na Nova Inglaterra, de cerca de dois hectares. Seu marido morreu há alguns anos — um homem de bom coração, trabalhador, mas que gastou praticamente tudo que ganhou com bebida. Quando ele morreu, a pequena fazenda não estava paga, e a mulher constatou que estava sem qualquer recurso visível de sustento, com uma família grande para cuidar. Em vez de se sentir desencorajada com o que muitos consideraram difícil demais, em vez de se rebelar contra as circunstâncias em que se encontrava, ela enfrentou a questão corajosamente, acreditando firmemente que havia maneiras de ela sair do buraco; embora não pudesse vê-las claramente na época. Ela aceitou seu fardo e seguiu em frente, sem temer. Por vários anos ela atendeu a turistas que iam para aquele lado do país, levantando-se regularmente — ela me disse — entre três e quatro horas da manhã, e trabalhava até dez horas da noite. No inverno, quando ficava sem essa fonte de renda, ela tomava conta de crianças da área. Assim, a pequena fazenda agora está quase paga; seus filhos terminaram os estudos e agora podem ajudá-la, em maior ou menor grau. Nessa situação, ela não abrigou medos nem presságios; não se rebelou. Ela não praguejou contra as circunstâncias que levaram às condições em que se encontrava, mas se colocou em harmonia com a lei que lhe proporcionaria outro conjunto de condições. E, apesar de tudo, disse ela, é grata pelo que foi capaz de fazer, e, quaisquer que tenham sido suas próprias circunstâncias, nunca deixou de encontrar alguém cuja situação era um pouco pior que a dela, e nunca deixou de prestar algum pequeno serviço.

E com entusiasmo ela aprecia o fato, e é muito grata por ele, de que sua casinha agora está quase paga, e logo não mais terá que investir parte do dinheiro de seus ganhos para sair dessa situação. A casinha, disse ela, é ainda mais preciosa para ela porque finalmente era dela por seus próprios esforços. A força e a nobreza de caráter que a acompanharam ao longo desses anos, sua disposição gentil, a compaixão e o cuidado com os outros, sua fé no triunfo final de tudo que é honesto, verdadeiro, puro e bom, são qualidades que milhares, que centenas de milhares de pessoas que aparentemente estão em melhores circunstâncias na vida podem invejar. E se sua casinha lhe for tirada amanhã, ela ganhou algo que uma fazenda de quatrocentos hectares não poderia comprar. Fazendo sua parte como tem feito, o ônus de tudo isso tem sido atenuado e seu trabalho tornou-se verdadeiramente agradável.

Tomemos um momento para ver como essas mesmas condições teriam sido encaradas por uma pessoa de menos sabedoria, não tão perspicaz como foi essa mulher. Por algum tempo, possivelmente, seu espírito teria ficado arrasado. Medos e pressentimentos de todos os tipos provavelmente teriam tomado conta dela, e ela sentiria que nada do que pudesse fazer teria qualquer utilidade. Ou poderia ter se rebelado contra a lei que criou as condições em que ela se encontrava, e poderia ter ficado amargurada contra o mundo, e gradualmente também contra as várias pessoas com quem se relacionava. Ou, então, poderia ter pensado que seus esforços não seriam capazes de atender às circunstâncias, e que era dever de alguém tirá-la de suas dificuldades. Desta forma, nenhum progresso teria sido feito para alcançar os resultados desejados, e ela teria sentido um impacto maior da situação em que se encontrava, e constantemente, porque não haveria nada mais com que ocupar sua mente.

## Trechos de *Character-Building Thought Power*

Assim, a fazendinha não teria sido sua, ela não teria conseguido fazer nada para os outros e sua natureza teria se tornado amargurada contra tudo e contra todos.

Portanto, a questão não é "Quais são as condições em nossa vida?" e sim "Como vamos encará-las?". Isso vai determinar tudo. E se em algum momento tendermos a pensar que nossa própria sorte é a mais difícil que existe, e se em qualquer momento nos convencermos de que jamais poderemos encontrar alguém cujo destino seja um pouco mais difícil que o nosso, tomemos um tempo para observar as pessoas sem-teto que vemos nas ruas, e, depois disso, dar graças a Deus porque nossas condições de vida são tão favoráveis. E, então, dediquemo-nos com espírito confiante e intrépido para concretizar as condições que mais desejamos.

O pensamento está na base de todo progresso, de todo sucesso ou fracasso, de tudo que é desejável ou indesejável na vida humana. O tipo de pensamento que abrigamos tanto cria quanto atrai condições que se cristalizam, condições exatamente iguais em natureza ao pensamento que lhes dá forma. Os pensamentos são forças, e cada um deles cria conforme sua natureza, quer percebamos ou não. A grande lei do poder de atração da mente, que diz que igual cria igual, e que semelhante atrai semelhante, está constantemente em ação em toda vida humana, pois é uma das grandes leis imutáveis do universo. Primeiro, tomemos tempo para ver claramente as coisas que queremos alcançar, e, depois, para manter esse ideal com firmeza e consistência em nossa mente, nunca permitindo que a fé — força positiva de pensamento — esmoreça ou seja neutralizada por dúvidas e medos. E, então, comecemos a fazer a cada dia o que nossas mãos encontrarem para fazer, nunca reclamando, mas usando o tempo que gastaríamos reclamando para focar a força de nosso pensamento no ideal que nossa mente construiu; e, mais cedo ou mais tarde, teremos a materialização completa daquilo a que nos dedicamos.

Há aqueles que quando começam a compreender o fato de que existe algo que podemos chamar de "ciência do pensamento", em seu entusiasmo inicial, não são capazes de ver os resultados tão rapidamente quanto esperam. Quando começam a perceber que por meio da instrumentalidade interna, espiritual, da força de nosso pensamento, temos o poder de, gradualmente, moldar as condições da vida cotidiana, tendem a pensar, portanto, que não há muito poder nessa nova informação, afinal. Mas devem lembrar-se que no esforço de largar um velho hábito ou cultivar um novo tudo não pode ser feito de uma só vez.

À medida que tentamos usar a força do pensamento, cada vez nos tornamos mais capazes de usá-la de forma mais eficaz. O progresso é lento no início, acelerando à medida que avançamos. O poder cresce pelo uso, ou, em outras palavras, o uso faz o poder aumentar constantemente. Isso é regido por uma lei, a mesma que rege todas as coisas que estão em nossa vida, e todas as coisas do universo relacionadas conosco. Cada ato e progresso feitos pelo músico estão em plena conformidade com a lei. Ninguém que comece a estudar música pode, por exemplo, sentar-se ao piano e tocar a peça de um mestre na primeira tentativa. Não devemos concluir, no entanto, que nós, ou qualquer outra pessoa, não podemos tocar a peça do mestre. Começamos a ensaiar a peça; a lei que já mencionamos vem em nosso auxílio, segundo a qual nossa mente segue a música mais facilmente, mais rapidamente e mais acertadamente a cada vez sucessiva. E também entra em operação a lei que rege a ação do sistema nervoso autônomo, que também notamos. Sob essa lei nossos dedos coordenam seus movimentos com os de nossa mente mais facilmente, mais rapidamente e com mais precisão a cada vez sucessiva; até que, aos poucos, chega o momento em que superamos o primeiro momento, em que não há harmonia, nada além de discórdia, e finalmente se revela a música do mestre, a música que emociona e move multidões de homens e mulheres. Isso é o uso da força do pensamento. É na reiteração, na repetição constante do pensamento que cresce o poder de focar com mais força e constância, o que, por fim, traz a manifestação.

Há a construção do caráter também, não só nos jovens, mas nos velhos. E quanta diferença existe em pessoas idosas! Quantos envelhecem graciosamente e quantos de formas de natureza tão diferente! Há uma doçura e um encanto que se combinam na velhice de uma forma atraente. Alguns se tornam cada vez mais caros para os amigos e os membros da família imediata, enquanto outros ficam

## Trechos de *Character-Building Thought Power*

possuídos pela ideia de que seus amigos e membros da família lhes têm menos estima que antes, e muitas vezes não estão muito equivocados. Uns veem cada vez mais vida para desfrutar, outros veem cada vez menos. Uns se tornam mais queridos e atraentes, outros nem tanto. E por quê? É algo aleatório? De jeito nenhum.

Pessoalmente, eu não acredito que exista acaso em toda a vida humana, nem no mundo ou no grande universo em que vivemos. A grande lei de causa e efeito é absoluta; o efeito tem sempre relação com sua própria causa particular, embora, às vezes, tenhamos que voltar muito mais longe do que estamos acostumados para encontrar a causa, o pai desse ou daquele efeito ou condição.

Por que, então, há uma diferença tão grande nos dois tipos de idosos? O primeiro evita preocupações, medos, especulações sem fundamento, enquanto o segundo parece especialmente cultivá-los, dar-se especialmente a eles. E por quê? Em determinado momento da vida, diferindo um pouco de uma pessoa para outra, os estados mentais, os hábitos e as características da vida toda começam a se concentrar e vir à superfície, por assim dizer. Como nunca antes, pensamentos e estados mentais predominantes começam a se mostrar em qualidades e características atualizadas, e ninguém é imune a isso.

Na estrada que leva ao pomar há uma árvore. Durante anos só cresceu a fruta natural nela. Há não muito tempo fez-se um enxerto nela. A primavera chegou e passou, e vimos que as duas metades da árvore estavam em flor. As flores de cada metade não poderiam ser mais diferentes umas das outras para um observador casual. As flores foram seguidas pelo fruto jovem, que ocupa toda a árvore. De início, há só uma pequena diferença entre os frutos das duas metades; mas algumas semanas depois as diferenças na forma, tamanho, cor, sabor e longevidade serão tão marcantes que ninguém poderá deixar de distingui-los, nem teria dificuldade de escolher entre eles. Um será uma maçã amarelo-esverdeada, pequena, meio torta e dura, boa para fazer torta, e vai durar mais algumas semanas depois do outono. O outro será uma maçã grande, delicadamente fragrante, doce, de um vermelho-escuro, e vai durar até que a árvore que a deu à luz esteja em flor novamente.

Mas por que citar esse incidente do jardim da natureza? Até certo período de crescimento do fruto, embora interiormente, a forma das qualidades das maçãs era levemente diferente, desde o início pouco havia que as distinguisse. Em determinado período do crescimento, no entanto, suas qualidades internas diferentes começaram a se exteriorizar, de forma tão rápida e marcante que os dois frutos se tornaram muito diferentes, de modo que, como vimos, ninguém poderia hesitar ao escolher um ou outro. E conhecendo a alma, ou as qualidades determinantes de cada uma, podemos dizer de antemão, com certeza absoluta, como cada maçã — o produto exteriorizado de cada metade da árvore — será.

E é semelhante na vida humana. Se quisermos ter uma velhice bonita e atraente, precisamos começar na juventude e na meia-idade. No entanto, se negligenciarmos ou falharmos, poderemos, então, sabiamente nos adaptar às circunstâncias e zelosamente pôr para funcionar todas as necessárias forças e influências de contrabalanço. Onde há vida, nunca nada está irremediavelmente perdido, embora o gozo do bem maior possa demorar. Mas se quisermos ter uma velhice especialmente bonita e atraente, devemos começar no início e no meio da vida, pois na velhice, por uma espécie de processo de "arredondamento", os velhos hábitos de pensamento começam a adquirir um poder fortemente dominante, e eles começam a vir à superfície.

Medo e preocupação, egoísmo, autoritarismo, avareza, apego, reclamações, tendência a ver fracasso em tudo, irritação, pensamento e ação escravizados ao pensamento ou opiniões dos outros, falta de consideração e compaixão pelos outros, falta de caridade em relação aos pensamentos, motivos e atos dos outros, falta de conhecimento das poderosas e inevitáveis qualidades de construção de pensamento, bem como a falta de fé na bondade, no amor e no poder eternos da fonte de nosso ser, combinam-se na hora de criar a velhice daqueles em quem encontram vida. A vida se torna estéril, triste, indesejada, desinteressante ou até repelente para si, bem como para os outros. É o tipo de vida que não raro se encontra em pessoas que detêm esses pensamentos e limitações. Seus opostos, porém, parecem ser ajudados por seres celestiais para conseguirem uma velhice alegre, esperançosa, útil, bela e sagrada, que é tão bem-vinda e tão atraente, tanto para ela mesma quanto para todos aqueles com quem a pessoa se relaciona.

Além disso, ambos os tipos de pensamentos, qualidades e disposições se exteriorizam na voz e nas peculiares maneiras de marcar o rosto, nas rugas ou na falta delas, e também nas condições saudáveis ou não da mente e do corpo, e na susceptibilidade a distúrbios e deficiências de vários tipos.

Não é uma coisa ruim para cada um de nós, no início da vida, ter um pouco de "filosofia". Será muito útil à medida que avançarmos na vida. Será muitas vezes uma fonte de grande conforto, bem como de força, em tempos difíceis na terceira idade. Podemos até — embora delicadamente — debochar de quem lança mão de um pouco de filosofia, mas, a menos que tenhamos algo semelhante, virá o tempo em que a falta disso vai nos ridicularizar. Pode ser, mas não necessariamente, que a pessoa que filosofa nem sempre tenha sido tão bem-sucedida em termos de dinheiro ou puramente de negócios. Mas o fato de tê-la dá algo de muito verdadeiro na vida, pelo qual a pessoa sem dinheiro ou sucesso nos negócios anseia sem saber o que é; e não há dinheiro suficiente no mundo para pagá-la, ela sabe.

É sábio encontrar nosso centro cedo; mas, antes tarde do que nunca. Mas, tarde ou cedo, a única coisa a fazer é encontrá-lo. Enquanto estamos na vida, a única coisa essencial é fazer nossa parte bravamente e bem-feita, e manter nosso interesse ativo em todas as suas fases diferentes, assim como o melhor é ser capaz de nos adaptarmos sempre às novas condições. É somente por meio dos ventos do céu, soprando sobre ela constantemente e mantendo-a sempre em movimento, ou por seu contínuo movimento para a frente, que a água no rio se mantém doce e clara. De outra forma, ela ficaria estagnada e coberta de limo. Se somos atraentes ou não para nós mesmos e para os outros, a causa está em nós mesmos; isso é verdade para todas as idades, e é bom que nós, jovens ou velhos, reconheçamos isso. É bom, também, que nos adaptemos aos idosos próximos, mas dificilmente seria justo para eles pensar que toda adaptação é tarefa exclusiva dos jovens, que os mais velhos não têm essa obrigação. A velhice, às vezes, perde muito de sua atratividade por conta desse tipo de pensamento peculiar. O princípio da reciprocidade deve ser mantido em todas as idades da vida, e, seja quando for, se não formos capazes de observá-lo, resultará sempre, mais cedo ou mais tarde, em nossa própria ruína.

Estamos todos na grande peça teatral da vida — comédia e tragédia, sorrisos e lágrimas, sol e sombra, verão e inverno, e na hora certa representamos todos os papéis. Seja qual for o nosso, devemos assumi-lo a qualquer tempo, sempre com bravura e com profundo apreço por cada oportunidade, e mantendo um entusiasmado estado de vigilância a todo momento, conforme a peça progride. Uma boa "entrada" e uma boa "saída" contribuem fortemente para que representemos um papel digno. Nem sempre seremos capazes de escolher os detalhes de nossa entrada, mas o modo como representamos nosso papel e a forma de nossa saída, nós podemos determinar. Isso ninguém, nenhum poder pode nos negar; está na vida de cada ser humano poder ser feita ainda mais gloriosa, por mais humilde que possa começar, ou por mais humilde que permaneça ou exaltada que se possa tornar, de acordo com os padrões convencionais do julgamento.

Em minha opinião, estamos aqui para a divina autorrealização por meio da experiência. Progredimos à medida que lidamos sabiamente com todas as coisas que entram em nossa vida, coisas que fazem a soma total de cada experiência. Sejamos corajosos e fortes na presença de cada problema como ele se apresentar, e façamos o melhor. Evitemos aquilo que pudermos evitar, e não nos deixemos incomodar ou paralisar por aquilo que não pudermos evitar. O grande Deus de tudo está observando e manipulando essas coisas mais sabiamente, e não precisamos temer nem nos preocupar com elas.

Viver da forma mais elevada todas as coisas que nos dizem respeito; ajudar a todos os outros da melhor maneira possível; ajudar a corrigir os erros que cruzam nosso caminho, indicando ao equivocado um caminho melhor e, assim, ajudando-o a se tornar uma força para o bem; permanecer sempre doce, simples e humilde, portanto, fortes; abrirmo-nos totalmente e sermos canais próprios para que o poder divino se manifeste por meio de nós; abrirmo-nos e mantermos o rosto voltado sempre para a luz; amar todas as coisas e não ter medo de nada além de nossa própria injustiça; reconhecer o bem que reside no centro de todas as coisas, à espera de expressão, em seu próprio tempo e forma — todos esses esforços tornam grande e verdadeiramente glorioso (e ainda não totalmente compreendido) nosso papel na vida, e não precisamos, então, ter medo de nada, nem da vida, nem da morte, porque a morte é a vida.

Ou melhor, a morte é a transição rápida para a vida de outra forma; despojar-se do velho casaco e vestir um novo. Morrer é largar o corpo material, e a alma toma para si um corpo novo e melhor, mais bem-adaptado às suas necessidades, em outro mundo de experiências e de crescimento e ainda maior autorrealização divina. A morte é uma despedida, acompanhada de tudo que a alma ganhou neste mundo, mas sem posses materiais. É uma passagem, não da luz para a escuridão, mas da luz para a luz; uma preparação para a vida do ponto que a deixamos; a morte é uma experiência a não ser evitada nem temida, e sim para ser bem-recebida quando chegar, em sua própria forma e tempo.

Toda a vida vem de dentro para fora. Isso é algo que pode ser reiterado com muita frequência. As fontes da vida estão todas dentro. Sendo isso verdade, seria bom para nós dar mais tempo à vida interna do que costumamos lhe dar, especialmente no mundo ocidental.

Nada nos trará retornos tão abundantes quanto ficar um tempo em calma a cada dia de nossa vida. Precisamos disso para tirar as imperfeições de nossa mente, portanto, de nossa vida. Precisamos disso para melhor formar os ideais mais elevados de vida. Precisamos disso a fim de ver claramente na mente as coisas em que gostaríamos de nos concentrar e focar a força de nosso pensamento. Precisamos disso a fim de criar constantemente de novo, e para manter nossa conexão consciente com o infinito. Precisamos disso a fim de que a pressa de nossa vida cotidiana não nos mantenha longe da consciência do fato de que o espírito da infinita vida e poder que sustenta tudo se aplica a todos e por meio de todos, pois a vida é de todos, é a vida de nossa vida e a fonte do nosso poder; e fora disso não temos vida nem poder.

Para entender plenamente esse fato, e para viver nele conscientemente em todos os momentos, encontramos o reino de Deus, que é essencialmente um reino interior, e não pode ser outra coisa. O reino dos céus se encontra somente dentro de nós, e é encontrado de uma vez por todas, e de uma forma que não pode ser diferente, quando tomamos consciência viva do fato de que em nosso verdadeiro eu somos essencialmente uno com a vida divina; e, a seguir, nos abrirmos cada vez mais para que essa vida divina fale e se manifeste por meio de nós. Desta forma, nós nos aproximamos da condição na qual estamos constantemente andando com Deus.

Desta forma, a consciência de Deus se torna uma realidade viva em nossa vida, e, no grau em que se torne uma realidade, vai nos trazer a concretização da sabedoria, do entendimento e do poder constantemente aumentados. Essa consciência de Deus em nossa alma é a essência; de fato, a soma e a substância de todas as religiões. Identifica a religião com cada ato e cada momento da vida cotidiana. Aquilo que não se identifica com cada momento de cada dia e com cada ato da vida é a religião apenas no nome, não na realidade. Essa consciência de Deus em nossa alma é a única coisa uniformemente ensinada por todos os profetas, por todos os inspirados, todos os videntes e místicos da história do mundo, seja qual for o tempo, seja qual for o país, seja qual for a religião, sejam quais forem as pequenas diferenças que possamos encontrar na vida e nos ensinamentos deles. Em relação a isso, todos eles concordam. Na verdade, essa é a essência de seu ensinamento, como também tem sido o segredo de seu poder e o segredo de sua duradoura influência.

Essa é a atitude da criança, necessária antes que possamos entrar no reino dos céus. Como foi dito, "se não vos converterdes e não vos fizerdes como meninos, de modo algum entrareis no reino dos céus". (Mateus 18:3) Pois com essa atitude percebemos que sozinhos não podemos fazer nada. Só quando nos damos conta de que a vida e o poder divinos operam dentro de nós, só quando nos abrimos, é que isso pode acontecer, e então seremos qualquer coisa, e poderemos fazer qualquer coisa. É assim que a vida simples, que é essencialmente a vida de maior prazer e realização, começa.

No Oriente, as pessoas passam muito mais tempo que nós na quietude, no silêncio. Algumas até levam isso ao extremo, assim como nós levamos ao extremo oposto, e, como resultado, elas não concretizam e materializam na vida exterior as coisas com que sonham na vida interior. Nós passamos tanto tempo com as atividades da vida exterior que não temos tempo suficiente de quietude para formar os ideais internos, espirituais, os pensamentos de vida, nem as condições que gostaríamos de ver concretizadas e manifestas na vida exterior. O resultado é que levamos a vida de uma forma caótica, do jeito que ela chega, sem pensar muito nisso, até que somos empurrados a algumas experiências amargas, em vez de moldarmos a vida, utilizando as forças internas, exatamente da maneira que gostaríamos que ela fosse.

Precisamos encontrar o feliz equilíbrio entre o Oriente e o Ocidente a esse respeito, e evitar os dois extremos. Somente isso propiciará a vida ideal; e só a vida ideal é completamente satisfatória. No Oriente, muitos passam dia após dia sentados em silêncio, meditando, contemplando, idealizando, em devaneio espiritual, enquanto, por falta de atividades exteriores, seu corpo físico fica faminto. Neste mundo ocidental, homens e mulheres, na correria das atividades do dia a dia, correm de lá para cá, sem centro, sem alicerce onde se apoiar, sem nada onde ancorar sua vida, porque não dedicam tempo suficiente para entender o que o centro — que é a realidade de sua vida — realmente é.

Se os orientais contemplassem e depois se levantassem e trabalhassem, estariam em uma condição melhor; e viveriam uma vida mais normal e satisfatória. Se nós, no Ocidente, dedicássemos mais tempo à contemplação na correria e nas atividades da vida, mais tempo à meditação, à idealização, à familiarização com nosso verdadeiro eu, e depois trabalhássemos manifestando os poderes de nosso verdadeiro eu, seríamos muito melhores, porque estaríamos vivendo uma vida mais normal e mais natural. Encontrar um centro, tornar-se centrado no infinito, é o primeiro grande fundamento de toda a vida satisfatória; e a seguir, sair, pensar, falar, trabalhar, amar, viver centrado.

Quando observamos isso, a forma mais elevada de construção do caráter, alguns se sentem prejudicados por aquilo que chamamos de pecado original. Em certo sentido, eles estão certos; em outro sentido, estão totalmente errados. Esse é o pensamento que influenciou nossos antepassados: que nascemos em um estado de pecado. Pois bem, em primeiro lugar, é um pouco difícil entender a justiça disso, se for verdade. Em segundo lugar, também é um pouco difícil entender por que seria verdade. E em terceiro lugar, não há verdade nenhuma nisso. Estamos agora lidando com o verdadeiro eu essencial, e como o velho Adão, Deus é eterno. Isso significa que você, que eu, que cada alma humana é eterna.

Quando entendemos plenamente esse fato, vemos que a ideia do estado de pecado é muito frágil. A vida de cada um de nós está em nossas próprias mãos, e nós podemos fazer seu caráter, sua consecução, seu poder, sua autorrealização divina, e, portanto, sua influência. Exatamente o que vamos fazer. Todas as coisas com que mais carinhosamente sonhamos são nossas, ou podem se tornar nossas, se formos verdadeiramente sérios; e à medida que nos elevamos mais e mais, rumo aos nossos ideais, e que aumenta nossa força e influência de nosso caráter, tornamo-nos exemplo e inspiração para todos aqueles com quem nos relacionamos.

Por meio de nós, então, o fraco e o hesitante são encorajados e fortalecidos; de modo que aqueles de baixos ideais e de baixo tipo de vida, instintiva e inevitavelmente têm seus ideais elevados; e os ideais de ninguém podem ser elevados sem que se manifestem na vida exterior. À medida que avançamos na compreensão do poder e da potência da força do nosso pensamento, descobrimos que, por meio do processo de sugestão mental, podemos ajudar aqueles que são fracos e que estão lutando, enviando a eles, de vez em quando, os mais elevados pensamentos, ideias de maior força, sabedoria e amor, e constantemente mantendo-os nesses pensamentos. O poder da sugestão mental tem enormes possibilidades de fazer o bem se o estudarmos cuidadosamente, se o compreendermos totalmente e o usarmos corretamente.

Aqueles que dedicam tempo suficiente a formar seus ideais no silêncio, tempo suficiente para fazer e manter com constância sua conexão consciente com o infinito, com a vida e as forças divinas, são os que melhor se adaptam à vida árdua. Podem sair e lidar com sagacidade e poder com qualquer problema que possa surgir nos assuntos da vida cotidiana. Eles estão construindo não para os anos, mas para os séculos; não para o tempo, mas para a eternidade. E eles podem sair sem saber aonde ir, mas sabendo que a vida divina dentro deles nunca vai decepcioná-los, que vai levá-los até que encontrem o divino face a face.

Eles estão construindo para os séculos, porque só aquilo que é mais elevado, mais verdadeiro, mais nobre e melhor resiste à prova dos séculos. Eles estão construindo para a eternidade, porque, quando a transição que chamamos de morte ocorrer, a vida, o caráter, o autodomínio e a autorrealização divina são as únicas coisas que a alma, quando despojada de todo o resto, leva consigo; essas coisas que eles tiveram em abundância na vida. Quando o tempo de transição para outra forma de vida chega, eles nunca receiam, nunca temem, porque sabem que por trás deles, dentro deles, além deles está o amor e a sabedoria infinita, e nisso estão eternamente centrados, e disso nunca podem ser separados.

Com John Greenleaf Whittier, eles cantam:

*Eu não sei onde*
*Suas ilhas levam*
*Suas frondosas palmeiras no ar;*
*Eu só sei que não posso vagar*
*Longe de Seu amor e cuidado.*[4]

---

[4] Tradução livre do poema *The Ecernal Goodness*, de John Greenleaf Whittier. [N. da T.]

Este livro foi impresso no
Sistema Digital Instant Duplex da Divisão Gráfica da
DISTRIBUIDORA RECORD DE SERVIÇOS DE IMPRENSA S.A.
Rua Argentina, 171 - Rio de Janeiro/RJ - Tel.: (21) 2585-2000